古埃及史

HISTORY OF ANCIENT EGYPT

徐磊 著

从神话传说到王朝的兴衰

哈尔滨出版社
HARBIN PUBLISHING HOUSE

图书在版编目（CIP）数据

古埃及史：从神话传说到王朝的兴衰 / 徐磊著 . --
哈尔滨：哈尔滨出版社，2023.5
ISBN 978-7-5484-7060-1

Ⅰ．①古… Ⅱ．①徐… Ⅲ．①埃及－古代史 Ⅳ．
① K411.2

中国国家版本馆 CIP 数据核字（2023）第 021061 号

书　　名：古 埃 及 史：从 神 话 传 说 到 王 朝 的 兴 衰
GU' AIJI SHI : CONG SHENHUA CHUANSHUO DAO WANGCHAO DE XINGSHUAI

作　　者：徐　磊　著
责任编辑：韩金华　李　欣
封面设计：树上微出版

出版发行：哈尔滨出版社（Harbin Publishing House）
社　　址：哈尔滨市香坊区泰山路 82-9 号　　邮编：150090
经　　销：全国新华书店
印　　刷：湖北金港彩印有限公司
网　　址：www.hrbcbs.com
E-mail：hrbcbs@yeah.net
编辑版权热线：（0451）87900271　87900272
销售热线：（0451）87900202　87900203

开　　本：710mm×1000mm　　1/16　　印张：19　　字数：263 千字
版　　次：2023 年 5 月第 1 版
印　　次：2023 年 5 月第 1 次印刷
书　　号：ISBN 978-7-5484-7060-1
定　　价：98.00 元

凡购本社图书发现印装错误，请与本社印制部联系调换。
服务热线：（0451）87900279

序 言

　　由于我国的埃及学起步较晚，因此国内关于古埃及历史的书较少，而其中真正适合初学者阅读的则更为稀少。目前市面上关于古埃及的书大体有两类，一类是比较专业的学术著作，但正由于其专业性，使没有基础的初学者和业余爱好者读起来感觉非常晦涩难懂，最终不得不放弃阅读；另一类书，虽然浅显易读，但内容往往是东一榔头、西一棒槌，即使轻松地读完了，对古埃及历史也没有一个整体的认知，仍然是一种茫然无绪的感觉。所以本书在编写之初就决定采用时间线叙事的方式，用朴实的语言从古埃及神话故事讲起，然后按顺序讲述古埃及全部三十多个王朝的兴衰变迁，直到最后人们重新认识古埃及文明的全过程，同时配以大量图片方便读者理解，希望通过这样的结构帮初学者构建起一个轮廓清晰的古埃及历史基本框架。

　　关于古埃及的人名（或地名）翻译问题，只要稍微阅读一些古埃及相关资料就会发现，同一个人物的名字往往被翻译得大相径庭，如"哈特谢普苏特"，可能被翻译成"哈塞普苏"；"埃赫那吞"可能又叫作"阿肯那顿"；"伊姆霍特普"可能又被称为"印和阗"，等等。对于有一定基础的人来说或许影响不大，但对于从未接触过古埃及历史的初学者来说，这往往会给他们造成极大的困扰和不便。所以，针对此问题，本书中的名字都尽量采用约定俗成的译名，在首次出现时标注英文，并在书尾提供全部译名对照表，方便读者延伸阅读时查询使用。

本书主要适合对古埃及历史感兴趣的初学者和业余爱好者，包括那些在去埃及旅行之前（或之后），想通过一本书对古埃及作进一步了解的人。虽然本书面向的是非专业读者群，但本书的内容和结构安排都尽可能地做到用心、认真、合理。

需要特别说明的是，人们对古埃及的探索从未停止，常常会有新的发现和研究成果改写我们以往的认知，同时由于作者水平有限，所以书中难免会有错误疏漏之处，还请读者见谅。

目 录
Contents

一、尼罗河的赠礼

正如黄河孕育了中华文明，印度河催生了古印度文明，两河流域洗涤出了古巴比伦文明，人类文明的起源大多与水相伴，得益于水的哺育和滋养才能生存与发展，而古埃及文明正是尼罗河的赠礼。

尼罗河全长 6671 千米（另有 6650、6670、6695、6740、6825 千米等多种说法），是世界上最长的河流，它有青尼罗河与白尼罗河两个源头。

青尼罗河长约 1600 千米，发源于埃塞俄比亚西北部海拔 1840 米的塔纳湖（Tana Lake），从塔纳湖南部流出后，先向东南方流经深谷，再向西绕过乔凯山脉，然后折向西北方向流出埃塞俄比亚，最后在苏丹首都喀土穆与白尼罗河交汇。

白尼罗河比青尼罗河更长，约有 3700 千米，它的源头也更为复杂，最远可追溯至布隆迪境内的卢维龙扎河（Luvironza River），这也是尼罗河最偏远的源头，接着流经鲁武布河（Ruvubu River），又在坦桑尼亚和卢旺达边界处汇入卡盖拉河（Kagera River），然后注入维多利亚湖。位于坦桑尼亚、乌干达、肯尼亚三国交界处的维多利亚湖就是通常广义上的尼罗河的源头。1858 年 8 月 3 日，英国探险家约翰·汉宁·斯皮克（John Hanning Speke，1827 年 5 月 4 日—1864 年 9 月 15 日）发现了非洲腹地这个水域辽阔的湖泊，遂根据当时英国女王的名字将它命名为维多利亚

约翰·汉宁·斯皮克

湖。湖水从北部流出后，又先后流经乌干达的基奥加湖（Kyoga Lake）、乌干达与刚果交界处的艾伯特湖（Albert Lake），然后一路向北经过南苏丹，最终在苏丹首都喀土穆与青尼罗河交汇。青尼罗河与白尼罗河在喀土穆交汇后继续向北流淌，就形成了我们通常所说的尼罗河。

尼罗河向北流经埃及，最终从埃及北部汇入地中海。正因为尼罗河是一条自南向北流淌的河流，所以它的南方（上游）被称为上埃及，北方（下游）被称为下埃及。在上埃及，除了狭长的尼罗河谷两岸是青翠的绿色外，河谷东西两侧都被广袤的沙漠包围，形成了强烈的对比。在下埃及开罗附近，尼罗河分散成若干支流，携带的泥沙在此处形成了一个扇形的冲积平原，这就是著名的尼罗河三角洲，这里地势低平、土地肥沃、水源充沛，是埃及的主要农业区。

从高空俯瞰，呈带状的尼罗河谷与三角洲地区组合在一起，就像是一朵在沙漠中盛开的莲花，而莲花正是上埃及的象征物之一。除此之外，上埃及还盛产一种叫"莎草（sedge）"的植物，这是上埃及的另一个象征物。在下埃及三角洲地区，也盛产一种植物，名字和上埃及的"莎草"类似，叫作"纸莎草（papyrus）"，这是下埃及的象征物之一。"莎草"和"纸莎草"其实是两种不同的植物，却常常被混淆。古埃及人利用纸莎草的茎做成了莎草纸，虽然有人认为它不是真正意义上的纸，但这却是几千年前古埃及人主要的书写材料，为后世留下了众多宝贵的文献资料，所以纸莎草是古埃及文明的重要组成部分，现代英语中的"纸（paper）"就源自"纸莎草"一词。

尼罗河奔流不息的河水哺育了古埃及人，因此他们将尼罗河看作一切生命的源泉，并根据河水施予的恩惠创作了神话，创造出了尼罗河神"哈比（Hapy）"。古埃及人描绘的哈比神通常是留着长胡须的男性面孔形象，但又有着女性般的胸部，以及一个硕大下垂的肚腩，这其实蕴涵着肥沃、多产的寓意。更重要的是，哈比神通常成对出现，一个头戴象征上埃及的莲花，一个头戴象征下埃及的纸莎草，表示着上下埃及的统一。

阿布辛贝神庙

两个哈比神分别手持象征下埃及的纸莎草和上埃及的莲花，一起捆绑具有统一含义的象
形文字，表现了上下埃及的统一

　　埃及北临一望无际的地中海，西边是气候条件极其恶劣的撒哈拉沙漠，东边是狭长的红海，往南到阿斯旺（Aswan）附近的第一瀑布区是古埃及南方的天然疆界，船只到了那里就无法通行。就是在这样一个相对封闭的环境里，孕育出了辉煌灿烂的古埃及文明。

　　由于干燥的气候，埃及全年降雨量极少，所以尼罗河就成为埃及农业发展的唯一水源，被喻为埃及的母亲河。每年7月，尼罗河上游山区迎来雨季，夹带着丰富腐殖质的洪水奔腾而下，造就了尼罗河的泛滥，直到10月泛滥期结束，洪水才渐渐退去。当洪水退去后，大地覆盖上了一层厚厚的黑色淤泥，土壤变得极其肥沃，人们只需在沃土上播种，无须施肥就能轻易收获，所以古埃及人称自己的国家为"Kemet"，即黑土地，相对的，沙漠就是红土地。黑土地是生命的象征，而红土地则有干燥、荒芜和死亡的含义。

古埃及人根据尼罗河每年泛滥的特性，把一年分为3季，每季4个月。7—10月是泛滥季，也就是尼罗河涨水的时期，此时农田大多被水淹没，因此是农闲期，人们在此期间迁移到高地，靠做一些手工度日，等待河水退去；11—2月是播种季，人们开始在洪水退去后的肥沃土地上种植；3—6月是收获季，此时作物陆续成熟，人们在此期间收割完毕，然后满怀期盼地等待下一次尼罗河泛滥的到来。随着尼罗河每年的定期泛滥，人们在这片土地上辛勤的耕耘劳作，使古埃及成了古代地中海世界的著名粮仓。

同时，在尼罗河年复一年的泛滥中，古埃及人也发现了一些规律。他们注意到每当天狼星偕日升的时候，尼罗河就开始泛滥，这个天文现象与尼罗河每年的泛滥几乎同时出现。（天狼星：大犬座 α 星，夜空中最亮的恒星。偕日升：一颗星星隐没在地平线下一段周期后，在黎明时重新与太阳一起升起在东方的地平线上。）于是，古埃及人就把天狼星偕日升的那天定为新年的第1天，把全年分成12个月，每月30天，一共360天，又在岁末增加了5天作为节日（关于这5天的来历传说详见后文"众神的时代"中托特[Thoth]神的故事），这样就形成了365天的历法，这也是人类最早的太阳历。当然，在我们现在看来，这个历法还不够完美。因为严格来说，一年不是365天，而是365.2422天，这就导致天狼星偕日升的现象每四年提前一天，周而复始，天狼星偕日升与尼罗河泛滥的时间就会出现越来越大的偏差，整个季节就会出现混乱倒转。然而，现代研究者却可以通过这一点大致推断出古埃及历史的时间框架。德国史学家爱德华·迈尔（Eduard Meyer）发现天狼星偏离的周期是1460年，也就是说每隔1460年，天狼星偕日升时就会迎来尼罗河的泛滥。而古罗马人西索里努斯（Censorinus）留下了一份在公元139年7月20日观测到的天狼星偕日升现象的珍贵记录。

以此为基点，从公元 139 年往前倒推两三个轮回，就是公元前 2781 年和公元前 4241 年，但由于缺乏古埃及文献和考古证据，还无法完全确定这套历法到底是从什么时候开始实行的。总之，这一历法由于简单明了而成为古埃及人的行政历法。

不过到了 1970 年，当埃及政府修建的阿斯旺大坝完工后，泛滥了几千年的尼罗河停下了她奔腾的步伐。虽然大坝的修建对埃及的灌溉、防洪、发电、养殖、航运等都有积极正面的作用，但万事有利就有弊，大坝的修建也带来了越来越多的负面影响。比如大坝的修建将大量的泥沙拒之门外，导致土壤的肥力不断下降，人们不得不大量使用化肥，这大大提高了农业成本，降低了农业收益。另外由于河水不再泛滥，无法带走土壤中的盐分，导致土壤盐碱化，不利于作物生长。还有河床也遭到侵蚀，使三角洲面积减小，沙丁鱼迁移导致渔业减产等等。所以，这项人类改造自然的巨大工程的功过是非还有待历史去检验。

阿斯旺大坝

古埃及文明历史悠久，从约公元前 3100 年上下埃及的统一，到公元前 30 年托勒密王朝覆灭，在大约三千余年的时间长河里，经历了从诞生到辉煌直至终结的过程。古埃及就像一本充满魔力的书，吸引了无数人为之痴迷并沉醉其中。然而如果深入了解一个文明的历史就会发现，追根溯源总是绕不开神话这个主题，因为那是人类社会最初的信仰，这一点在古埃及文明里更是体现得淋漓尽致。所以要想了解古埃及文明，就要先知晓他们的神话故事，这样才能一步步走进遥远而神秘的古埃及世界。

二、众神的时代

　　每个民族都有自己的神话，在科学技术尚不发达的人类历史早期，人们还无法解释在我们今天看来一些寻常不过的自然现象，可是人有追寻真理的天性，在这种天性的激励下，人们就会利用想象，通过拟人类比去解释那些无法理解的现象，于是就诞生了神话。

　　现在人们比较熟悉的是古希腊神话，首要原因在于它有较为清晰完整的神话体系，同时也被完整地记录了下来，经过古往今来不断的艺术加工，其文学形象愈发饱满，又伴随着欧洲的扩张通过各种途径在世界范围内进行了广泛的输出和传播。

　　而古埃及神话却有很大不同，暂且不论埃及自身的文化输出能力，首先古埃及神话根本就没有被系统完整地记录下来，而是以零散片段的方式存在于各种载体上，比如金字塔内的墙壁（金字塔铭文）、墓室里的丧葬碑或棺椁（棺椁铭文）、残存的莎草纸卷等，迄今为止没有任何单一的资料能一目了然地为我们完整讲述古埃及神话。除此之外，还有以下几个方面或许也是导致古埃及神话难以普及和传播的原因。

　　一是古埃及神祇数量众多，据说有两千多个。之所以有如此惊人的数量，是因为在古埃及，不同的地区有各自崇拜的地区神，不同的村落甚至还有各自崇拜的村落神。另外在不同的历史时期，古埃及人还会根据需要随时创造出新的神。比如阿蒙（Amun）神，原来只是底比斯（Thebes）的地方神，后来当底比斯政权掌管了整个埃及后，阿蒙神的地位自然水涨船高，成为国家主神。但是在此之前古埃及人公认的最高神是太阳神拉（Ra）神，怎么办呢？于是古埃及人就把阿蒙神和拉神融合，创造出了新的太阳神——阿蒙·拉（Amun-Ra）神，又在原来头饰形象中的两根巨大羽毛之间加入了一个太阳，成为新的阿蒙·拉神的形象，诸如此类的"造神"现

努恩 Nun
原始之水

赫里奥波里斯九柱神

哈比 Hapy
尼罗河神

奈赫贝特Nekhbet
上埃及守护神

瓦吉特 Wadjet
下埃及守护神

凯布利 Khepri
早晨的太阳神

拉 Ra
中午的太阳神

阿图姆 Atum
黄昏的太阳神

塞尔凯特 Serket
蝎子女神

玛特 Maat
真理女神

哈托尔 Hathor
爱之女神

贝斯特 Bastet
猫女神

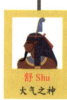

舒 Shu
大气之神

泰芙努特Tefnut
雨之女神

盖布 Geb
大地之神

努特 Nut
天空女神

伊西斯 Isis
生命、魔法
和母性女神

奥西里斯 Osiris
丰饶和冥界之神

奈芙蒂斯
Nephthys
死者守护女神

塞特 Set
沙漠和混乱之神

荷鲁斯 Horus
法老守护神
王权的象征

阿努比斯Anubis
死者庇护神

艾姆谢特 Imset
肝的保护神

哈碧 Hapi
肺的保护神

杜阿木特夫
Duamutef
胃的保护神

凯布山纳夫
Qebshenuf
肠的保护神

古埃及主要神祇族谱图

（注：古埃及神话版本较多，人物关系不尽相同，本图仅供参考。）

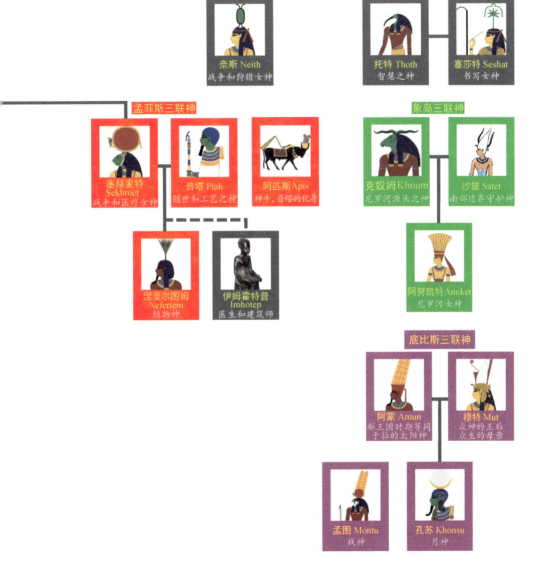

奈斯 Neith
战争和狩猎女神

托特 Thoth
智慧之神

塞莎特 Seshat
书写女神

孟菲斯三联神

塞赫麦特 Sekhmet
战争和医疗女神

普塔 Ptah
创世和工艺之神

阿匹斯 Apis
神牛，普塔的化身

涅斐尔图姆 Nefertem
植物神

伊姆霍特普 Imhotep
医生和建筑师

象岛三联神

克努姆 Khnum
尼罗河源头之神

沙提 Satet
南部边界守护神

阿努凯特 Anuket
尼罗河女神

底比斯三联神

阿蒙 Amun
新王国时期等同
于拉的太阳神

穆特 Mut
众神的王后
众生的母亲

孟图 Montu
战神

孔苏 Khonsu
月神

阿波菲斯 Apophis
拉神的死对头

阿米特 Ammit
吞食亡灵的怪物

索贝克 Sobek
鳄鱼神

塔沃瑞特 Taweret
孕妇保护神

象非常多。所以，由于古埃及神祇数量太多，加上资料的匮乏和零散，想把所有神祇全部弄清楚根本不可能。

二是古埃及留存下来的神话故事版本存在差异，神与神之间的关系不尽相同。比如哈托尔（Hathor）女神，有的版本说她是拉的女儿，有的版本说她是拉的母亲，还有的版本说她是拉的妻子；再比如阿努比斯（Anubis）神的身世，有的版本说他是塞特（Set）和奈芙蒂斯（Nephthys）之子，有的版本说他是奥西里斯（Osiris）与奈芙蒂斯之子等等，类似情况极多。

三是古埃及神祇的形象相似且表现方式多样化。古埃及神祇的样子很特殊，很多都是以人身加动物头的形象呈现，看起来都差不多，区分他们的主要方法是看头部的样子以及头上顶着的象征物。如果仅仅是这样倒也不难，让人郁闷的是，同一个神可能还拥有多种不同的形象。比如大名鼎鼎的太阳神，他的头部分别有圣甲虫、鹰头、普通人等多种形象。不仅如此，在壁画和雕刻中，有些神还常常被直接用一种动物来代替。比如阿蒙神有时用公羊来代替；托特神有时用狒狒来代替；哈托尔女神有时用母牛来代替等等，这些变化多端的表现方式往往让人摸不着头脑。

综上所述，古埃及并没有一个清晰完整的神话体系和固定的表现形象，这就对人们了解这些神话故事乃至学习古埃及历史造成了很大困扰，更不用说进行有效的传播了。好在一代又一代的学者通过整理研究这些零散的资料，最终构建出了基本的古埃及神话体系，为我们打开了一扇了解古埃及文明的窗口。这绝不只是几个简单的神话人物和故事，他们更是古埃及文化的核心元素，只有对这些人物和故事有一定的了解，我们才能真正走进古埃及人的内心世界，去理解他们的生命观，从而循着他们的足迹去探索他们的文明。

赫里奥波里斯的创世神话

赫里奥波里斯（Heliopolis），又称"太阳城"，位于现在的埃及开罗东北郊区。古埃及最早的创世神学就出现在赫里奥波里斯，现在最广为人知的古埃及神话体系就是赫里奥波里斯的九柱神体系。

太阳神家族的故事

相传，宇宙最初一片混沌，只有黑暗无边的原始之水，叫努恩（Nun），这是古埃及神话中最古老的神明。后来，水中浮现出一座原始之丘（一般认为是四角锥形状的石头，又称"奔奔石"，据说金字塔就是参考"奔奔石"的形状建造的），在这里诞生了伟大的太阳神阿图姆（Atum）。

阿图姆

阿图姆本是赫里奥波里斯神系中地位最高的创世神，被视为所有事物的根源，但后来对太阳神拉的崇拜盛行后，阿图姆渐渐与拉融合，形成了拉·阿图姆，并转变成了太阳神在黄昏时的化身。阿图姆是一个普通男性的形象，在壁画和浮雕里通常以头戴上下埃及双冠的形象出现。

拉是太阳神中午的名字，此时也是太阳神力量最强大的时候，拉的形象是头顶日轮的鹰首人身，日轮常被一条眼镜蛇环绕。太阳神拉是赫里奥波里斯九柱神之首，是古埃及神话中最重要的神。

太阳神拉

太阳神早晨的名字叫凯布利（Khepri），其头部是圣甲虫（蜣螂，俗称屎壳郎）的形象。这是因为古埃及人无法理解太阳每天升起的自然现象，他们

凯布利

通过观察发现，当泛滥的尼罗河水消退以后，肥沃的土地呈现出来，此时圣甲虫就会爬出地面。这个过程就好像从原始之水努恩中浮现出了原始之丘，然后又诞生了太阳神一样。于是古埃及人就把这个现象融入了他们的创世神话里，把太阳升起想象成圣甲虫像推着粪球那样推着巨大的太阳升上天空，所以早晨（诞生之初）太阳神的形象就是圣甲虫。在2010年南非世界杯的开幕式上，就出现了一只巨大的圣甲虫推着足球的情景，由此可见其作为非洲传统文化圣物的崇高地位。

2010年南非世界杯开幕式上圣甲虫推着足球的情景

屎壳郎推粪球

古埃及壁画上圣甲虫凯布利（早晨的太阳神）推着太阳的情景

太阳神拉比努恩更加强大，成了世间主宰。他只要心有所愿，就可以生出新的神来。于是他从口中吐出了一对兄妹，分别是大气之神舒（Shu）和雨之女神泰芙努特（Tefnut）。

舒是古埃及神话中的大气之神，其形象是一个头上插着鸵鸟羽毛的男性。空气与生命的气息密不可分，所以大气之神舒掌管着生命，古埃及人认为舒在每天早晨会向太阳神吹入生命的气息。另外，舒使天和地分离的故事较为有名，后文中会介绍。

泰芙努特是古埃及神话中的雨之女神，其形象是狮首人身的女性，头上通常顶着被眼镜蛇环绕的日轮。泰芙努特名字的原意是吐口水的声音，具有"吐出来"的含义。传说她与丈夫舒是由太阳神通过吐口水的方式所生，是第一对孪生神。相传泰

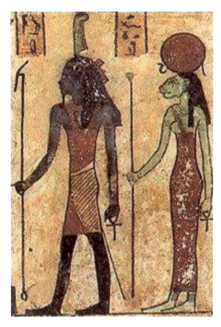

古埃及壁画上的舒和泰芙努特

芙努特曾与拉发生争执，一气之下去往南方的努比亚，因她掌管雨水，所以在她离开后埃及发生干旱，后来拉派其丈夫舒和智慧之神托特将其劝回。

传说拉派出自己的一只眼睛去照看舒和泰芙努特，后来当这只眼睛回到拉身边时，发现自己被另一只新的眼睛取代了。于是这只失宠的眼睛感到非常悲愤，它痛哭的泪水就变成了人类（有的版本说拉因出生后独自一人找不到母亲而哭泣，于是泪水化作成人类）。

舒与泰芙努特结合，又生下了大地之神盖布（Geb）和天空女神努特（Nut），后来盖布和努特也结为了夫妻。然而拉知道后很生气，命令舒将他

们分开，不让他们见面。于是舒用双手把努特举起来，又用脚踩住盖布的身体，把他们拆散开来。盖布在舒的脚下奋力抗争，用一个肘撑起身子，弯曲起一个膝盖，于是地面就有了山峰和起伏，他的身体也被覆盖上青翠的草木，他只能用这种姿势仰望被高高举起的妻子努特。努特的身体伸展开来，手脚垂向地面，镶满星星的蓝色身体被舒托举着，于是形成了天空和满天繁星。在古埃及的墓室里经常能看到描绘上述景象的壁画。

身体布满星星的努特被舒神高高举起，盖布则半卧于下方

盖布是古埃及神话中的大地之神，他通常的形象是头上顶着一只鹅，这是盖布名字所使用的表音符号。古埃及人认为地震就是盖布在发笑，就像鹅在嘎嘎叫一样。盖布被父亲舒赐予"众神的继承者"的称号，其长子奥西里斯成为最初的埃及国王。盖布后来还介入了荷鲁斯（Horus）与塞特的斗争，并支持荷鲁斯继承王位。

努特是古埃及神话中的天空女神，众星辰之母，身体上布满了星星。她正常的形象是一个头顶罐子的女性，但在壁画中经常被描绘成身体伸展，只用手脚触碰着地面的样子，而她的丈夫盖布则躺在下面。另有一种说法，她头上的罐子代表子宫，象征着再生，太阳神拉每天日落后进入她的口中，第二天清晨再被重新生出来，如此循环轮回。同样，她每天也吞下和再生星辰。

盖布和努特结合后生下了奥西里斯、伊西斯（Isis）、塞特、奈芙蒂斯这四位重要的神。

太阳神拉创造了人类，并赋予人类生命，是世间万物的统治者，拥有至高无上的地位。然而随着人类的繁衍，不是所有人都能保持善良的本性，邪恶开始在一部分人中蔓延。这些人变得狂妄，渐渐不把拉放在眼里，开始蔑视拉的权威，甚至密谋推翻拉的统治。在这些人实施他们的阴谋叛乱前，拉觉察到了他们的罪恶计划，不禁万分震怒，于是召集众神商议对策。众神一致决定对人类实施惩罚，并一个个自告奋勇地要去完成这项任务。

当大家为谁去执行这项任务而争论不休时，努恩提议应由拉的眼睛去完成这项任务，因为人类不敢注视拉的眼睛，他们会因此而恐惧。拉采纳了努恩的意见，派出自己的眼睛去惩罚人类。

拉之眼来到人间，化身为拉的女儿之一哈托尔的模样，在沙漠中疯狂地屠杀那些反叛的人，喝掉他们的血液。可没想到的是，拉之眼在尝到人的血液后变得异常兴奋，并为此陶醉，所以她愈发疯狂地杀人，不管是善良的人还是反叛的人，全都格杀勿论，只为了喝到更多的鲜血。在这个过程中，她不知不觉地又化身为拉的另一个女儿——残暴的战争女神塞赫麦特（Sekhmet）。

哈托尔是古埃及神话中爱与美的女神，常与爱情、美丽、欢乐、音乐、舞蹈、母性等联系在一起，被视为母亲和儿童的保护神，是埃及最古老的神之一。哈托尔的身份极其复杂，根据目前的主流版本，她是拉的女儿、荷鲁斯的妻子。但在不同的版本中，她有时是拉的母亲，有时是拉的妻子，有时又被和拉的另一个女儿塞赫麦特混同，除此以外她还与很多神混为一谈。

哈托尔

牛耳人首的哈托尔

母牛形象的哈托尔

哈托尔通常是头上顶着牛角和日轮的女性形象，有时也以母牛、母牛头女人身或长有牛耳的女性形象出现。哈托尔的母牛形象，象征着母爱、生育和保护，她被认为是所有在世法老母亲的化身，所以在一些壁画和浮雕中常会出现母牛给法老哺乳的情景。另外哈托尔还与死亡发生联系，她被称为"西方的女主人"，负责在傍晚迎接并守护没入西方的太阳，直到第二天早上，意味着死者要受到哈托尔的护佑才能获得永生。在一些墓室壁画上哈托尔还以无花果树的形象出现，象征着为死者提供荫凉、面包、水、蔬菜等，从而为死者带来活力。她还与绿松石等矿产资源发生联系，被称为"绿松石女主人"，被在遥远地区开采矿产的人奉为矿山的守护神。

塞赫麦特名字的原意是"强大有力"，是古埃及神话中的战争女神，具有太阳灼热般的破坏力，她被视为拉的女儿。她通常的形象是母狮头人身的女性，头上顶着被眼镜蛇环绕的日轮。狮子本是一种危险的动物，所以古埃及人将其转化成了为使人们免遭伤害而祈福崇拜的对象。同时，古埃及人认为塞赫麦特拥有招致疾病使人毙命的能力，所以她又被奉为医疗女神，是医者的保护神。

拉在天上目睹了这一切，看到地上的人越来越少，特别是许多无辜的人也惨遭杀戮，他开始反思并渐渐变得于心不忍。但此时已嗜血成瘾的塞赫麦特是不会接受拉的召唤的。于是拉想出了一个办法，他派遣使节到埃及遥远南方的埃勒凡泰尼（Elephantine，今埃及象岛，著名旅游景点，是埃及最古老的地区之一，出土过史前时代的器具，现在岛上有克奴姆 [Khnum] 神庙和第三王朝时建造的阶梯状金字塔遗迹等），从那里带回了红赭石，让祭司进行研磨，然后和七千罐啤酒混合在一起，使之看起来像人血一样。

塞赫麦特

晚上，拉趁塞赫麦特睡着时把这些啤酒全部倒在她四周的田野里。第二天早上，塞赫麦特醒来后发现自己被人类的"血液"包围，她顿时兴奋不已，迫不及待地大口喝起这些"血液"来。喝着喝着，她渐渐醉倒了，很快忘记了对人类的愤怒之情，最后迷迷糊糊地回到了天界。

拉终于拯救了人类，经过这次事件后，拉觉得自己很累，不愿再继续统治人间，但众神劝他不要离开。第二天拉醒来后，发现人类已经发明了射杀敌人的弓箭和棍棒后再一次愤怒，可又不想像上次那样惩罚人类了，于是就坚定了离开的决心。

拉回到了天界，不再相信任何人类，为了预防不测，他每天都会乘坐太阳船巡游，关注着人间大地的动向。为了巡游方便，他还让努特变成一头神牛驮着他和太阳船巡视人间。此后，每天曙色刚现，拉就在众神的簇拥下乘上太阳船，由努特变成的神牛驮着太阳船开始每天的巡视，就这样日复一日，年复一年。

太阳神并不总是像白天那样强大，到了傍晚，他也会变得虚弱和疲惫，并且他在夜间还必须穿过黑暗且危机四伏的杜阿特（Duat），战胜那里的强大敌人——蛇怪阿波菲斯（Apophis），然后才能获得重生，出现在第二天的东方地平线上。

在埃及人的世界观里，宇宙主要由三部分组成，分别是以埃及为中心的人间、覆盖人间的天界、杜阿特。杜阿特本是被造世界的一部分，它被认为可能存在于天空女神努特的体内，总之位于活人不可到达的地方，但现在通常把杜阿特理解为"冥界""阴间""地府"之类的意思。

阿波菲斯是古埃及神话中的混沌之蛇，是黑暗、破坏的化身，是拉的死对头。每天夜里，阿波菲斯都隐藏在杜阿特，等待太阳船的到来，企图害死拉，以便自己统治世间。但拉总是能在众神的帮助下战胜阿波菲斯，出现在第二天的黎明。不过偶尔阿波菲斯也会大举反扑，重创众神，让黑暗淹没光明世界，古埃及人就用这样的故事来解释他们不明白的日食现象。2004年，天文学家发现了一颗近地小行星，最初测算它可能会在未来某一天撞击地球，一旦撞上，将会给地球带来巨大的灾难，所幸2021年科学家的最新计算结果排除了此风险，而这颗小行星就以"阿波菲斯"命名，又叫"毁神星"。

黑夜降临后，拉乘坐着太阳船，在众神的护卫下进入杜阿特，他们要特别提防拉的死敌阿波菲斯。在夜晚的十二个小时里，每一个小时的通道都被一道高高的大门所阻隔，他们必须穿过这十二道门，战胜黑暗，才能获得重生。（根据不同的版本，还有七道门和二十一道门的说法）

他们首先来到杜阿特的入口，在这里会遇到追随者，并受到狒狒的欢迎。接着来到一个叫作"乌努斯"的富庶之地，这里有仓库和货栈，人们的头发上佩戴着谷物外皮。在经过第三个小时"奥西里斯的水域"后，他们来到了第四个地方，这里十分荒凉，有一些长有腿和翼的蛇发出噼噼的声音，太阳船被迫变成一条蛇以方便前行。通过这片荒地后，他们来到了第五个小时的所在地，这里是死者之域，有一个沸腾的火湖，湖中烧死了无数反叛者。拉神的太阳船平稳驶过后，顺利进入了夜间的第六个小时。

这里有一眼满是努恩之水的井，太阳神以圣甲虫的样子出现并躺在水中，这里的水能给虚弱的太阳神以活力，使他获得继续前往东方地平线再生所需的力量。

夜晚的第七个小时里充满了危险与邪恶，因为混沌之蛇阿波菲斯就住在这里，它藏在暗处气势汹汹地向太阳船袭来。众神朝阿波菲斯发起攻击，最后用粗大的绳子死死套住阿波菲斯，直到太阳船安全渡过这里。

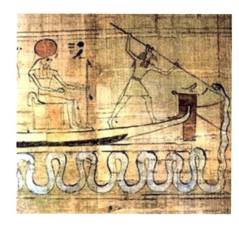

拉乘坐着太阳船，船头的塞特
正与蛇怪阿波菲斯战斗

第八个小时里，获胜的太阳神满怀感激地为死者送上衣服。在第九个小时里太阳神同样为死者提供衣物，其他的神则用谷物招待死者。太阳船继续前行，堤岸上四位头顶大蛇的女神高举火把，为太阳神照亮了进入第十个小时的道路。这里有高高的水堤，其中的溺亡者被救起，以便他们能获得好的来世。第十一个小时里，太阳神的敌人被消灭殆尽，有的还被扔进火坑中，众神开始为东方地平线上太阳神的重生做准备。在最后的第十二个小时里，圣甲虫凯布利（早晨的太阳神）恢复了活力，太阳船终于驶出黑暗，出现在东方的地平线上，开始了新的一天。

以上就是太阳神在夜间巡游故事的大致内容，其记载来源于新王国时期王墓墙壁上名为《阿姆杜阿特》（Amduat）的文献资料。在不同的记载中，太阳神在夜间巡游的故事也不尽相同，但大体上都是历经险阻战胜敌人并获得重生的过程，这个过程每天都在重复发生着。

这个故事不仅仅是古埃及人对太阳每天东升西落自然现象的解释，更是古埃及人对生命观的具体阐释。他们认为人并不会真正死去，而是会经历一个死亡、再生的循环，只要能通过种种考验，就能获得重生，进入永恒的世界。那么普通人究竟怎样才能获得重生、进入永恒呢？这就要从奥西里斯的故事说起了。虽然太阳神拉在古埃及人心目中有着至高无上的地位，但奥西里斯的地位却丝毫不亚于太阳神，因为古埃及人相信人死后会进入地下世界，只有通过了奥西里斯主持的审判仪式后才能获得重生。

奥西里斯诞生了

奥西里斯是古埃及神话中的冥王，最初也是丰饶之神，是古埃及人生死观中最重要的一位神。他是大地之神盖布与天空女神努特之子，继拉、舒、盖布之后统治人间。其形象是绿皮肤或黑皮肤（象征肥沃的土地）、长胡须（象征崇高地位），头戴阿太夫冠（Atef crown，上埃及的

奥西里斯

白冠，两侧插有鸵鸟羽毛），手里拿着钩形赫卡（Heka，原为上埃及人畜牧用的手杖）权杖和连枷（Nekhakha，原为下埃及人农耕使用的打谷工具），后来的埃及法老手里就拿着这两样东西，身体则是包裹着的木乃伊形象。古埃及人认为奥西里斯教会人们种植谷物和葡萄、烤制食物、酿造美酒、开采矿产、制定律法礼仪等，是一位受人爱戴的明君。后来被其弟塞特设计杀害，复活后成为冥界之主，掌管死后的审判，所以他是生命永恒的象征。

在很久以前，人们在尼罗河旁一处层林叠翠的地方为太阳神建造了一座神庙，庙前的一口大井渗出清澈甘甜的水。人们从四面八方来到神庙，虔诚地朝拜万能的太阳神。朝拜完毕后，人们到井边喝水解渴，他们相信这水是万能的太阳神赐给他们的。

一个叫巴米里斯的年轻人每次来到神庙前的这口水井旁，都要装很多水带回去给家人喝。

初夏的一天早上，他把大羊皮水囊装满水后背在肩上颤巍巍地往回走，没走多远就碰到他的同乡，只见同乡背着空水囊在路边闲坐着。巴米里斯疑惑地问："兄弟，你怎么没干活呢？"

"干活？错了，你应该说怎么还不丢掉这活？"同乡没好气地回答。

巴米里斯说："是啊，背水太累了，我也不想干，但也是被环境所逼啊！如果不趁现在天气还不是太热多背点水，等到了盛夏怎么办？那时炎热的天气会让沙子都熔化的。所以现在多辛苦些，到了盛夏就可以舒舒服服地待在家里了。"

可同乡却说："我一个人无牵无挂，趁着天不热多休息才是最聪明的！"

"是啊，你无牵无挂，可我家里还有妻儿老小需要照顾。"巴米里斯叹了口气后，独自一人默默地往家走去。他虽然不赞同那个同乡的说法，但此时他的内心也是沉痛的，不知谁能把他们从这样艰难的自然环境中解救出来呢？但即使心有所怨，他还是拼命地在这条路上往返背水。

太阳爬上了头顶，汗水浸透了他破旧的衣裳。恍惚间，他感觉到似乎有人在呼唤他的名字。但环顾四周，除了眼前这座神庙外，没有其他任何人。

"巴米里斯……"一声声低沉的呼唤声传到他的耳边。他到处寻找，可就是找不到声音是从哪里发出的。"巴米里斯……"呼唤声再次响起，他紧张得连水囊都掉到地上了。

"别害怕！巴米里斯。"那声音变得柔和。他顺声望去，惊奇地发现那声音就是竖立在神庙前的雕像发出的。

"巴米里斯，快点回家去吧，大地的主宰奥西里斯诞生了！快向全世界宣布这个好消息吧！"

突然，声音消失了，周围一片寂静，只有那雕像静静地矗立在炎热的阳光下。

巴米里斯回过神后，拼命地跑回家。他的妻子见他惊恐万分，连忙问他发生了什么事。巴米里斯把事情经过告诉了妻子，但妻子并不在意，认为是丈夫中暑产生的幻觉。

可躺在病榻上的父亲在一旁听到后，激动地说："啊！这是上苍的声音！孩子，快按照神的吩咐去办吧！我为自己活着的时候能听到这个喜讯感到无比幸福，快去吧！拉神会保佑你的！"说完这话，父亲就幸福而庄严地去世了。

巴米里斯痛苦万分，但他遵照了父亲的临终嘱咐，在办完丧事后，便四处奔走，传播那振奋人心的喜讯。不久后，人们奔走相告：埃及将有一个贤明的圣主。

神的降临

夏日的一个黄昏，一个身材高大健硕的男人站在神庙旁的白杨树下。他的外表是那样的威武，四肢是那样的匀称，比孱弱的人类明显强大得多，散发出一种尊严的神圣风度。在他的身旁还站着一位美丽无比的妇人，她有着细腻甜美的脸蛋，垂下的红褐色浓密头发，在落日余晖下犹如缕缕闪光的红色铜丝。

当太阳消失在地平线后，只见他们谦逊庄重地朝着落日的方向，全神贯注地向太阳神做着短暂的祈祷。

他们做完祈祷后坐在岩石上，男人取出一支笛子吹奏起来。笛子发出了美妙动听的声音，这不是人世间能发出的声音，而是来自上天的声音。悠扬的笛声冲上云霄，时而如瀑布般奔放热烈；时而如潺潺溪流般柔和婉转。妇人合着优美的笛声唱着动听的歌，那歌声仿佛在预示着欢乐与悲伤，预示着爱情的初始与终结。

随着笛声的停歇、歌声的终了，在他们面前出现了一位满脸沧桑的老人。老人沉默不语，默默凝视着这两个陌生的过路人，似乎想通过他们的外表探寻他们内心深处的秘密。

突然，老人双膝下跪，低头亲吻男人和妇人的鞋子，说道："我是附近神庙里的祭司，神谕早已告知你们将要降临，但万万没想到是今天，更没想到我会成为人间第一个接待你们的人。"

老人激动地注视着那健壮的男人——奥西里斯神；注视着那美丽的妇人——伊西斯女神，怯生生地请求两位伟大的神去他家里。

奥西里斯回答："好吧，我们就先去你家！因为你如此忠于自己的信仰和职守，我们会回报你的。但是你要起誓，不能向任何人泄露我们的秘密，这是拉神的旨意。"于是祭司老人虔诚地起誓。

就这样，伟大的奥西里斯神和他的妻子伊西斯女神降临在了埃及这片土地上。

伊西斯是古埃及神话中掌管生命、魔法、婚姻和生育的女神，是盖布和努特的女儿。她既是奥西里斯的妹妹，又是他的妻子，是古埃及最重要的神祇之一。她的形象是头上顶着王座的女性，突出了她对王权的重要性。在奥西里斯被塞特杀害并肢解后，伊西斯收集尸块使奥西里斯得以复活。伊西斯神庙又叫"菲莱神庙（Philae Temple）"，被联合国教科文组织列入《世界遗产名录》。原址位于菲莱岛（Philae Island）上，后因修建阿斯旺大坝，菲莱岛将被淹没，埃及政府在联合国教科文组织的帮助下将神庙切割后迁至距离原址500多米的阿吉勒基亚岛（Agilika Island）上重新组装，拯救了这座珍贵古迹。

伊西斯哺育年幼的荷鲁斯

奥西里斯和伊西斯来到人间后，教会了人们造砖建房，耕地种植小麦和大麦，还教会了人们酿造甜美的葡萄酒，指导人们开采铜矿制造工具，以便更高效地从事农业生产活动，并且制定了律法和礼仪，给人们讲述了很多关于天上众神的故事。

他们总是非常热心地为人们排忧解难、解疑释惑，在他们的教导下，人们的生活水平有了很大提高，社会结构和习俗更加完善，人们对他们充满了深深的敬意。后来，在人们的一片赤诚之心和深切渴望下，奥西里斯登上王位，成为埃及的国王。

当上国王后的奥西里斯还组建了一支庞大的军队去周游世界，把种植小麦和大麦、酿造葡萄酒的知识传给远方的人们，并在那些地方建立了很多城市。最后，奥西里斯带着无数来自异域的礼物回到了埃及。

然而，美好的时光总是短暂的，就在人民安居乐业，大地呈现出一片欣欣向荣的景象时，乌云却逐渐笼罩在这个国家的上空，一股邪恶的力量弥散开来。

邪恶的塞特

塞特是古埃及神话中的沙漠和混乱之神，他是盖布和努特之子、奥西里斯的弟弟。他用计杀死了奥西里斯并篡夺王位，后被荷鲁斯打败。所以

左：塞特雕像　　　　　　　　　　右：土豚

塞特常被视为邪恶的化身，与混乱、灾难等不好的事物联系在一起，但古埃及人也将他视为沙漠风暴的保护神而膜拜。另外在夜间当太阳神进入杜阿特后，塞特也会站在船头保护太阳神，与蛇怪阿波菲斯进行战斗。塞特的头部形象比较特别，有人说是豺，有人说是虚构的动物，现在一般认为这是一种叫"土豚"的动物。土豚又叫非洲食蚁兽，分布于撒哈拉沙漠以南的东非至南非一带，据说古埃及人称之为"塞特兽"。

奥西里斯统治埃及很多年以后的一天清晨，一个长相丑陋的陌生人出现在王宫门前，他不顾卫兵的阻拦，大摇大摆地闯进宫中去找他的哥哥奥西里斯。

奥西里斯见自己弟弟到来，慷慨大方地设宴款待。然而面对哥哥的热情接待，塞特并不领情，他那丑陋的脸上甚至掠过一丝阴险的笑容。

塞特住进王宫后，目中无人，不时挑起事端。奥西里斯了解塞特的品行，所以没有给他参与国家政务大事的权力。塞特由此怀恨在心，暗中发展自己的势力，准备伺机夺权，自己来统治这个国家。

转眼几年过去了，这期间塞特一直在思索对付奥西里斯的办法。这天，塞特突然兴奋地从床上跳下来，打开一口笨重的木箱，取出里面的一匹布料。这布料是那样的精细光滑，在阳光下闪着斑斓的亮光。塞特带着布料，兴冲冲地跑进王宫去见奥西里斯。

当他把这布料作为礼物展示出来时，就连奥西里斯也被这举世罕见的布料迷住了。塞特不失时机地表示想用这布料为奥西里斯做一件斗篷，以便更好地展现国王的威风。奥西里斯听了十分高兴，也为塞特的行为感动。

于是塞特说道："那就请允许我现在为您量尺寸吧，我一定会做一件让您满意的斗篷。"

"那好吧。"奥西里斯丝毫没有怀疑塞特的险恶用心。

塞特马上用布料把奥西里斯从头到脚包好，仔细量完尺寸后便急匆匆地离开了。

不久之后，塞特把做好的斗篷献给了奥西里斯。奥西里斯穿上斗篷，霎时间，本就金碧辉煌的宫殿变得更加光彩夺目了。

奥西里斯激动地说："这真是一件贵重的礼物，我真不知该怎么感谢你。"

"今晚，如果您能穿着这件斗篷去我的住处，参加我为您举行的晚宴，我就心满意足了。"说完，塞特急切地等待着答复。

善良的奥西里斯没有多想便答应了，直到这时，他都没有察觉到自己已经落入了塞特酝酿的一个巨大陷阱中。

晚上，奥西里斯如约赴宴。就在众人觥筹交错、兴致正高的时候，塞特命人抬出一只制作极其精美的箱子。当镶满珠宝的金灿灿的箱子出现在众人面前时，大家发出一阵阵惊呼声，这是一只多么奢华的箱子啊！

接着塞特宣布，他将把这只箱子作为礼物，不论是谁，只要躺进去大小正合适，就把箱子送给谁。众人一听，全都争先恐后地躺进去尝试，可最后没有一个人的身体刚好适合这只箱子。

"难道您不想试一下吗？这箱子和您身上华丽的斗篷实在太相配了。"塞特不怀好意地望着奥西里斯。

奥西里斯虽有疑虑，但禁不住众人的蛊惑，还是躺进了箱子里，而这箱子不大不小正好能装下他的身子，那是因为这箱子就是狡猾的塞特为奥西里斯"量身打造"的。

就在奥西里斯躺进箱子的一瞬间，塞特及其同伙迅速冲上前去盖上盖子，牢牢钉死了箱子，还用熔化了的铅封住缝隙。接下来他们一刻也没有耽误，马上把箱子投入尼罗河里，看着箱子顺流而下漂向远方。

伊西斯寻夫

伊西斯很快得知了这个可怕的消息，她悲痛万分地逃离王宫，踏上了漫长而艰难的寻夫之路。伊西斯茫然无措地到处寻找，她时而化身为鸢在高空搜寻，时而变成人打听消息，但一直没有任何线索。直到有一天，一群小孩告诉她，他们曾看到那只箱子漂向了大海。后来经过进一步调查，伊西斯得知箱子漂到了比布鲁斯（Byblos），并在那里沉入了一株植物中，后来那株植物长成了一棵大树，而箱子就被包裹在它巨大的树干中。

比布鲁斯，地中海东岸城市，遗址位于今黎巴嫩首都贝鲁特以北约 40 千米处，是世界上最古老的城市之一，其历史可以追溯至 7000 年前，古埃及人视比布鲁斯为上帝的海岸，1984 年被列入《世界遗产名录》。

然而当伊西斯心急如焚地赶到比布鲁斯后，发现那里只剩下一点残余的树干，箱子早已不知所踪。原来早些时候，比布鲁斯的国王来到海边，发现了这棵罕见的大树，便砍下了最粗壮的那部分树干，运回自己的王宫，当柱子支撑着宫殿的屋顶。

伊西斯失望地坐在那儿潸然泪下，后来一阵清脆的笑声打断了她的思绪，原来是一群侍女正向王宫走去。这时伊西斯灵机一动想了个办法，她与这些侍女攀谈，为她们梳理发髻，让她们浑身弥漫着一种香气。当侍女们回到王宫后，王后闻到了她们身上独特的香味，问清缘由后便召见了伊西斯，并让伊西斯当王子的保姆。

伊西斯很喜欢这个小王子，想让他永生。于是每天夜里使用巫术烧掉王子身体里属于凡人的那部分。有天晚上，王后听到动静出来查看，发现小王子身上着火了，大惊失色，连忙阻止了正在施法的伊西斯，结果这位小王子就丧失了获得永生的机会。露馅后的伊西斯只得恢复真身，以女神的形象出现在国王和王后面前，向他们索要那根柱子。

虽然国王曾为这根柱子耗费了大量的人力物力，但面对女神的要求也无法拒绝，于是命令士兵花了一天时间才好不容易把这根巨柱拔出来。伊西斯切开柱子，那只金灿灿的箱子终于显露出来，伊西斯扑在上面号啕大哭。

伊西斯告诉国王和王后，这神圣的树皮保护了神的躯壳，只要好好供奉它，神就会永远护佑你们的王国。国王立即举行了隆重的仪式，把树皮供奉在了庙宇的祭台上，从此接受人们的朝拜。

伊西斯把箱子带回埃及，藏在河边的沼泽地里。可是不幸再次降临，一天晚上，塞特借着月光出去打猎时，无意中发现了那只金灿灿的箱子，看到了奥西里斯的尸体。这次，他残忍地把奥西里斯的尸体肢解成了14块（另有26块、42块等说法），并派人把尸块扔在了埃及境内不同的地方。

伊西斯再次遭受巨大的打击，但她仍没有放弃，在妹妹奈芙蒂斯的帮助下再次踏上了更加艰难的寻夫之路。她们每找到一块尸体，都会小心翼翼地收集起来，并在那个地方修建坟墓，举办葬礼，指示当地的祭司今后要进行日常祭祀活动（所以后来埃及各地有很多宣称是奥西里斯真正埋葬地的城市）。

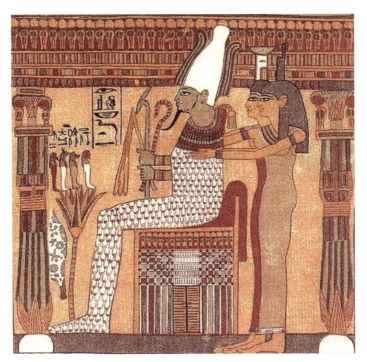

奥西里斯坐在王座上，站在他身后的是奈芙蒂斯和伊西斯，前面莲花上站立的四个小人是荷鲁斯的四个儿子

奈芙蒂斯是古埃及神话中房屋和死者的守护神，她是奥西里斯、塞特和伊西斯的妹妹，同时又是塞特的妻子。奈芙蒂斯名字的原意是"庄园夫人"，她头上的象征物是一座小房屋和篮子，所以她本应是房屋的守护神，但更多的是作为死者的守护神被提及。在奥西里斯被塞特杀害后，奈芙蒂斯帮助姐姐伊西斯寻找奥西里斯被肢解的尸块以助他复活。在壁画中，她常与姐姐伊西斯一起站在奥西里斯身后。

就这样，她们每天都在努力寻找。很久之后，一天黄昏时分，她们来到阿拜多斯（Abydos）附近。天渐渐黑了，突然，一颗流星带着凉意划过沉寂的夜空，炽白的光芒是那般耀眼，又是那般凄凉。接着那光芒变成火球，落在河边。伊西斯跑过去一看，惊奇地发现那正是奥西里斯的头颅！她兴奋地扑上去，悲喜交集。

阿拜多斯，古埃及名城，重要考古遗址，位于今埃及拜勒耶纳（Balyana）附近。由于传说奥西里斯的头颅就埋葬于此，所以这里是古埃及奥西里斯的主要崇拜中心，现在这里的主要旅游景点是第19王朝国王塞提一世（Seti Ⅰ）修建的神庙。

最后，伊西斯和奈芙蒂斯历经千辛万苦，终于收集齐了奥西里斯的全部尸块并仔细拼凑在一起。拉命令阿努比斯把奥西里斯的尸体做成木乃伊以使他复活。阿努比斯用伊西斯和奈芙蒂斯编织的亚麻布把他仔细包裹起来，还涂抹了香料，把奥西里斯的尸体做成了一具木乃伊（传说这就

阿努比斯正在制作木乃伊

是制作木乃伊的起源，后来的古埃及人死后要被做成木乃伊，就是为了模仿奥西里斯的复活）。

阿努比斯是古埃及神话中的死神，掌管木乃伊的制作、接引亡灵和死者审判。他既是死者的庇护神，又是制作木乃伊之神、防腐之神、香料之神。古埃及人举行下葬仪式时，为首的祭司会戴上面具扮成阿努比斯的样子，以示对他的崇敬。

关于阿努比斯的身世主要有两种说法，一种说他是塞特与奈芙蒂斯之子；另一种说法来自罗马帝国时代的希腊文学家普鲁塔克（Plutarch，约46—约120）的作品，称奈芙蒂斯暗中爱慕奥西里斯，把他灌醉后为奥西里斯生下了阿努比斯。

著名的第18王朝法老图坦卡蒙（Tutankhamun）陵墓出土的彩绘木制阿努比斯神雕像

阿努比斯的头部形象是胡狼，早期的古埃及人死后，遗体被直接埋入沙漠，由于埃及炎热的气候，遗体自然风干形成天然的木乃伊，但是常常被具有食腐习性的胡狼挖出，遗体被破坏得残缺不堪。古埃及人看着亲人的遗体被胡狼破坏，既痛心又无奈，久而久之，人们便把胡狼破坏坟墓、损毁遗体的行为转化成了守护坟墓并协助死者前往来世的精神崇拜。所以在古埃及法老的陵墓中，常常会看见一只胡狼造型的陪葬品，这就是阿努比斯神的化身，他护佑着法老的亡灵，引导法老走向永生。

然后，伊西斯化作一只鸢，努力挥动着翅膀，为奥西里斯提供生命的气息，使他复活，并接受了他的种子，孕育了荷鲁斯。他们隐居在尼罗河三角洲的一处湿地，秘密地将荷鲁斯抚养长大。

荷头人身的荷鲁斯

荷鲁斯是古埃及神话中最重要、最古老的神祇之一。其形象是鹰头人身，头戴上下埃及双冠（后来的埃及法老戴的就是这种王冠）。鹰翱翔于人类无法企及的天际，具有英勇凶猛的特性，于是古埃及人把这种令人向往、强而有力的特性转化成了精神崇拜，其主要崇拜中心位于今埃及尼罗河西岸的城市埃德富（Edfu）。

荷鲁斯的身份随着历史的发展而不断变化，在早期神话里，他与奥西里斯、伊西斯等人一样，都是盖布与努特之子。但在后来，他被完全定义为奥西里斯和伊西斯之子，并在长大成年后为父报仇，打败塞特夺回了王位。

埃德富荷鲁斯神庙

荷鲁斯被视为法老的保护神，是王权的象征，古埃及人认为在位的法老就是荷鲁斯的化身，死后则成为奥西里斯。

荷鲁斯的胜利

荷鲁斯幼年时期的生活并非风平浪静，因为在他刚出生的那一刻，塞特就察觉到了。所以多年来塞特一直在寻找荷鲁斯，想置他于死地，所幸有众神的帮助才让荷鲁斯躲过一次又一次危难。

终于，荷鲁斯长大成人，成了一个勇武壮实的男子汉。奥西里斯知道荷鲁斯与塞特之间的战争终究不可避免，于是索性向他讲述了过往的一切。听完曾经那些不幸的遭遇，荷鲁斯气得面如土色，紧握双拳，怒目直视前方。

奥西里斯满腔悲愤地讲完这些故事后，长吁了一口气，意味深长地告诉荷鲁斯，虽然复仇的日子就要到了，但自己却无法再和他们一起生活，因为他将接受拉神的召唤到另一个世界去了。从此，奥西里斯成为冥界之主，接收亡者的灵魂，主持冥界的审判。

关于荷鲁斯找塞特复仇的故事有很多版本，目前最主流的版本是《荷鲁斯和塞特之争》，出自新王国时期的切斯特·贝蒂纸莎草（Papyrus Chester Beatty）残卷，这个版本记载得最为详细完整，所以流传最广。在这个版本里既有荷鲁斯与塞特间的争斗，也有众神间的争论，同时也包含很多荒诞离奇的情节，在此不再详述。故事里，由众神通过法庭审判的方式来确定由谁继承王位，在这场旷日持久的斗争和审判持续了80年后，最终塞特让步，荷鲁斯成为王位的继承人。在其他一些版本中，故事的结局都是荷鲁斯继承了王位统治埃及，而塞特要么被俘，要么被流放外域。但在众多不同的版本里，几乎都有关于荷鲁斯在战斗中失去一只眼睛，以及塞特受伤失去生育力的情节描述，2016年上映的电影《神战：权力之眼》就是根据荷鲁斯与塞特之间的斗争而改编的。

荷鲁斯之眼（The Eye of Horus），根据不同的神话版本，荷鲁斯在与塞特的斗争中，失去了一只或两只眼睛，后来在其他神祇的帮助下又恢复了视力。荷鲁斯之眼有多种含义，因为荷鲁斯是天空之神，所以他的右眼和左眼分别代表太阳和月亮，特别是左眼经常和月亮的阴晴圆缺联系在一起，月亮的逐渐变圆象征着荷鲁斯之眼的康复过程。有的版本说他的右眼是拉神夜晚乘坐的太阳船（夜幕之舟），左眼是拉神白天乘坐的太阳船（白昼之船）。另外他的眼睛还被认为拥有死后在地下世界对身体进行保护的法力，所以古埃及人常常将荷鲁斯之眼作为死者的护身符，随木乃伊一起下葬，象征死者被荷鲁斯护佑。

荷鲁斯之眼护身符

荷鲁斯复仇的故事结局可能和人们预想的不一样，通常来说，此类故事的结局肯定是正义的一方战胜并杀死了邪恶的一方。但在这个故事的大多数版本里，罪大恶极的塞特并没有被杀死，他甚至还拥有在法庭上与荷鲁斯公平竞争王位的权利，并且在双方斗争的过程中，至高无上的太阳神也没有偏袒任何一方，这一切似乎让人很难理解，但这正是古埃及人神学观念的一种体现。塞特的神性本就包含着混乱和无序，这也是自然界合理存在的一部分，所以神话故事不一定非得让他消亡，反而也将其塑造成了一个有众多拥趸的神，这样才能让被破坏的自然秩序重新回归正常。

以上就是赫里奥波里斯神话体系的主要人物和故事，这也是目前流传最广、最主要的埃及神话。其中：拉、舒、泰芙努特、盖布、努特、奥西里斯、伊西斯、塞特、奈芙蒂斯这九位神祇组成的团体，就是俗称的"九柱神"或"九神团"。

　　除了赫里奥波里斯神话体系外，古埃及还有赫尔莫波利斯、孟斐斯（Memphis）、底比斯三个主要神话体系，这些不同体系里的神话人物和故事也有所不同，以下分别进行简单介绍。

赫尔莫波利斯的创世神话

赫尔莫波利斯（Hermopolis），位于今埃及开罗南方约 280 千米处的埃尔艾什穆奈因（El-Ashmunein）。

古埃及人无法理解天地及世间万物形成以前的宇宙是什么样的，所以只能根据现实世界来想象创世以前的宇宙。现实世界是干燥并充满空气的，那创世以前则是混沌的原始之水；现实世界的地域和生命都是有限的，那创世以前则是永恒无限的；现实世界有太阳照亮大地，那创世以前则是黑暗的；现实世界是能看见且可知的，那创世以前则是隐秘不可见的。

于是，古埃及人把这四种属性进行拟人化，创造出了四对男女神祇，每对神祇都对应一种创世前的原始属性。

男　性	女　性	属　性
努恩（Nun）	纳乌奈特（Naunet）	原始之水
胡赫（Huh）	哈海特（Hauhet）	永恒无限
库克（Kuk）	库克特（Kauket）	黑暗
阿蒙（Amun）	阿蒙内特（Amunet）	隐秘不可见

这八位原始神祇常被称作"八元神"或"八神团"，其中四位男神的形象是蛙头人身，四位女神的形象是蛇头人身，这也充分反映出古埃及人对自然界的敏锐观察力。蛙自水中诞生，从蝌蚪异化为蛙完成其独特的生命循环，代表着从混沌中来且死后复生的转变过程，所以把蛙作为男神的形象；而尼罗河洪水退去后重现的第一种动物就是蛇，所以蛇被选作女神的形象，与蛙首形象的男神配对。

与赫里奥波里斯创世神话不同的是，赫尔莫波利斯的八位原始神祇并没有亲自创造世界，而是由他们把创世神从原始之水里释放出来使其苏醒。

这里主要有两个故事版本，一个版本认为八元神创造了第一片陆地（原始之丘），有只叫作"伟大的鸣叫者"的鹅在这里生了一个蛋，这个蛋孵化出了伟大的太阳神；另一个版本则认为八元神创造了一朵含苞待放的荷花，从荷花里绽放出了以圣甲虫凯布利形象出现的太阳神（后来他又转变成涅斐尔图姆［Nefertem］神，即孟斐斯三联神里的植物神）。

八元神完成任务后便死去，被埋葬在底比斯的西岸，而太阳神之后的故事则与赫里奥波里斯的相同。

丹德拉（Dendara）哈托尔神庙的八元神浮雕

孟斐斯的创世神话

孟斐斯，古埃及城市，有4700多年的历史，是埃及最古老的首都，也是世界上最古老的城市之一，位于尼罗河三角洲的南端，今开罗以南约20多千米的上下埃及交界的米特·拉辛纳村，埃及的第一座金字塔（阶梯金字塔）就建在孟斐斯附近。

普塔

在孟斐斯神系里，普塔（Ptah）是创世主神，传说他在世界还没有诞生以前就存在了。他通过思考和说话的方式创造了万物，无论是天、地，还是人、动物、植物、技艺，甚至连八元神都是他通过"心中思之、口中道出"的方法创造出来的。普塔创造一切事物和诸神之后，又造城镇，创立了"诺姆"（古埃及行政单位，共有42个诺姆，其中上埃及22个，下埃及20个），并赋予人类知能，命人类祭祀，建立神庙。

由于普塔创造了一切，所以他不仅是创世神，还是工匠、艺术家、建筑师的保护神。他通常的形象是身穿裹尸布，头戴无边圆帽，留着直胡须，手握象征生命、权力、稳定的权杖，脚下还踩着一个底座，象征正直、平等、秩序和真理。

另外值得一提的是位于孟斐斯的献给普塔及其妻子的神庙，相传这座神庙建在创世之初从水中浮现出的第一片土地之上。神庙的埃及象形文字原意是"普塔灵魂的居所"，古埃及语音译为"Hut-ka-Ptah"，古希腊人将其叫作"Aigyptos"，后来相继演变成拉丁语"Aegyptus"和古法语"Egypte"，到最后演变成现代英语"Egypt"，并一直沿用至今。所以现代"埃及（Egypt）"这个国家名称其实起源于普塔的这座神庙，这也恰好体现了孟斐斯的创世神学 —— 这座神庙就是埃及的万物之源。

另外一个关于普塔的传说是，他曾以天火之形使一头小母牛受孕，使自己再度出生。其形象为一头黑色的公牛，额头上有一块白斑，后背上有展翅的秃鹰形状花纹，舌头上有圣甲虫状的图案，尾巴上的毛是双股的。人们把它叫作神牛"阿匹斯（Apis）"，它象征着丰饶多产，是古埃及最受尊崇的神圣动物。

平时，祭司就根据这些神秘的特征来挑选神牛，然后精心地将神牛圈养在神庙。当有祭拜活动时，祭司把神牛牵出来举行隆重的仪式，人们也纷纷请求它赐福并预卜吉凶祸福。如果神牛吃了人们用手递给它的食物则是吉兆，反之则是凶兆。有一次，一位将军拿了许多美味的食物喂养神牛阿匹斯，可是阿匹斯并没有吃，不久后，这位将军突然暴毙，人们由此见识了阿匹斯的预言能力。

在神牛阿匹斯死后，人们会将它做成木乃伊，举行盛大的葬礼，然后送至塞拉皮雍（Serapeum）的专用地下墓穴埋葬（法国考古学家马里埃特[Mariette，埃及国家博物馆创始人]1851年发掘出了塞拉皮雍神庙），并进行全国性的哀悼，直到找到另一头神牛。当找到另一头神牛后，人们会先把它带到尼罗河边的城市待上四十天，做好准备后再送往孟斐斯，然后人们才会转悲为喜，举行盛大的庆祝活动。

涅斐尔图姆

普塔的妻子是塞赫麦特，前文"太阳神的故事"里有她的介绍，他们的儿子是涅斐尔图姆。涅斐尔图姆是古埃及神话中的植物神，其形象是头顶荷花的年轻人，荷花象征着诞生和昌盛。另据金字塔铭文的描述，涅斐尔图姆是盛开在太阳神面前的一朵荷花，所以又被称为"生于拉之鼻的荷花"。

由普塔、塞赫麦特、涅斐尔图姆三人组成的家庭小团体就构成了孟斐斯的三联神体系。

不过，除了涅斐尔图姆外，普塔和塞赫麦特还有另一个"儿子"——伊姆霍特普（Imhotep）。这是一位非常特殊的神，因为和其他神话人物不同，伊姆霍特普是历史上真实存在过的一个人。

伊姆霍特普生活于古埃及第3王朝时期，他拥有令人惊叹的渊博知识，是当时的埃及国王左塞尔（Djoser）身边的大臣，也是作家、医生和埃及天文学以及建筑学的奠基人，同时又是赫里奥波里斯的大祭司，他通常以手拿卷轴端坐的形象呈现。

让伊姆霍特普闻名于世的一个重要原因莫过于他为左塞尔设计建造的那座六层阶梯式金字塔，这也是埃及历史上第一座金字塔，从此开创了埃及的金字塔之路，对后世的影响可见一斑。另外他在医学上也有极深的造诣，曾诊断治疗超过200种疾病，包括肺结核、胆结石、阑尾炎、痛风和关节炎等，并留下了人类历史上第一部医学著作。迄今为止，埃及至少出土了四百多座伊姆霍特普的祈愿雕像，古埃及人将这些雕像置于神庙或圣坛里，他们相信雕像能召唤出伊姆霍特普，从而治疗民众的病痛。

由于他在建筑和医学方面取得的卓越成就，他在世时就享有极高的名望，当时的埃及国王左塞尔甚至将伊姆霍特普的名字刻在了自己雕像的基座上，这也是已知唯一一次普通人的名字出现在国王雕像上。所以在他死后，古埃及人将其神化，让他成了建筑与医药之神，被称作普塔留在人间的儿子，使他迈入了众神的行列。

伊姆霍特普

底比斯的创世神话

底比斯的古城遗址位于现在埃及的卢克索（Luxor）市，在古王国时期它只是一座没有名气的小城镇。公元前2040年，孟图霍特普二世（Mentuhotep Ⅱ）重新统一了分裂的埃及，结束了第一中间期，定都底比斯，开启了中王国时代的序幕，底比斯由此逐渐兴盛繁荣起来。古希腊诗人荷马曾在史诗《伊利亚特》中描述底比斯："那是家家都有很多财产的最富有的城市，共有一百座城门，每座城门口都有二百名士兵驾着战车巡视。"因此，底比斯得到了"百门之都"的称号。

阿蒙

现在的卢克索被称为世界最大的露天博物馆，埃及人常说："没到过卢克索，就不算到过埃及。"尼罗河将这座城市一分为二，东岸是雄伟壮丽的神庙和居民生活区，举世闻名的卡纳克（Karnak）神庙就坐落在这里；西岸则是国王、王后、贵族的陵墓区，包括著名的哈特谢普苏特（Hatshepsut）神庙和帝王谷等，东西两岸截然不同的世界仿佛象征着生与死的循环。

底比斯和孟斐斯一样也是三联神体系，三位神祇分别是阿蒙、穆特（Mut）、孔苏（Khonsu）。

阿蒙是赫尔莫波利斯的八元神之一，他原本只是底比斯的地方神。当底比斯兴起后，阿蒙神的地位也随之升高，最后被奉为国家主神，成了新的太阳神，并与拉神融合形成了阿蒙·拉神。其通常的形象是头上顶着两根巨大羽毛的男性，有时也以公羊的形象出现。

穆特

阿蒙的神性是"隐秘不可见"，代表着一种使宇宙存在的元素。所以他被认为是超然的、隐藏在万物之中的、在创世之前就已存在的，他自己创造了自己，并且宇宙和其他神都是由他创造的。著名的卡纳克神庙就是阿蒙神的崇拜中心，也是现在埃及旅游的必去景点之一。

卡纳克神庙

阿蒙的妻子是穆特，她被认为是众神的王后、众生的母亲。她通常的形象是戴着秃鹫头饰，上面顶着红白双冠，但有时也和塞赫麦特类似，被描绘成母狮形象。

传说阿蒙和穆特结婚多年一直没有生育，所以整日忧心忡忡，希望收养一个儿子。后来经过观察，认为月神孔苏是最合适的人选，于是就收养了孔苏。这样一来，阿蒙、穆特、孔苏这个家庭就构成了底比斯的三联神体系。

阿蒙、穆特、孔苏

孔苏通常是一个梳着侧边辫子的年轻人形象，头上顶着一轮弯月和满月，脖子上挂着项链，但有时也被描绘成荷鲁斯那样的鹰首（头上仍顶着月轮）。

孔苏起初只是一个默默无闻、鲜为人知的神，当他成为阿蒙和穆特的养子，构成了底比斯的三联神体系后，就跻身于伟神之列。到了新王国时期，孔苏被当作巫医而受到人们的崇拜，人们相信着了魔的人只要到孔苏那里，便可以驱除恶魔，恢复正常。传说叙利亚巴克赫坦（Bakhtan）王的

年青人形象的孔苏

鹰头人身形象的孔苏

孟图

女儿被恶魔缠身染病，久治不愈，国王听说孔苏能驱除恶魔，于是不远千里来到埃及为女儿求医。孔苏派自己的分身来到叙利亚，看见魔鬼正在折磨公主，就取了一枚长针，插进公主的太阳穴，去除了折磨她的恶魔，巴克赫坦王感激不尽，便在神庙供奉孔苏的神像。

其实底比斯还有另一位重要的神叫孟图（Montu），他的形象是鹰头人身，头顶两根巨大羽毛和日轮，是一位战争之神。在中王国时期第11王朝时，孟图神受到埃及统治者的格外崇拜，有四位国王都以"孟图霍特普"自称，意思是"孟图神感到满意的"，所以当时孟图神的地位在阿蒙神之上。后来，孟图霍特普四世（Mentuhotep Ⅳ）的宰相阿蒙涅姆赫特（Amenemhat，意思是"阿蒙神前的使者"）通过政变开创了第12王朝，从名字就能看出他是阿蒙派的人，所以阿蒙就取代了孟图成为底比斯的主神。

另外，关于阿蒙和穆特收养孔苏的故事还有一段插曲，相传他们最先向孟图提出了收养的请求，但孟图认为自己的地位本在阿蒙之上，不愿屈居人下，就没有答应，于是阿蒙和穆特才转而收养孔苏，而孟图也带着妻子来到底比斯的郊外居住，并在这里受到了人们的崇拜。到了新王国时期，特别是第18王朝时，埃及军队频频进攻周边各国，作为战神的孟图又成为象征带领埃及走向胜利的重要神祇，重新受到推崇。

顺便一提，2018年10月，中国社会科学院考古研究所和埃及文物部签署了《中埃卢克索孟图神庙联合考古项目协议》，并于 2018 年 11 月 29 日正式开工，这是新中国成立以来中国考古队首次赴埃及进行考古发掘，该项目也入选为 2020 年"中国考古新发现"中唯一一项国外考古新发现，孟图神庙也是著名的卡纳克神庙的一部分。

除了上述四个神话体系里的主要大神外，还有一些身份地位很重要的神，以及受到普通古埃及人喜爱的与家庭生活有关的神，下面选择一部分做简单介绍。

其他主要神祇

托特

托特是古埃及神话中的智慧之神，同时又是月神、医药之神等。他是神的代言人和史官，在古埃及享有很高的地位，受到人们的尊敬和崇拜。托特通常是朱鹭头人身的形象，一手执笔，一手持书写板，他被认为是埃及象形文字的发明者，所以又是书写之神，现在埃及开罗大学的校徽就是托特的形象。与其他很多神一样，托特的形象也非固定不变，有时他会化身为一只狒狒的样子。

托特与奥西里斯、伊西斯、荷鲁斯之间有着深厚的渊源。相传最初他是奥西里斯统治时期的宰相和书吏，塞特害死奥西里斯后，在伊西斯寻夫使其复活的过程中，托特提供了很多帮助。其中一个版本这样记载：伊西斯站在奥西里斯尸体的右侧，托特站在左侧，他们通过举行"开口仪式"复活了奥西里斯（"开口仪式"是古埃及人对死者的木乃伊施行的一种仪式，象征着为死者注入生命力，以此唤醒死者进入来世的旅程，详见后文介绍）。另外在奥西里斯一家为躲避塞特的追杀而隐居时，托特也曾保护年幼的荷鲁斯免遭塞特的毒手。后来成年的荷鲁斯与塞特战斗时失去的那只眼睛，也是被托特医治好的。在众神组成的法庭上讨论荷鲁斯与塞特谁该继承王位时，托特主持正义，坚定地站在荷鲁斯一边，帮助他夺回王位。

托特

除此之外，托特甚至还帮助过更元老级的大神——盖布和努特。在"太阳神的故事"中曾提到，盖布和努特结合后，太阳神很生气，命令舒神把他们分开，并诅咒他们在一年 360 天（创世之初全年只有 360 天）里都无法生育。托特很同情他们，于是就想了个办法。他知道月亮很喜欢下棋，就和月亮打赌，如果自己赢了，月亮就要给他月光；如果自己输了，就把智慧书给月亮。月亮知道智慧书是托特的智慧结晶，便欣然答应了，最后结果是托特赢得了每一束月光的七十分之一。托特利用这些月光创造了新的 5 天并置于岁末，从此历法就变成了 365 天。由于这多出来的 5 天在那诅咒的 360 天之外，所以盖布和努特就可以在这 5 天里生儿育女，于是才有了后来的奥西里斯、塞特、伊西斯、泰芙努特四位儿女。这 5 天也成为古埃及人的新年，人们在这 5 天里举行各种祭祀活动。

塞莎特（Seshat）

塞莎特是古埃及神话中的书写女神，掌管书写、记录和测量。她是托特的妻子之一（也有版本说她是托特的女儿或妹妹），帮助托特处理一些文字事务，并且在托特发明文字时，塞莎特帮了不少忙，所以她其实也是文字的发明者之一。塞莎特通常的形象是身穿豹皮长衣，右手执笔，左手持记录年份的棕榈茎。她头上的象征物比较独特，可能是源自更古老的苏美尔文明中的八芒星符号。

塞莎特

玛特（Maat）

玛特是古埃及神话中的真理和秩序女神，是拉神最疼爱的女儿，也是智慧之神托特的妻子之一，她的头上通常插着一根鸵鸟羽毛。玛特是古埃

玛特

及真理、正义和公平的化身，象征着宇宙的平衡与和谐，具有秩序、和谐、正义、公理、真理等相关内涵。在还没有成文法律的古埃及，玛特就起着法律的神圣作用，维系着社会的秩序，规范着人们的行为。

玛特出现的一个重要场景是在来世审判进行心脏称量仪式的时候，天平的一端放着死者的心脏，另一端常常放着一根羽毛，这根羽毛就是玛特的化身。只有当心脏和羽毛一样重时，才能证明死者生前是个善良无罪的人，那么无论贫富贵贱，他都可以获得永生。所以在对死者的审判上，玛特扮演着极其重要的角色。

贝斯特（Bastet）

贝斯特是古埃及神话中的猫神，她也被视为拉神的女儿，当拉神乘坐太阳船在夜间穿越杜阿特时，她会与混沌之蛇阿波菲斯进行战斗。贝

贝斯特

斯特原本是下埃及尼罗河三角洲东部城市布巴斯提斯（Bubastis）的地方神，早期她和塞赫麦特一样以母狮的形象呈现，是位好斗的女战神，由于她们的神性相似，后来贝斯特被逐渐转化成温顺的猫女神，成为家庭的守护神，同时也是女性生育的保护者，她用手中的叉铃来驱赶恶魔，保护人们的生命健康。

到了古希腊和古罗马时期，贝斯特成为受全国人民信仰爱戴的神祇。在一年一度的贝斯特祭典节庆期间，全国各地的人们乘船前往布巴斯提斯。一路上人们或打着响板，或吹着笛

子，每路过一个城镇都停靠岸边，与当地人热情互动，就这样大家兴高采烈地行进到布巴斯提斯，在那里人们会宰杀大量的牲畜来庆祝节日，人们一个个笑逐颜开、载歌载舞，沉浸在一片欢乐祥和的氛围中，在这个节日里所消耗的葡萄酒比一年之内其余时间消耗的总和还要多。

古埃及人把猫视为贝斯特的化身和象征，所以猫在古埃及为圣兽，受到人们的善待。甚至在猫死去之后，人们还会把它做成木乃伊埋葬。2018年，在埃及塞加拉（Saqqara）大型墓地就出土了几十具猫的木乃伊和镀金木雕像，并公开展出以吸引更多游客。

2018年出土的猫木乃伊

索贝克（Sobek）

索贝克是古埃及神话中的鳄鱼神，通常是鳄鱼头人身的形象，头上顶着含有日轮的两根巨大羽毛。鳄鱼是尼罗河里最危险的动物，于是一些地区的人将鳄鱼转化成了当地的保护神，鳄鱼神的主要崇拜地区在埃及法尤姆（Faiyum）、考姆翁布（Kom Ombo）等鳄鱼容易发动攻击的地方。对于

索贝克

这些地区的人来说，索贝克就是他们的创世神，因为鳄鱼从河里爬上岸下蛋的过程就好比从原始之水努恩中诞生了万物一样。在这些地方的神庙中有专门用于饲养圣鳄的池塘，当圣鳄死后，人们会把它做成木乃伊供奉。

传说索贝克曾保护年幼的荷鲁斯，协助伊西斯和奈芙蒂斯对抗塞特。但有个故事也讲道：有一次塞特被荷鲁斯追击得走投无路时曾向索贝克求助，索贝克因贪恋塞特提出的报酬，便让他躲在自己的肚中，助其逃过一劫，索贝克后来因此受到人们的唾弃。这也是为什么鳄鱼在埃及一些地区被奉若神明，在另一些地区却被捕杀殆尽的原因。

另外在《荷鲁斯和塞特之争》这个故事中，伊西斯曾砍掉荷鲁斯的手扔进河里，索贝克从河里捞出了荷鲁斯的手，但又不停地从手中滑掉，于是索贝克做了张网，他因此被认为是第一个发明网的人。

荷鲁斯的四个儿子

在古埃及陵墓的随葬品中经常能看到四个罐子，这些罐子叫作卡诺卜坛（Canopic Jar）。卡诺卜坛是制作木乃伊时专门用来存放死者内脏的容器，分别存放死者的肝、肺、胃、肠，以供来世使用。四个罐的盖子分别是人首、狒狒首、犬首、鹰首的形象，象征着荷鲁斯的四个儿子，他们被视为死者内脏的守护神。

传说他们最初是守卫大熊星座的神灵，后来专门负责保卫冥王奥西里斯免受塞特的侵扰，现在流传最广的故事版本将他们定义为荷鲁斯与哈托尔所生。另外还有个故事版本是这样的：当年鳄鱼神索贝克因为帮助过塞特而遭到人们的蔑视，为了将功赎罪，在拉神的指点下，索贝克在湖中的一朵荷花上网住了四个人，并把他们送给荷鲁斯做儿子，荷鲁斯非常高兴，于是原谅了索贝克。这四个儿子长大后，荷鲁斯就命令他们去守护奥西里斯的内脏。

荷鲁斯四子

这四子虽然一同守护奥西里斯的内脏，但又各司其职。人形的艾姆谢特（Imset）守护肝；狒首人身的哈碧（Hapi）守护肺；犬首人身的杜阿木特夫（Duamutef）守护胃；鹰首人身的凯布山纳夫（Qebshenuf）守护肠。四个卡诺卜坛的摆放也有讲究，它们分别置于南、北、东、西四个方位。另外，他们还代表人的四种精神存在，分别是"卡（Ka，生命力）""心灵""巴（Ba，意识）""萨阿（木乃伊）"。他们四人又分别有自己的保护神，依次是伊西斯、奈芙蒂斯、奈斯（Neith）、塞尔凯特（Serket）。

卡诺卜坛				
名字	艾姆谢特 Imset	哈碧 Hapi	杜阿木特夫 Duamutef	凯布山纳夫 Qebshenuf
守护的内脏	肝	肺	胃	肠
方位	南	北	东	西
人的精神存在	卡（生命力）	心灵	巴（意识）	萨阿（木乃伊）
保护神	伊西斯	奈芙蒂斯	奈斯	塞尔凯特

塞尔凯特

第18王朝法老图坦卡蒙的卡诺卜坛的外层箱子，塞尔凯特守护在一侧

塞尔凯特是古埃及神话中的蝎子女神，通常也将她定义为拉的女儿。其形象是一位头顶蝎子的女性，蝎尾呈高高翘起威吓的姿势，有时也以蝎身女人头的形象出现。众所周知蝎子有毒，人如果被蝎子蜇伤会导致麻痹而呼吸困难，所以蝎子这种常见的伤人毒物也被古埃及人转化为神祇。塞尔凯特名字的原意是"使喉咙呼吸之人"，其实就是与蝎毒引起的呼吸困难症状联系了起来。她被视为使人们免受毒物伤害的神祇，同时也是荷鲁斯的儿子凯布山纳夫的保护神，与他一起负责守护死者的肠。

奈斯

　　奈斯是古埃及神话中的战争和狩猎女神，崇拜中心位于古埃及第 5 诺姆首府塞易斯（Sais），是当地的守护神。她头上的象征物通常解释成一面盾牌，其上交叉插着两支箭。但有的观点认为她头上的象征物是织布梭，古埃及人认为她编织的是给死者木乃伊所穿的绷带和殓衣，所以奈斯也是编织女神，并且和死亡发生关联，成为荷鲁斯的儿子杜阿木特夫的保护神，与他一起守护死者的胃。

　　奈斯是古埃及早期的重要神祇之一，拥有很高的地位。相传众神就荷鲁斯与塞特谁该继承王位而争论不休时，最后一致决定写信给奈斯，征求她的意见。奈斯在回信中表

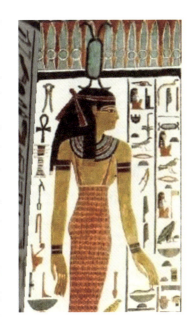

奈斯

达的态度很明确，认为不能做无耻不正当的坏事，应该把王位传给奥西里斯的儿子荷鲁斯，否则自己会大发雷霆，让天塌下来，这封回信由托特当着众神的面在法庭上宣读。这说明奈斯在古埃及众神中拥有极其崇高的地位，关于她的身份有多种说法，一种认为她是原始之水努恩的化身，由她创造了众神和人类，拉神是由她所生；还有的认为奈斯是鳄鱼神索贝克的母亲，等等。

塔沃瑞特（Taweret）

　　塔沃瑞特是古埃及神话中孕妇的保护神，她名字的原意具有"伟大女性"的含义。古埃及人把河马肥胖的身躯和怀孕的妇女联系起来，所

塔沃瑞特

以将河马这种动物转化成了分娩妇女及婴儿的保护神。

她的基本形象是河马，但又有人类的长发、狮子的四肢、鳄鱼的尾巴以及象征怀孕的大肚皮。她头上的象征物与哈托尔女神一样，也是由牛角和日轮组成的，这是因为她与哈托尔女神同样具有守护妇女和儿童的神性。

古王国时期，塔沃瑞特的形象广泛出现在护身符、床、椅子、器皿等家庭日常物品的装饰中，她是一位受人爱戴的家庭神。

克奴姆

克奴姆是古埃及神话中的尼罗河源头之神，被视为水之赐予者、尼罗河源头的守护者，有"尼罗河门槛之主宰"的称谓，是古埃及早期的重要神祇之一，通常是公羊头人身的形象。据说几千年前的古埃及人在从事农耕以前，靠牧羊为生，因为羊的性情温顺，繁殖力也旺盛，适于在贫瘠的土地上饲养，是当时最适合作为家畜的动物，所以羊也被转化成了神祇。

克奴姆

克奴姆的崇拜中心位于埃及南部边境的第一瀑布区，今埃及象岛。在那里，他与妻子沙提（Satet）、女儿阿努凯特（Anuket）一起受到人们的崇拜。他被认为是尼罗河源头的守护者，由于尼罗河泛滥后会留下肥沃的土壤，于是古埃及人就产生了一种信仰，认为是克奴姆用他在陶轮上的泥土创造了包括人类在内的所有生物。后来，人们甚至直接将克奴姆视为造物主，认为众神都是由克奴姆创造出来的，所以他又被称为"陶工之神"和"造物之神"。

沙提

沙提是克奴姆的妻子，是埃及南部阿斯旺第一瀑布区边界的守护神。她头戴上埃及白冠，两边有一对羚羊角。沙提早期的名字是表示亚麻布的象形文字，后来改为弓箭刺入皮盾的象形文字，可以理解成加强保卫边界的意思。传说沙提经常手挽强弓，用箭射杀法老的敌人，还将河水射下悬崖，形成瀑布。她还被认为与尼罗河的泛滥有关，因此古埃及人又将她视为掌管尼罗河水源净化的女神。

沙提

阿努凯特

阿努凯特是克奴姆和沙提的女儿（在不同的版本中，分别说她是拉神的女儿、沙提的妹妹、克奴姆的另一个妻子），她头上戴着一种用大量羽毛装饰的头冠。阿努凯特的神职和父母类似，掌管着尼罗河水及南方边界的守护，被认为是尼罗河的女神。在今埃及阿斯旺塞赫于岛（Seheyl Island）有一座专门供奉阿努凯特的神庙，另外在努比亚地区（今埃及南部和苏丹北部之间）一些神庙浮雕上也能看到阿努凯特的身影，可见她曾经在埃及南部广受人们的信仰。

阿努凯特

由克奴姆、沙提、阿努凯特三人组成的家庭小团体就构成了象岛三联神体系。

奈赫贝特（Nekhbet）和瓦吉特（Wadjet）

奈赫贝特和瓦吉特分别是古埃及神话中的秃鹫女神和眼镜蛇女神。

奈赫贝特的形象是一只头戴上埃及白冠的秃鹫，有时也会以头戴上埃及白冠的女性形象出现，她是上埃及的守护女神。

瓦吉特的形象是一条头戴下埃及红冠的眼镜蛇，有时也会以头戴下埃及红冠的女性形象出现，她是下埃及的守护女神。

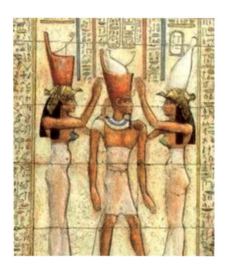

奈赫贝特（右）和瓦吉特（左）
两位女神为国王加冕

奈赫贝特和瓦吉特为成对关系，她们的组合图案也被视为上下埃及统一的象征。由于她们关系紧密，有时还会将秃鹫和眼镜蛇的形象互换，另外秃鹫和眼镜蛇组合在一起的图案还代表了国王的"两女神名"（古埃及国王通常有五个名字，分别是：荷鲁斯名、两女神名、金荷鲁斯名、上下埃及之王名［登基名］、拉神之子名［出生名］）。

奈赫贝特的崇拜中心位于上埃及希拉孔波利斯（Hierakonpolis）附近的尼可布（Nekheb，今埃尔卡布［El-Kab］），瓦吉特的崇拜中心位于下埃及尼罗河三角洲西北部的布陀（Buto，今太尔埃尔法拉因［Tell El-Farain］）。

死后的世界

古埃及人对生死有着独特的看法，他们观察到尼罗河每年有规律地泛滥与消退、植物与之相应的生长与枯萎、太阳每天东升西落等周而复始的自然现象，这些现象带给古埃及人一种信念，他们认为这个世界是往复循环的，既然自然万物可以生死轮回，那么人也应当如此。所以古埃及人相信来世的存在，他们认为现世是短暂的，死亡只是生命的暂时中断，而不是结束，人死后并不会就此消失，而是会进入更美好的永恒世界去生活。当然，去往来世的道路注定不会一帆风顺，也不是每个人都能获得最后的永生。古埃及人十分清楚死后的世界是什么样的，他们甚至知道在通往那个世界的途中会发生什么，为此，他们在世时会花费大量的时间和精力做准备。事实上，"死后的生命"是古埃及文明留存下来的所有记录中最重要的主题之一。

生命的构成元素

无论是古代还是现代，在很多民族的观念中，一个人的生命都是由身体和灵魂两部分组成的。但古埃及人对生命个体的认识却有一套非常复杂和奇特的思想，让人很难理解。他们认为一个人的生命由"卡""巴"、心脏、名字、影子、身体这些元素组成，每种元素必不可少，否则就不能获得重生。

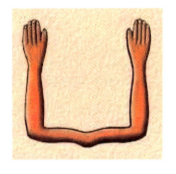

卡

"卡"，类似于我们通常意义上的灵魂，但又不是，它是介于身体和灵魂之间的概念，现在一般把它理解为生命力或生命的能量，经由父母传给子女，世代传承。与人的身体一样，"卡"从出生时就一起被创造出来，是人的另一种存在形式，可以解释为人化的精神。它被形象地表现为两只向上举起的胳膊，具有拥抱、保护的含义。人活着时，"卡"存在于人体之中，靠食物来供养。人死后，"卡"到另一个世界继续存在，但为了食物和恢复精力又必须回到身体（尸体），所以人死后尸体被制作成木乃伊并得到供养，"卡"就能回到身体汲取营养而继续存在。但不只身体能承载"卡"，雕像也能承载"卡"。所以不管是国王、贵族，还是普通人，通常都会在墓室中放置自己的雕像，作为"卡"的载体，平时的祭祀就是在为迎接"卡"做准备，"卡"会在夜晚造访陵墓享用祭品。

巴

"巴"，也是一个很难理解的概念，它更接近于灵魂，一般解释为人的意识或个性与行为。它与"卡"有相似之处，比如"巴"也需要营养供给，也需要栖息于身体。但不同的是，"巴"并不是生者的一部分，而是在人死后才出现，存在于肉身死亡和审判之间的过渡阶段。肉身只能在人活着时在地上行动，肉身死后与"巴"结合才能在冥界游荡。而"巴"可以独立于身体自由行动，变成它所希望的各种形态，并且会在白天离开坟墓。可能正是由于这种特性，古埃及人把候鸟看作"巴"的化身，因为它们能离开熟悉的世界到远方去，又能定期回来，所以"巴"通常被描绘为人头鸟身的形象。到了后来基督教时期的埃及，"卡"和"巴"的概念才逐渐被"灵魂"一词所取代。

心脏和"卡"一样，也是独立的存在，代表所有形式的能量，是人的思想和意识的居所，是理性、情感、意识、记忆和自由意志的源泉，这种自由意志甚至可能反对神和神造的宇宙秩序，记录着一个人生前的德行和劣迹。所以古埃及人在制作木乃伊时，心脏是唯一被留在体内的器官，因为在进行最终审判时，天平的一端放着象征真理和秩序的玛特羽毛，另一端会放上死者的心脏，如果没有心脏，死者就会失去重生的机会。

　　和"卡"、心脏一样，名字也是一种独立的存在，任何事物都有自己的名字。名字能证明一个人的身份，当亡灵进入死后世界时，要宣称"神是我的名字"。在许多建筑物上，国王的形象会用他的王名来代表，如果抹去一个人的名字就是彻底毁掉他的存在，伤害一个人的名字就如同伤害那个人本身（如第18王朝国王埃赫那吞［Akhenaten］抹去阿蒙神的名字，而他自己的名字又被后来的统治者抹去，都是出于这样的目的，详见后文）。而神的名字还具有魔法般的力量，有个关于"太阳神和他的秘密名字"的故事很好地说明了这一点：太阳神拉之所以法力无边，是靠他的秘密真名，除了他自己外，没人知道他的真名。因为如果任何人知道一个神的真名，就能获得这个神的力量，甚至能够驾驭神明，所以诸神都把自己的真名隐瞒起来。伊西斯女神为了帮助自己的儿子荷鲁斯，就想得到拉的真名而获得更强大的力量。于是伊西斯精心实施了一个计划，她把年老的拉说话时滴落在地上的口水收集起来，与泥土混在一起做成一条毒蛇，放在拉的必经之路。结果拉被毒蛇咬到，全身痛苦不堪，众神对此也束手无策。伊西斯装作关心的样子，说如果知道了他的名字，就能帮助他。拉忍受着巨大的痛苦，说出了一连串的名字，但没有一个是秘密的真名，伊西斯不为所动。此时毒液已遍及拉的整个身体，他奄奄一息，几乎支撑不住了。伊西斯向拉表示，刚才他说的名字中没有真名，如果想得到医治，必须说出真名。此时拉已筋疲力尽，万般无奈下只好对伊西斯说出了自己的秘密真名，并表示只要她的儿子荷鲁斯发誓不告诉别人，她就可以把这个真名传给荷鲁斯。伊西斯终于知道了拉的真名，于是念动咒语，拉才转危为安。伊西斯由于知道了拉的真名，法力大大增强。从这个故事就可以看出名字对于古埃及人的重要性。

　　影子则伴随着活人的身体，在人死后也可以独立存在。古埃及人认为影子不仅仅是身体产生的，还是精神元素折射出来的。他们还认为影子也可以承载和传递能量，甚至相信太阳也有影子，当太阳或其他神灵的影子罩在人的身上时，就会给那个人注入力量。

身体除了作为人的形象外，还是"卡""巴"的载体。古埃及人认为，死亡只是暂时把人的精神元素和肉身分离，它们终会在来世合而为一，而复活的基础，则是一个人的完整肉身，所以要想获得永生，肉身的保存就非常重要，如果肉身腐坏了，"卡"和"巴"也无法存在，人就会真正地死亡。只有"卡""巴"等精神元素在死后的世界与肉身再度结合，人才能获得重生。

古埃及人认为，只有具备了以上全部要素，一个人才有可能获得最后的重生，继续在来世生活。因此，把尸体精心制作成不腐烂的木乃伊是复活的基本前提。

木乃伊的制作

"木乃伊"这个名称并不是源自古埃及语，而是来自阿拉伯语。大约在公元七世纪阿拉伯人入侵埃及时，看到埃及人保存下来的尸体表面像是涂着一层黑色的油脂物，他们以为是沥青（其实是树脂），于是就称之为"Mummiya"（阿拉伯语"沥青"的意思），后来逐渐演化成了英文的"Mummy"。

木乃伊的制作是一项复杂的工作，其中的关键是使尸体的组织脱水，只有这样才能防止尸体腐化。早期的木乃伊其实并没有做任何防腐处理，因为当时人们不愿意把不够用的肥沃耕地当作墓地，所以当人们死后，尸体就被直接埋葬在炎热干燥的沙漠里。但是，滚烫的沙子将尸体炙烤得干透，正常的腐烂过程根本没有发生，于是自然风干形成了天然的木乃伊。随着社会的发展和贫富差距的扩大，墓葬也变得越来越讲究，人们不再把尸体直接埋在沙漠里，而是出现了墓室。于是为了防止尸体腐烂，就逐渐发展出制作木乃伊的技术，其中防腐技术的灵感正是来源于沙漠里天然形成的木乃伊。

当古埃及人去世后，尸体会被送到专门制作木乃伊的地方，制作方法大致如下：先敲碎筛骨（颅腔和鼻腔的分界骨），用一个金属钩把已有些腐烂变软的脑子从鼻孔中掏出来，再把一些药物注入颅腔，并清洗其他部分。然后用利刀在腹部左侧开一个口子取出内脏器官，但心脏会被留在里面，因为古埃及人认为心脏是人的情感和智慧所在，记录了死者生前的德行，在死后世界的审判仪式中心脏必不可少。取出的内脏清洗干净后，用泡碱脱水，并用热树脂处理，再用布带缠起来分别放在四个卡诺卜坛里，象征被荷鲁斯的四个儿子守护。腹腔用棕榈酒混以捣碎的香料清洗后，会塞入一些临时的填充物来帮助脱水，防止体腔壁遭到毁坏。这种临时性的填充物包括干燥的泡碱以及和树脂包装在一起的混合物，还有浸泡过树脂的亚麻布。最后，把尸体放在干燥的泡碱堆里 40 天，这个过程是为了破坏脂肪并使组织脱水，然后去除尸体上的泡碱层并用水洗去残余杂质。完成这一切后，尸体被送到"纯净之屋"，在这里用尼罗河水将尸体洗净，再往脑腔里灌注树脂或塞入树脂浸泡过的亚麻制品，腹腔用装满木屑的亚麻布袋或用树脂浸泡过的没药填满。然后把腹部的开口缝起来，在尸体表面涂上雪松油、蜡、泡碱和树脂的混合物，接下来把香料撒在上面，用树脂和蜡塞住鼻孔，整个尸身用熔化的树脂涂满。最后就是用亚麻布裹尸了，先把四肢分别缠起来，再包裹躯干，裹完后常给尸体套上一块大布单，然后继续包裹。在这个过程中要不断地念诵咒语，每包裹一个部位念诵一段，到第 52 天结束，第 68 到 70 天时入棺。在一层层包裹的过程中，还会放进各种护身符和《亡灵书》。《亡灵书》又叫《死者之书》，它记载了古埃及人关于死后获得永生的操作方法和咒语，这些方法和咒语被搜集在一起，就形成了所谓的《亡灵书》，这也是古埃及人永生信仰不断发展的结果。古埃及各阶层的人都对书中的内容虔诚信仰，人们相信这些写着咒语的莎草纸卷能够指引亡灵通过接下来的冥界之旅，助其顺利获得永生。每个古埃及人都可以购买《亡灵书》，但使用它的人肯定都来自上流社会，因为普通人根本买不起。其中《阿尼的纸草》是目前为止发现的内容最完整的《亡灵书》，藏于大英博物馆。

古埃及有一批人专门以制作木乃伊为职业，他们掌握技术，代代相传。

而制作木乃伊及后续葬礼过程又需要一些相关的必需品和服务，由此形成了一套规模颇大的完整产业链。所以，制作木乃伊其实跟买卖商品或服务一样，也分不同的价位，前面所说的就是价位最高最精心的做法，另外还有中价位和低价位的做法。中价位的做法是从肛门往体内注入雪松油，再把肛门口封住并放置一段时间，之后把油放出来，因为油的作用，内脏已经完全溶解流出，最后用泡碱处理尸体；低价位的做法则只是在用泡碱处理尸体之前用浣肠等方法把肠里的东西清出来而已，一般较为贫穷的阶层才会选择这种方法。

古埃及人制作木乃伊的习俗给了他们了解人体构造的机会，这对医学，特别是生理学和解剖学的发展具有重要影响。

开口仪式和下葬

木乃伊制作完成后就等待下葬了，到了下葬那天，祭司们一路泼洒牛奶开路，装着木乃伊的棺材被放在一个木橇上由人拉着缓缓而行，保存内脏的卡诺卜坛被放在后面的木橇上，人们扛着随葬品尾随其后，随行的还有扮成伊西斯和奈芙蒂斯两位女神的女子，以及死者的亲朋。除此之外，还有一群职业哭丧者，她们捶胸顿足、号啕大哭，从地上抓起泥土往头上和身上涂抹，履行着她们的职责。

《阿尼的纸草》中的葬礼队伍

队伍渡河来到尼罗河的西岸，到达墓地与一群舞者和祭司会合后，会举行一项极其重要的仪式——"开口仪式"，这是葬礼必不可少的一道程序。

开口仪式非常古老，最初是为神祇举行的，后来才改成为死者举行。开口仪式的意义重大，古埃及人认为必须通过这个仪式，才能让死者恢复感官，重新获得看、听、说的能力，这样他才能呼吸、饮食、思考、行动，才能在冥界做各种需要做的事情，总之就是获得和生前一样的能力。仪式的大致过程是：装着木乃伊的人形棺被立起来，面朝送葬人群，由一个装扮成阿努比斯神的人在后面扶着。"开口"本身只是用专用器具轻轻触碰一下木乃伊的嘴即可，除此外还要念诵经文、献祭等。开口仪式其实就是由奥西里斯复活的神话传说演变而来，古埃及人认为只有通过这个仪式才能让死者像奥西里斯那样死而复生。

《胡内弗（Hunefer）纸草》中的开口仪式场景

最后，参加葬礼的人会享用一顿丰盛的大餐，乐师和舞者在一旁助兴，演唱为死者祈祷的歌曲。就在这酒宴歌舞之时，木乃伊被缓缓放入墓室，走向漫漫的来世之路。

在古埃及，从一个人死后被制作成木乃伊到最终下葬，整个过程一般要持续 70 天。这是因为当天狼星沉入西方的地平线后，要经过 70 天，才能再次偕日升起在东方的地平线上，同时尼罗河也开始每年的泛滥，这似乎象征着生命的轮回。所以古埃及人的葬礼要持续 70 天，象征着死者经过 70 天的迷茫期后获得重生。

最终的审判，走向永恒

正如太阳神每晚进入杜阿特第二天获得重生那样，现在死者的亡灵也即将进入杜阿特，踏上最终审判的漫漫旅程。作为普通人，想到达奥西里斯的审判大厅绝非一蹴而就，即使有《亡灵书》的指引，这仍是一场充满了各种挑战的艰辛旅程，只有在历经种种磨难，通过重重考验后才能抵达最终的审判大厅。在这个过程中有可能会经历第二次死亡，这也是真正的死亡，代表着一个人彻底的消逝。甚至亡灵还没有进入杜阿特之前就可能再次死亡，因为在去往杜阿特的路上有九条大蛇阻挡，亡灵需要念动咒语祈求神的庇护才能安全通过。在整个杜阿特的旅途中，亡灵会遇到各种各样的奇异挑战，会遇到很多敌人，其中以大蛇最为常见，亡灵必须掌握大量的咒语请求神祇的帮助，或是自己获得神的能力，才能击退敌人穿越关卡。除了掌握咒语外，亡灵还必须记住大量的名字，因为亡灵常常会被询问，被要求说出某个神祇、恶魔或物件的名字，只有说出准确的名字才能通过考验。

哈托尔和塔沃瑞特两位女神会在杜阿特的大门入口处点燃火焰，驱逐恶魔，护佑亡灵通过黑暗的沼泽地。杜阿特的地形分为多个区域，每个区域只能由一个大门进入，亡灵必须通过一道道的门才能到达奥西里斯所在之处。在《亡灵书》和其他文献中，关于门的数量的记载是不同的，有 7 道门、12 道门、21 道门的不同说法。在杜阿特里，奥西里斯的权威至高无上，所以亡灵要常常祈祷，颂赞冥王奥西里斯，宣称自己是奥西里斯的儿子甚至奥西里斯本人（这是一种祈愿，并不是说谎），从而得到其他神祇的尊敬和帮助，才能开辟继续前行的道路。杜阿特里最臭名昭著的恶魔当属蛇怪阿波菲斯了，它不仅阻挡太阳神，也阻挡着亡灵的重生之路，亡灵要使用托特神传下来的咒语，凭借非凡的勇气才能将其制服。

在历经坎坷，通过重重磨难和考验之后，亡灵才能来到决定自己是否能获得重生的目的地——奥西里斯的审判大厅。但即使到了这里，也不是马上就能开始审判，亡灵还要通过一系列的考验，比如要说出门柱的名字、门闩的名字、座位的名字、隘门守护神的名字等等。

接着，亡灵见到了大厅的守护神和托特神，在准确说出了他们的名字后，托特神会问亡灵："你为什么来这里？你是否符合神规？"亡灵要回答："我来这里进行汇报，我没有任何错误行为，我避免加入那些争执者，我不是其中之一。"托特神会继续问："我应该向谁传达你的名字？他的房子屋顶是火，墙壁是活的眼镜蛇，地板在洪水中。他是谁？"亡灵此时需回答："奥西里斯。"

就这样，亡灵在通过了一系列考验后才得以进入审判大厅。在大厅的中央放着一架特殊的天平，天平右侧的托盘上放着象征正义的玛特羽毛，天平左侧的托盘空空如也，等待着亡灵将自己的心脏放在上面。天平四周的宝座上坐着拉、舒、泰芙努特等十二位地位显赫的大神，四十二位诺姆神作为陪审员蹲坐在大厅两侧，众神庄重地注视着亡灵的到来。在较远的位置，裹着亚麻布的绿皮肤的奥西里斯，手握着权杖和连枷，坐在罩棚下的王座上，静静地看着，伊西斯和奈芙蒂斯站在他的身后。置身于气场如此强大的环境中，就足以让亡灵惶惶不安了，然而蹲卧在一旁的阿米特（Ammit）更会让亡灵心惊胆战！这是一只长着鳄鱼头、狮子（或豹）的前半身、河马后半身的怪兽，它张着嘴，饥饿地等在一旁，如果稍后亡灵的心脏重于玛特羽毛，它就会马上将其吞食，亡灵也就失去了重生的机会而真正彻底死亡了。

主持"称心仪式"的是阿努比斯神，手持书写板的托特神在一旁准备随时记录亡灵的审判结果。亡灵要向奥西里斯说明自己是无辜的，要表示自己没有欺骗过别人、没有剥夺过孤儿的财产、没有做过神憎恨的事、没有杀过人或下过杀人的命令等等。亡灵还要一一说出四十二位诺姆神的名字和他们所代表的地域，并向每一位诺姆神陈述自己没有犯下的一项具体罪行以宣示自己的清白，比如"我不曾抢劫""我不曾偷盗""我不曾撒谎"等，以及一些与宗教仪式相关的罪行，主要是不能有对神庙或神祇不尊重的行为。亡灵还要为他们献上祭品，博得他们的好感，在安抚好所有的诺姆神后，终于迎来了决定命运的时刻。亡灵将记录着自己品行的心脏取出来交给阿努比斯神，阿努比斯神将心脏放在天平空的一侧托盘上，然后移动天平的游标进行称量。如果亡灵生前品行端正、不说谎话且敬畏神灵，那么他的心脏将与玛特羽毛完全等重；如果亡灵生前作恶，亵渎神灵，那么他的心脏将重于玛特羽毛，这时阿米特就会扑上前去将其吞食。

《阿尼的纸草》中的称心仪式场景

　　当亡灵顺利通过审判后，托特神马上记录下审判结果："我称量了此人的心脏，在其'巴'的见证下，他的品行达到了完美的平衡，他是一个完全无罪的人。"审判结果向众神呈报后，众神宣判道："阿米特不会加害他，让他在奥西里斯面前享受祭品，让他获得荷鲁斯追随者应得的封地。"这时，阿米特会贪婪地看看天平上的心脏，不情愿地走开。然后，荷鲁斯会把亡灵带到奥西里斯面前，告诉奥西里斯审判的结果。亡灵要为奥西里斯献上最丰盛的祭品，向奥西里斯宣示自己的清白。

《阿尼的纸草》中荷鲁斯引导通过审判的亡灵觐见奥西里斯

至此，亡灵终于获得了重生，从此迈入永恒。亡灵的永生之地在奥西里斯所统辖的"芦苇地"，在金字塔铭文中，芦苇地是亡灵升天之前用于净化自身的场所，在后来的棺椁铭文里转变成了亡灵的最终目的地。这里被想象成一片被众多水道分割的原野，诸神和获得永生的亡灵都将在这里得到一片丰饶的土地，从此过上宁静富足的生活。

众神时代的结束

　　传说荷鲁斯战胜塞特后，向曾经支持塞特的人复仇，摧毁了他们的城市。后来，荷鲁斯把王位传给了托特，之后托特又把王位传给了玛特，接着又分别传给了 11 位半神，直到最后由人类的国王接着统治，埃及历史从此脱离神话传说，进入了法老统治的时代。

三、法老的时代

现在人们通常把古埃及国王称为"法老"，这个词的英语"pharaoh"是根据古埃及语音译而来。它的原意其实是"大房子"或"伟大的房子"，也就是国王居住的宫殿，并非指国王本人。直到古埃及第 18 王朝期间，这个词才逐渐用来代指国王本人，但即使在第 19 王朝时，它还可以泛指贵族而不仅仅只指国王，直到第 22 王朝以后，"法老"作为国王的尊称，才真正确立并开始流行，只不过现在人们习惯上把所有的古埃及国王统称为法老。

关于古埃及王朝的划分，主要是以古埃及祭司曼涅托（Manetho）的《埃及史》为依据。古埃及不像中国古代那样有专门的史官来系统地记录历史，直到托勒密王朝时的古埃及晚期，一位叫曼涅托的祭司才用希腊文写成了《埃及史》一书，遗憾的是这本书失传了，但书中很多内容因被其他古代文献广泛引用而流传下来，成为后世研究古埃及历史极其重要的资料。在《埃及史》里，曼涅托将古埃及历史划分为 30 个王朝，并归类为古王国、中王国、新王国三个大的历史分期。但这些王朝和我们熟悉的中国古代改朝换代的"规则"不同，中国古代不管是父死子继还是兄终弟及，总之一个家族就是一个朝代，直到被下一个家族推翻建立一个新的王朝。而曼涅托划分的古埃及 30 个王朝却不一样，常常会出现同一个家族被划分在不同王朝的情况。

现代学者认为，曼涅托并不是根据某

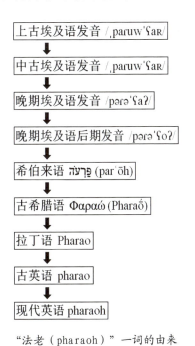

"法老（pharaoh）"一词的由来

一项单独依据来划分古埃及王朝的，而是根据家族、社会稳定程度、重大事件等综合因素来划分的。这种划分法虽然存在缺陷，但也有一定的道理，所以现在学术界沿用了这种方式。只不过现代学者在此基础上又进行了一些补充和完善，现在通常将古埃及历史划分为31个王朝，并在第1王朝之前和第31王朝之后又分别加入了第0王朝（蝎子王时期）和马其顿王朝、托勒密王朝。而古王国、中王国、新王国这三个大的历史分期又被进一步细化为：前王朝、早王朝、古王国、第一中间期、中王国、第二中间期、新王国、第三中间期、后王国。研究者根据曼涅托的记载以及古埃及建筑和莎草纸上留下的王名表，再结合其他研究材料甚至天文学的帮助，才大致整理出了各个国王的名字和他们的在位时间，但由于史料的缺乏，目前学术界对古埃及各王朝年代的划分仍存在争议。

前王朝时期

在很久以前，荒芜死寂的撒哈拉沙漠其实是大片的热带草原，这里有花草树木、清澈的湖泊，很多动物穿梭其中，人类也在这里居住。可是到了公元前 5500 年左右，这里的气候发生了变化，雨水越来越少，湖泊逐渐干涸，草原慢慢消失，不再适合人类居住，于是人们开始向东迁徙，最后在尼罗河的沿岸定居下来。人们在这里采集狩猎、种植畜牧，这是一段金石并用时期（新石器时代和青铜时代之间的过渡时期），历史学家把古埃及这一时期的文化称为涅伽达（Naqada）文化。

到了公元前 3400 年左右，在一个较短的时期内，尼罗河流域的各部落迅速发展为南北对峙的两大集团。南方（上埃及，尼罗河谷地区）的国王戴着高高的白色王冠，保护神是秃鹫女神奈赫贝特；北方（下埃及，尼罗河三角洲地区）的国王针锋相对地戴着红色王冠，保护神是眼镜蛇女神瓦吉特。上埃及的象征物是莲花和莎草；下埃及的象征物是蜜蜂和纸莎草。显然，两大文明势力即将发生的激烈碰撞是谁也无法阻挡的历史趋势。

第0王朝

根据曼涅托的记载，埃及最初是由众神统治的，第一位人类国王是美尼斯（Menes）。所以在很长一段时期里，美尼斯一直被认为是第一个统一上下埃及的国王，但后来的一项考古发现使人们对此提出了质疑。

1898 年，考古学家在位于上埃及希拉孔波利斯的一个神庙遗址里

蝎子王权杖头上的图案

发掘出了大量文物，其中有一件权杖头特别引人注目。上面刻画着一个头戴上埃及白冠的人物，身后系着一条象征国王的公牛尾巴，头部前面还有一个史前文明中象征权力的花瓣和一只蝎子的图案，这些符号组合在一起，人们便称他为"蝎子王"。权杖本是王权的象征，再加上其他代表权力的标志，所以考古学家认定这是一个大人物。

蝎子王墓

由于当时缺乏更多的考古证据，导致蝎子王一度被认为是一个虚构人物，直到 1988 年，德国考古学家冈特·德雷尔（Gunter Dreyer）在阿拜多斯发现了一座不同寻常的墓（编号 U-j）。这座面积为 82 平方米的墓有多达 12 个墓室，虽然已被盗墓者光临过，但仍然出土了人量义物，包括能存储 4500 升葡萄酒的陶制容器、装衣物的杉木箱、石质器皿等。最重要的是里面发现了大量的蝎子符号，由此证实了蝎子王是一个真实存在过的历史人物。

除此以外，在发现的文物中还有 160 块邮票大小的骨头和象牙筹板，其中两块来自三角洲地区的布陀和布巴斯提斯这两个城市。此外，根据构造、形状、装饰等特征推断，还有一些物品来自黎凡特地区（大致位于今巴勒斯坦、约旦一带），可能是作为贡品通过西奈半岛运抵埃及的。这说明当时蝎子王的势力不止在下埃及地区，甚至还影响到埃及本土范围以外。以至于不少人认为蝎子王事实上已经控制了上下埃及，他可能才是第一个统一埃及的国王，或者至少在埃及统一的前期过程中起到了积极的推动作用。

　　另外，对墓室里的木制品残片进行的碳 14 测年表明，这些木头被摆入墓中的时间不会晚于公元前 3200 年，而之前公认的第一位国王美尼斯所处的年代大约是公元前 3100 年，也就是说蝎子王所处的年代比美尼斯更早。同时，在这一地区发掘的其他墓葬里，还发现了一些疑似这个时期的统治者名字。虽然不同的研究者给出的名字和数量不完全一致，但根据现有的考古发现，这一时期包括蝎子王在内还先后存在过至少 11 位国王。这就带来一个问题，由于这些多出来的国王活跃的年代在第 1 王朝之前（涅伽达文化III期），而原先第 1 至 30 王朝的划分又早已约定俗成，如果重新定义第 1 王朝，那么势必会造成后面所有王朝顺序的变更。为了避免引起混乱，古埃及学家们不得不在第 1 王朝之前增加了一个"第 0 王朝"，以此来"安顿"这些更早期的国王。

早王朝时期

第1王朝

如果说蝎子王和第0王朝的其他国王只是若隐若现地存在过，那么从第1王朝起，古埃及的历史脉络就开始变得清晰起来，这个古老的文明终于从模糊的史前时代进入了有据可考的崭新历史时期。

1898年，英国考古学家在希拉孔波利斯发现了一块石板，这就是著名的"纳尔迈调色板"（现藏于埃及博物馆）。调色板本来是古埃及人用来研磨化妆品的器具，但这块高达64厘米的盾牌状调色板显然不是被当作日常研磨工具来使用的，它是神庙里用于祭祀的一个仪式用品。这块调色板之所以如此重要，是因为它上面刻画的图案记录了一件惊天动地的大事。

调色板的正面：中心区域是一个高大的人物，他头戴上埃及白冠，系着公牛尾巴，左手揪住跪在地上的敌人，右手高举着权杖做击打状，他的身后还有随从提鞋拎水。画面的下方是两个正在逃窜的敌人，右上方化身为鹰的荷鲁斯神（象征国王）用爪子抓着一个俘虏的人头，左脚踩在六根代表下埃及的纸莎草上，据说每一根代表一千个俘虏。画面上方两侧是牛首形象的哈托尔女神，中间由鲶鱼和凿子两个符号组成的象形文字第一次被正式使用在"塞拉赫"（Serekh）图案中，形成了一个国王的"荷鲁斯名"——纳尔迈（Narmer）（塞拉赫，一般被称作"王宫门面"，是一个结合了王宫立面和庭院的矩形框，里面包含着一个国王的名字，矩形框的上方通常还站着一只鹰，象征荷鲁斯神，这个图案表示这是一个国王的"荷鲁斯名"）。

调色板的反面：此时的纳尔迈头戴下埃及红冠，后面还是跟着提鞋拎水的随从，前面是他的宰相和四个举着旗杆的人，最右边是两排敌人的尸体，他们的头已被砍下放在两脚之间，这部分内容描述的是获胜的纳尔迈率领部队去检视战果的情景。下方是两头长颈狮，各由一人以绳牵颈，两颈交错环绕在一起，象征着统一，中间还巧妙地形成了研磨化妆颜料的圆形区域。画面的最下方是一头象征国王的公牛攻破了一座城池，踩踏着企图逃窜的敌人。

纳尔迈调色板（正面）　　　　　　　纳尔迈调色板（反面）

　　纳尔迈调色板上最重要的一个细节是，在正面纳尔迈头上戴的还是上埃及白冠，反面戴的却是下埃及红冠，这透露出来的信息是显而易见的，这块调色板记录的正是纳尔迈统一上下埃及这一重大历史事件。

　　但问题也随之而来，前面曾提到，曼涅托在《埃及史》里记载的第一位统一埃及的国王是美尼斯，古希腊历史学家希罗多德（Herodotus，约前484—约前425）在其巨著《历史》中也有过同样的记载，而古埃及人自己留下来的《都灵王表》《阿拜多斯王表》以及其他文献里，也明确记载了美尼斯是埃及的首位国王，这说明古埃及人自己一直将美尼斯视为开国君主。可奇怪的是，这么多年的考古发掘从来没有发现过有关"美尼斯"的史料，反而发现了关于"纳尔迈"的考古实证。这个问题引发了人们的思考和争论，一些人怀疑美尼斯可能只是一个虚构的人物，更多的人认为纳尔迈和美尼斯就是同一个人。一种观点认为，纳尔迈的名字本来是由 nar 和 mer 两部分组成，天长日久，古埃及人将 Narmer 误写成了 Mernar，最后逐渐演变成了 Menes（美尼斯），所以后来的埃及人在编写王名表的时候，把早已被遗忘的纳尔迈写成了美尼斯；另一种观点是，美尼斯与孟斐斯的古埃及语 Mn-nfr 有关，而古埃及语的"美尼斯"是建立者的意思，所以"美尼斯"其实是指孟斐斯城的建造者，而古埃及人忘记了建造者本身的名字"纳尔迈"，于是就用建立者"美尼斯"来称呼他了；还有的观点认为美尼斯是早期包括纳尔迈在内的几位真实国王的集合体等等。总之，这个问题其实至今仍存争议，只不过目前学界通常把纳尔迈和美尼斯视为同一个人，并在习惯上把"纳尔迈"作为第 1 王朝开国君主的名字。

纳尔迈统一埃及后，为了稳固统治，就戴着下埃及的红冠，以此表明自己尊重那里的人民。同时为了加强对下埃及的控制，他在这里建立了新的都城，也就是后来的孟斐斯。当时这座城市的城墙被涂刷成白色，所以又被称为"白城"，按照希罗多德的说法，这道城墙可能是使城市免遭尼罗河水患的大坝。

作为统一埃及的第一位国王，纳尔迈最后的结局却让人意外。据曼涅托记载，纳尔迈在一次狩猎中，被河马拽走，从此下落不明。一个伟大的人物就以这样一种戏剧性的方式谢幕，实在让人唏嘘不已。

纳尔迈的陵墓

围绕纳尔迈还有诸多待解的谜团，比如他的下落，"被河马拽走"也许只是一种委婉的表达。还有他的陵墓，20 世纪 70 年代，德国考古学家在阿拜多斯发现了纳尔迈的陵墓，但这座墓葬规模极小（比蝎子王墓要小得多），与纳尔迈的身份毫不相符，这一切疑问还有待以后更多的考古发现来解答。

一般认为，第 1 王朝在纳尔迈之后还有七位统治者，按先后顺序分别是：荷尔阿哈（Hor-Aha）、哲尔（Djer）、杰特（Djet）、登（Den）、阿涅德吉布（Anedjib）、瑟莫赫特（Semerkhet）、卡阿（Qaa）。不过在杰特死后，他的妹妹兼妻子美丽奈茨（Merneith）也曾摄政，甚至她本身就是一位被认可的国王，因为她的名字被写在国王才能使用的塞拉赫图案中，此外，在后来发现的一份王名表上，她的名字也在其中，所以不同的埃及学家把第 1 王朝的国王总数定义为八个或九个。

接替纳尔迈的是荷尔阿哈，他名字的原意是"战斗者"，说明此时对下埃及的征服还不够彻底，由此可见南北真正的统一并非在朝夕间完成，而是一个持续不断的过程。荷尔阿哈通过与孟斐斯地区一名女性继统者的政治联姻巩固了自己的地位，在三角洲地区的塞易斯修建了一座献给奈斯女神的神庙，并且南征努比亚，把埃及南方疆界扩展到了尼罗河第一瀑布区，此时的埃及开始呈现出一种蓬勃向上的强大发展态势。

荷尔阿哈的继任者哲尔也是一位活跃的国王，他向北曾远征到今西奈半岛和巴勒斯坦南部地区，向南攻打到位于努比亚的尼罗河第二瀑布区。哲尔的墓葬是第 1 王朝中规模最大的，陪葬人数也是最多的，大约有五百八十多人与他一起长眠，其中包括他的妻子、朋友、朝臣、仆役等。不可否认，这是一种极其残忍的行为，但在那个时期殉葬非常流行，国王死后，他身边的人都要以死相随，这样就能跟随国王一起得到永生。哲尔的木乃伊已不知所终，早期的考古学家们在他的墓室里发现了一条戴满珠宝的木乃伊手臂，认为这很可能就是哲尔本人的手臂。但让人痛心的是，这件珍贵文物被送到埃及博物馆后，当时的馆长居然将手臂的一半砍断后丢弃了，理由只是觉得这样展览的效果更好一些。

对于接替哲尔的杰特，人们了解得不多，只知道在他任内出现过一场席卷埃及的大饥荒。杰特死后，由于其子尚幼，他的王后美丽奈茨成为国家的实际掌控者（也有不同的说法，认为美丽奈茨掌权的时间是在哲尔之后、杰特之前）。他们的儿子登是第一个实际佩戴由其父亲发明的红白双冠的国王，此后所有的埃及统治者都沿用了这种新的王冠。并且登也是第一个使用"上下埃及之王名"这个王衔的。"上下埃及之王名"又被称作"树蜂衔"，是由代表上埃及的莎草和下埃及的蜜蜂组成的王名符号。

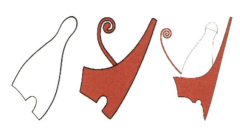

白冠 + 红冠 = 红白双冠

登的陵墓入口

登是一位受人景仰的国王，他在位期间也是第 1 王朝最辉煌的时期。他采取了一系列有效措施巩固了国家政权，并通过数次征伐痛击了东北部的蛮族。他还在孟斐斯的普塔神庙增加了神牛阿匹斯这一元素，使之成为此后三千年里埃及文化的重要组成部分。登的墓葬同样在阿拜多斯，他也是最先建造有阶梯通道陵墓的人。

也许是因为父亲的卓越政绩难以超越，登的儿子阿涅德吉布显得默默无闻，他本人的陵墓也是这一地区国王墓葬中规模最小和最简陋的，甚至连一些刻写了他名字的随葬品还被他的继任者瑟莫赫特拿去磨掉名字后再次使用。这样的行为绝非正常，曼涅托曾记载："登的时代发生了许多不可思议的事，一件极为不幸的事席卷了整个埃及。"而且有些王名表上也没有列出瑟莫赫特的名字，这一切不得不让人怀疑瑟莫赫特可能是一个篡位者。

到了卡阿统治的时期，国家逐渐变得稳定和繁荣。他的墓葬规模也十分庞大，不过殉葬的人数反而减少到了 26 人，随着卡阿的离去，这种残忍的习俗也结束了。

第2王朝

由于缺乏考古资料，人们对第 2 王朝知之甚少，并且不同的研究者给出的国王数量也不一样，有 6—10 位国王存在于这一时期，较常见的观点认为有 7 位，按先后顺序分别是：霍特普塞海姆威（Hetepsekhemwy）、拉内布（Reneb）、尼内特吉（Nynetjer）、温内格（Weneg）、塞涅德（Senedj）、伯里布森（Peribsen）、卡塞凯姆威（Khasekhemwy）。

第 1 王朝最后一位国王卡阿死后，埃及似乎又出现了一定程度的南北分裂局面，因为霍特普塞海姆威的名字原意是"两个权力和睦相处"，暗示着他结束了南北两股势力的纷争。与第 1 王朝国王不同的是，霍特普塞海姆威没有将自己的陵墓建在阿拜多斯，而是选择了北方孟斐斯附近的塞加拉，此后他的继任者拉内布也如此效仿，后来越来越多的国王和贵族选择葬在此地，最终使塞加拉成为古埃及的一个大型墓葬区。这也说明将国都选在更靠近北方的孟斐斯对维护埃及的稳定来说至关重要，孟斐斯因此成为古埃及政治文化的中心。同时根据出土的文物残片显示，此时对猫神贝斯特的崇拜已存在于三角洲地区。

第三位国王尼内特吉的统治期较长，根据出土文物上的记录推算，他统治了 35—45 年，并且他还曾血洗过北方三角洲地区，说明直到此时上下埃及的统一仍不够稳定。

史料的匮乏似乎让第 2 王朝显得十分平淡，但到了最后两位国王时情况有了变化。虽然人们对他们的事迹仍然知道得不多，但此时的埃及可能发生了某种不寻常的事件，这从伯里布森的名字就能略窥一斑。通常情况下，在记录国王"荷鲁斯名"的塞拉赫图案上，都会着站一只鹰的形象，这是荷鲁斯的化身，象征君权神授。但令人意外的是，伯里布森名字的塞拉赫图案上却是荷鲁斯的死对头塞特的形象，据说在埃及三千年的王朝史里仅此一例。这让人们大惑不解，由此引发了种种猜测，有人认为这代表伯里布森来自另一个家族，是通过非正常手段获得的王位。总之，这种不寻常的现象暗示此时的埃及可能存在某种政治或宗教上的争端。并且奇怪的是，伯里布森没有像第2王朝的前几任国王那样，把陵墓建在塞加拉，而是又重新葬在了阿拜多斯。他的继任者也同样留下了一个类似的谜团，在第2王朝最后一个国王卡塞凯姆威名字的塞拉赫图案上，竟然同时出现了鹰（荷鲁斯）与土豚（塞特）的形象，据说这在埃及王朝史上也是绝无仅有的一次，这个名字代表的意思是"两个权力和睦共存"。考古研究发现，卡塞凯姆威曾发动对努比亚边境地区的战争，另外在他的两座雕像底座刻画着一些被砍得东倒西歪的敌人尸体，同时还写下了精准的数字：共杀死北方的敌人 47209 人。这进一步说明之前的统一并不稳固，直到卡塞凯姆威将南北两股势力更好地调节与融合后，才真正实现了上下埃及的彻底统一。随着卡塞凯姆威的谢幕，古埃及的早王朝时期也宣告结束，与伯里布森一样，卡塞凯姆威的陵墓也建在阿拜多斯，但这是最后一座建在阿拜多斯的王室陵墓。

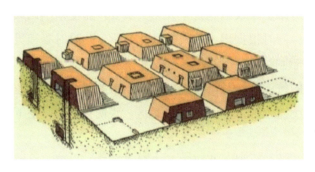
马斯塔巴住宅示意图

不得不说的是，从前王朝到早王朝这段时期，"马斯塔巴（Mastaba，梯形平顶）"是埃及王室和贵族墓葬的主要形式。"马斯塔巴"是阿拉伯语的音译，意思是"长凳"，最初是古埃及的住宅形式，后来逐渐应用于墓葬。

这是一种长方形的建筑结构，多用泥砖建造，由地下墓室和地上祭堂两部分组成，由于地上部分看起来很像阿拉伯人室外用的长方形石凳，所以被称作马斯塔巴。当时恐怕没人会想到，马斯塔巴这样一种墓葬形式，竟成为后来矗立了几千年仍屹立不倒的金字塔的前身。卡塞凯姆威的马斯塔巴规模尤其庞大，并多用石材，这也为即将到来的金字塔时代奠定了技术基础。

古王国时期

第3王朝

这一时期大约经历了五位国王：内布卡（Nebka）、左塞尔、塞汉赫特（Sekhemkhet）、哈巴（Khaba）、胡尼（Huni）。关于第一位国王究竟是谁存在争议，传统观念认为，内布卡是第3王朝的第一位国王，但后来许多学者觉得这个顺序有误，认为左塞尔才是首位国王。因为根据古埃及传统，通常由主持上一任国王葬礼的人来继承王位，而研究表明主持第2王朝末代国王卡塞凯姆威葬礼的是左塞尔而非内布卡，这说明左塞尔有可能是第3王朝的首位国王。

这是一个崭新的时代，古埃及文明经过前期长久的积淀后，在这一时期迸发出强大的能量，政治、经济、文化等各方面的发展进入了一个新的历史阶段。

左塞尔统治期间，埃及的国内形势安定，国力也逐渐强盛，他派兵远征西奈半岛，开采那里的绿松石和铜矿，并成功阻击了西部利比亚人的侵扰。另外在埃及南方的塞赫于岛还流传着一个传说：在他统治期间，由于尼罗河连续几年没有泛滥而导致了饥荒，左塞尔便在这里修建克奴姆神庙供奉祭品，祈祷尼罗河重新泛滥，最终克奴姆神显灵，拯救了埃及。这个传说也间接说明在左塞尔的统治期内，尼罗河第一瀑布区作为埃及的南方边界已趋于稳固。

这一时期与以前最大的不同是石材开始大量使用在各式建筑上，事实上真正让左塞尔成

左塞尔雕像

名的并非他的文治武功，而是他那座前无古人的陵墓。最开始，他的陵墓
也是传统的梯形平顶式的马斯塔巴。不同的是，作为陵墓组成部分的陵庙
区也围着马斯塔巴修建，并把整个陵墓用围墙合围了起来。这样带来的问
题是，由于被围墙挡住，从孟斐斯城就没法看到陵墓，无法体现出王权的
尊贵。这时，他的宰相，也是那个时代首批名人之一的伊姆霍特普登场了。
伊姆霍特普想为国王建造一座与众不同的陵墓，于是进行了大胆的创新，
他在马斯塔巴的上方继续一层层地加建，最终形成了一座高达 64 米的六层
石头建筑，埃及的第一座金字塔就此诞生！由于其阶梯状的外观，这座金
字塔现在通常被称为"阶梯金字塔"。

阶梯金字塔

左塞尔这座金字塔陵墓不仅是国家实力的一种展现，更突出了以国王
为中心的领导力量，体现了国王在埃及宗教体系中的神圣地位，进一步强
化了古埃及人头脑中"国王就是神"的传统观念。阶梯金字塔的诞生标志
着埃及从此迈入了持续千年的金字塔时代，左塞尔也因此在历史上留下了

不朽的声名。但这份殊荣更应归功于他的宰相伊姆霍特普，因为是他开创了金字塔式建筑的先河，为此后更伟大的人类建筑奇迹积累了宝贵的经验，而伊姆霍特普最终也被神格化，被视作普塔神遗留在人间的儿子，迈入了众神的行列。

左塞尔死后，伊姆霍特普继续辅佐新国王塞汉赫特。这位国王显然受到了父亲陵墓的启发，继位后也马上开始筹划自己的金字塔陵墓，伊姆霍特普也参与设计了这座金字塔。这座金字塔被设计为七层，高 70 米，表明塞汉赫特想超越他的父亲。遗憾的是，这座金字塔并未完工，直到塞汉赫特去世时，这座金字塔只完成了最底层阶梯的构造。不仅在陵墓建筑上没有超越他的父亲，就连名望也远远不及父亲，因为直到 1951 年考古学家发现了这座未完工的金字塔，人们才算是找到了一点塞汉赫特存在过的历史痕迹。

可能是因为经典往往难以被复制，第 3 王朝的最后两位国王同样没有再建造起一座像样的金字塔，只留下了未完工的遗迹。但是，超越经典再续辉煌的时刻已然来临，古埃及人即将创造出令人难以置信的伟大奇迹。

第4王朝

相对于古埃及三十多个王朝的数量来说，第 4 王朝显然算是一个很早期的王朝。然而就是这样一个早期的王朝却创造出了不可思议的人类奇迹，古埃及文明迎来了她的第一个巅峰时刻。

第 4 王朝大约经历了六位国王（有的说法是七位），分别是：斯尼夫鲁（Sneferu）、胡夫（Khufu）、杰德夫拉（Djedefre）、哈夫拉（Khafre）、孟卡拉（Menkaure）、谢普塞斯卡弗（Shepseskaf）。

在古埃及的传统中，如果没有直接血统的人，通过自己王后的血统也能使自己的王位合法。斯尼夫鲁就是这样一个例子，他是通过与第 3 王朝末代国王胡尼的女儿结合而获得的王位。

斯尼夫鲁雕像

斯尼夫鲁是一位有作为的国王，在历史上比较受人欢迎。他在位期间，势力往南深入到了努比亚境内，在那里建立了殖民地，带回了7000名俘虏和20000头牛羊；向西他打击了利比亚人，带回了11000名俘虏和13000头牛。通过对努比亚和利比亚的征服，他获得了大量的劳动力以及各种原材料和产品，这些战利品为他日后的宏大建筑工程提供了可靠的资源保障。斯尼夫鲁还通过庞大的造船项目从黎巴嫩运回了40艘船的雪松木，以及西奈半岛的大量绿松石。但真正让斯尼夫鲁广为人知的还是他修建的那三座著名金字塔：美杜姆（Meidum）金字塔、弯曲金字塔、红金字塔。

美杜姆金字塔据说从胡尼时期就开始修建了，但最后是由斯尼夫鲁完成的。这座金字塔开始也是一座有着七级阶梯的马斯塔巴式金字塔，但不同的是，斯尼夫鲁在这座金字塔阶梯状的外立面填入了较小的石灰石，使它的四面看起来更加平滑。这一创新受到了几代人的赞美，古代的涂鸦者还留下了"斯尼夫鲁的英明，三重美誉都不为过"、"我是为了亲睹斯尼夫鲁美丽的神殿而来，这个地方仿佛天堂，就好比太阳高挂天际"等褒奖。但是，由于这座金字塔的中心部分设计得过于陡峭（约74度），使得四面填入的石灰石不能很好地附着，最终大约在第18—22王朝时发生了崩塌，所以现在看到的美杜姆金字塔只剩中心部分矗立着，四周已被垮塌的沙石包围。

美杜姆金字塔

　　美杜姆陵墓区是斯尼夫鲁为他的儿子和王妃建造的，在这一地区出土了著名的拉霍特普（Rahotep）王子和奈费尔特（Nofret）王妃的双人彩绘雕像。两人坐着的椅子上方刻写的名字和身份，强调两人属于王室，其中王子拉霍特普身穿短裙，留着黑色的短发和短髭；王妃奈费尔特身穿白色长裙，戴着华丽的花冠和项链。最值得一提的是，这座双人雕像的眼睛由不透明的石英和天然水晶镶嵌而成，使两人的目光显得深邃有神，表现出强烈的专注感，充分展现了当时宫廷艺术家的卓越才能，这对精品雕像也是现在埃及博物馆的热门展品之一。

拉霍特普王子和奈费尔特王妃彩绘雕像

另外，在埃及国家博物馆还有一幅名为《美杜姆大雁图》的著名彩绘作品，它来自斯尼夫鲁另一个儿子奈费尔玛亚特（Nefermaat）和其王妃伊泰特（Itet）的墓室壁画。这幅图描绘的是豆雁（Anser fabalis）和红胸黑雁（Branta ruficollis），它们近乎对称地分成两组，每组由三只组成，左右两只正低头啄食，中间的四只又分成两对相背而立，不同种类的植物构成这幅画淡淡的背景。该画作以对称、高质量和高细节水平而闻名，一些学者甚至把它称为《蒙娜丽莎》的古代版本。但正因此画过于精美，有学者在仔细研究后，认为这幅画是 19 世纪的伪作，不过此观点并未获得广泛认可。

《美杜姆大雁图》

　　斯尼夫鲁自己的陵墓位于代赫舒尔（Dashur），在这里他修建了另外两座金字塔。其中一座金字塔最引人注目的是其独特的外形，因为它的底座原先设计是 60 度角，但建到一半高度时，上半部分突然向内变成了 43 度，所以人们把这座看起来有些别扭的金字塔叫作"弯曲金字塔"。其中缘由也是众说纷纭，最普遍的说法是，由于开始设计的角度较陡，建造者们发现如果继续往上修建的话，金字塔很可能会发生坍塌，所以不得不将上半部分的角度改得平缓些，所以就成了现在的样子。另外还有两种说法，一种认为这个形状是在模仿埃及神话里创世之初时出现的第一片陆地"原始之丘"的样子；另一种说法认为这种变形的设计是代表上下埃及合而为一的概念。2019 年 7 月 13 日，埃及文物部召开新闻发布会，宣布弯曲金字塔内部墓室在修复完成后向游客开放，游客可以从金字塔北边向外凸起的一个入口处通过一条 79 米深的狭窄隧道，进入这座具有 4600 年历史的金字塔内部的两个墓室。

弯曲金字塔

红金字塔

　　不管是什么原因造就了弯曲金字塔的独特外形，这座金字塔还是不够完美，于是斯尼夫鲁又在它的北面 4 千米处修建了第三座金字塔。据说修建这座金字塔耗时长达 17 年，共用了 200 万吨石头，由于石头的颜色略呈红色，所以被称作"红金字塔"。这座金字塔高达 104 米，从下到上的倾斜角度是连贯的 43 度，使之成了埃及历史上第一座真正完美的角锥体形金字塔。但斯尼夫鲁恐怕没有想到，自己的旷世杰作很快就会被他的儿子超越。

对于大多数普通人来说，能叫得出名字的古埃及国王恐怕少之又少，而"胡夫"正是其中为数不多的一位。大约在公元前 2589 年斯尼夫鲁死后，胡夫继承了父亲的王位，就此开始了他神话般的创造奇迹之旅。

关于胡夫的资料其实非常少，从仅有的资料来看，他在位期间继续对西奈半岛和努比亚采取军事行动，获取那里的资源，巩固了埃及在这些地区的影响力。可以肯定的是，他统治时的埃及国力空前强盛，达到了古王国时期的顶峰，否则不可能建造出举世闻名的大金字塔。现在，这座建造在开罗城外吉萨高原的金字塔几乎就是埃及的代名词，它的高度达到了146 米（因年久风化，现高 136 米），远远超过了斯尼夫鲁的红金字塔，成为当时世界上最高的建筑。正因为如此，后世往往把胡夫描绘成一个不折不扣的暴君，认为他动用了几十万奴隶，花了很多年时间才完成了这项劳民伤财的工程，但其实并没有史料能证明这一点，相反现代考古研究得出了截然不同的结论。

1990 年，考古学家在胡大金字塔附近发现了劳工居住的村落遗址和坟墓区，其中成人男女的遗骨各占一半，另外还有很多小孩的遗骨，说明当时这些人是以家庭为单位生活的，并且根据现代 X 光片显示，一些受伤的人曾得到有效的医学治疗。比如有的人手臂骨折经固定板救治而复原，甚至还有脑肿瘤患者的头骨被钻洞以减轻脑压过高带来的痛苦，这些不仅显示了古埃及高超的医疗技术，也证明这些人并非奴隶。除此之外，这里还有啤酒和面包工厂，从遗迹里残存的食物中得知人们还能分配到肉类，并能使用漂亮的土器。在金字塔附近还发现了一块石碑，上面写有："保证所提供的面包和啤酒等食物的分量能让金字塔工人感到满意。"以上种种迹象都表明他们中大多数人是工人而非奴隶，并且得到了良好的饮食及医疗服务，所以现在已基本推翻了"胡夫是暴君，金字塔是奴隶所建造"的说法。

那究竟是什么原因导致胡夫在历史上留下了如此恶名呢？可能的原因是，在胡夫统治时期，以推崇拉神信仰的赫里奥波里斯祭司势力已变得十分强大，形成了单独的阶层。而胡夫的全名其实是"克奴姆胡夫（Khnum-khufwy）"，意思是"克奴姆神是我的守护者"，这表明胡夫与当时的主流宗教集团之间存在裂痕。据说在金字塔修建的过程中，祭司们还撤走了专门的技术人员，所以胡夫后来只能雇用二流的技术人员，导致后面的工程质量骤然降低。可能正是因为双方紧张的对立关系，在祭司集团的操纵和影响下，才让胡夫在历史上留下一个不好

胡夫雕像

的名声。后来不知是不是胡夫妥协了，他儿子的名字里都加上了"拉"。事实上宗教祭司集团在古埃及历史上拥有很高的地位，对古埃及王权的影响极大，并贯穿整个古埃及历史。

长期以来，世上都流传着关于胡夫金字塔的各种神秘传闻。最常见的就是胡夫金字塔所蕴含的数字奥秘，比如它的底部周长除以塔高的两倍等于圆周率、塔高乘以十亿等于地球到太阳的距离、其所在的北纬度数正好与光速相同等等，诸如此类的数字巧合简直不胜枚举。实事求是地说，这其中有的或许真的只是巧合，但巧合集成的事并不是那么容易发生的，巧合只是当我们不能解释某些事实聚集起来的趋同现象时所用的托词。

其实关于胡夫到底是不是大金字塔的主人长期以来都存在争议，不仅到目前为止都没有在这座金字塔里发现胡夫的木乃伊，甚至现在仅有的一座胡夫雕像，也只有区区 7.5 厘米高，大约就是一根手指的长度，这显然与他的身份地位严重不符，这座毫不起眼的小雕像也被淹没在埃及博物馆浩瀚的展品海洋里而鲜为人知。

于是，以上种种谜团引发了"金字塔是地外文明的杰作""地外文明教

授了古埃及人先进的知识"等等离奇的说法。当然这些说法并没有科学依据，并且关于金字塔的演变过程已有公认合理的科学解释，金字塔其实是在经历了最初的马斯塔巴、左塞尔的阶梯金字塔、斯尼夫鲁的弯曲金字塔后才演变成如今的完美外形。

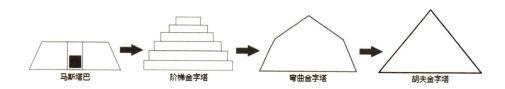

马斯塔巴　　　　　阶梯金字塔　　　　　弯曲金字塔　　　　　胡夫金字塔

金字塔的发展演变过程

胡夫金字塔的表面原本也覆盖着一层光滑的石灰石，公元十三世纪时发生的大地震导致表面的石灰石脱落，才形成了现在可以攀爬的阶梯状外观。我们不妨想象一下，在此之前，当每天黎明的第一缕阳光洒向这座表面光滑的巨大建筑，又从这里反射至沙漠深处时的壮丽景象，难免不让人赞叹这是神的杰作。

金字塔不仅是国王的陵墓，更是国王权力的象征，展现出的是国王组织和操控一个庞大帝国的实力，但胡夫留给后世的不仅仅是这座金字塔。在前面的神话部分曾讲过太阳神拉每天乘坐太阳船巡视人间的故事，而胡夫就给后世留下了真正的太阳船。

胡夫金字塔的四周有几个船坑，这是早就为人所知的，其中有三个是已知的空船坑，但在南面的两个长方形石坑里却埋藏着两艘真正的太阳船。1954 年 5 月 26 日这天炎热的中午，考古学家卡迈尔•埃尔－马拉赫（Kamal El-Mallakh）带领工人对其中一个石坑进行发掘，他们向下大约凿了两米，发现了石坑侧壁上放盖石的台阶，巨石坑盖安稳地放在上面。马拉赫知道马上会有所发现了，他兴奋地接过锤子小心翼翼地亲自将最后一层石头凿开了一个小洞，虽然通过这个黑乎乎的小洞口什么都看不见，但他却闻到了一股幽香。马拉赫拿出平日刮脸用的小镜子反射阳光往里照射，这束光恰好照在一只船桨的叶片上，尘封了约 4500 年的太阳船就此重见天日。马拉赫后来说，那束镜子反射的光就是拉神之光。

然而，这艘船在当初随胡夫下葬时，是被拆成零散的部件放置在石坑里的，于是将它组装复原的工作随即提上日程，负责这项工作的是埃及学家艾哈迈德·优素福·穆斯塔法（Ahmed Youssef Mostafa）。对于既不懂造船，也没有任何古船复原经验的优素福来说，这是一项极具挑战的任务，面对着 651 个部件共 1224 块木板散件，他根本不知从何处着手。优素福将每块木板编号、拍照，按比例缩小做成模型尝试拼装，同时还研究古埃及墓室里的那些太阳船壁画以及一些被保存下来的小木船模型。最终，经过长达十几年的不断研究和尝试，直到 1968 年，这艘船才被成功组装复原。

这艘太阳船是用来自黎巴嫩的雪松木制成，船体长 43.4 米，宽 5.9 米，船底到甲板高 1.78 米，吃水深 1.48 米，排水量 45 吨，前甲板有五对木桨，船尾还有一对舵桨，甲板上有一个大船舱，舱内又分两个室。不可思议的是，整艘船不是用钉子，而是通过榫卯和绳子捆绑的方式固定在一起的。在水中时，船体木板遇水膨胀，捆绑的绳子遇水收缩，从而使船体牢牢"缝合"，密不透水，这种看似有些奇怪的造船方式直到近代仍在阿拉伯湾和印度洋沿岸使用。这不仅是一艘太阳船，也是一艘丧葬船，它最后一次在尼罗河里的航行，可能就是用来将胡夫的尸体运送到金字塔陵寝边，然后作为陪葬品被拆解后放入石坑中，作为胡夫复活成神以后乘坐的太阳船。

1987 年，考古学家又在另一个石坑内勘测到了第二艘太阳船，但在随后的发掘过程中，人们发现进入石坑的空气和虫子对船体有腐蚀作用，因此暂停发掘。后来，埃及与日本考古学家合作，治理虫害取得了成功，并于 2008 年通过一台钻入石坑内部的摄像机向公众展示了这艘太阳船。2011 年，埃及和日本考古学家组成的联合考古队开始对这艘太阳船进行发掘，直到 2021 年，发掘工作才正式宣告完成。这艘太阳船共包含 1700 块残片，考古学家已完成了残片的记录工作，如果未来能将其成功复原，那么世人将有幸目睹第二艘胡夫太阳船的风采。至于第一艘太阳船，原本是放在胡夫金字塔南面的太阳船博物馆里展出，2021 年 8 月，埃及政府用一辆巨大的专用运输车将太阳船整体搬迁至几千米以外的大埃及博物馆永久展示区供游客参观，原太阳船博物馆现已被拆除，这也使胡夫金字塔的南角不再被遮挡，游客从此可以观赏胡夫金字塔的全貌。

胡夫死后，他的儿子杰德夫拉继承王位，他首次使用了"拉神之子名"。除了名字有所变化外，他的金字塔陵墓也没有紧靠着父亲的，而是选择建在了吉萨北边 8 千米处的阿布拉瓦须（Abu Rawash）。这也引发了一些猜测，早期的研究者认为杰德夫拉与自己的家族决裂了，所以他一个人在别处建造金字塔。因为其实胡夫还有一个大儿子叫卡瓦布（Kawab），但因故离世，所以才由杰德夫拉继任王位。于是人们就猜测是杰德夫拉谋杀了卡瓦布，抢夺了他的王位，导致他与家族决裂。但现在的考古学家不认可这种说法，认为杰德夫拉只是听取了当时工匠们的合理建议，利用那里一座自然形成的山作为建造金字塔的基础，所以才选择了阿布拉瓦须。但杰德夫拉的这座金字塔并没有保存下来，它在建成大约 2500 多年后的古罗马时代被开采破坏，甚至在 19 世纪中期到 20 世纪初，这座金字塔的一些残存石块还被用来建造城市，现在这里只剩下一些少量残骸。

杰德夫拉的统治时间不长，关于他的记载很少，后来他的弟弟哈夫拉接替了他。哈夫拉选择了回归，在父亲胡夫的陵墓旁建造了自己的金字塔陵墓。哈夫拉金字塔原高 143.5 米（现高 136.5 米），仅次于胡夫金字塔，是世界第二大金字塔。虽然它比胡夫金字塔略矮一点，但由于它所处的地势更高，所以看起来比胡夫金字塔更高一些，哈夫拉金字塔也是吉萨金字塔群里视觉效果最好的一座。有人认为由此可以看出哈夫拉的心计，因为他在没有僭越父亲胡夫的情况下，使自己这座金字塔的实际效果比父亲的更好。哈夫拉金字塔的顶部区域表面至今还覆盖着部分石灰石，可以想象在建成之初是多么的雄伟壮观。

从右往左依次是胡夫金字塔、哈夫拉金字塔、孟卡拉金字塔

　　说到哈夫拉，除了他这座排名第二的金字塔外，还不得不提到埃及的另一张名片，那就是位于哈夫拉金字塔东面不远处的狮身人面像。通常认为，狮身人面像是哈夫拉建造的，他把金字塔附近一块露出地表的巨型岩石按照自己的面孔改造成了一座雕像，用来守护自己的陵墓。但有的观点认为狮身人面像是哈夫拉按照父亲胡夫的样子建造的，还有的观点认为狮身人面像是哈夫拉的哥哥杰德夫拉建造的，等等。

　　"狮身人面像"其实是国内的习惯叫法，它的正式名称应该是"斯芬克斯（Sphinx）"。在古希腊神话里，斯芬克斯是一个长着女人头、狮子的身体、身上还有两只翅膀的怪物，她经常守在悬崖的路边，拦住过路行人，要行人猜谜语，如果猜对了就可以通过，如果猜错了就把行人吃掉。这个谜语是："什么动物早晨用四条腿走路，中午用两条腿走路，晚上用三条腿走路？腿最多的时候，也是他走路最慢、体力最弱的时候。"但从来没有人能答上来，因此不少人白白丢了性命。后来有一天，智者俄耳浦斯（Orpheus，古希腊神话人物）说出了正确答案：人。于是斯芬克斯倍感羞愧，跳崖自杀。

据说在公元前2世纪时，一群希腊人来到埃及，惊奇地发现这座雕像很像他们神话传说里斯芬克斯的形象，于是"斯芬克斯"这个名字便传开了。

希腊的这个关于斯芬克斯的神话故事，无论是出自古希腊诗人荷马与赫西俄德的作品，还是出自古希腊的戏剧表演，可能出现的最早时间是公元前800年左右，远远晚于埃及的斯芬克斯，事实上古希腊的斯芬克斯正是源自埃及。在哈夫拉的这座斯芬克斯之前，他哥哥杰德夫拉的王妃赫特弗瑞丝二世（Hetepheres Ⅱ）由于敬奉塞赫麦特女神，她的雕像就被做成了由其头部形象与一只母狮身体相结合的样子，这座雕像也是埃及已知最早的斯芬克斯，这座斯芬克斯成为杰德夫拉在阿布拉瓦须陵墓的完美守护者。后来，当古老的埃及文化传播到希腊、西亚等地时，就形成了各地不同的斯芬克斯传说。

希腊斯芬克斯（左）与埃及斯芬克斯（右）

到了孟卡拉时期，他的金字塔规模明显缩小，高度只有65.5米，整体大小仅为胡夫金字塔的八分之一，这被解读为埃及国力下降的表现。这也是符合逻辑的，毕竟从左塞尔的阶梯金字塔，到斯尼夫鲁的红金字塔，再到胡夫和哈夫拉的两座大金字塔，埃及消耗了太多的国力，所以到了孟卡拉时,他已没有足够的实力来开启同样庞大的工程,因此不得不大大缩小自己陵墓的规模。由于孟卡拉金字塔和胡夫、哈夫拉金字塔紧挨在一起,所以它享有吉萨三大金字塔之一的美誉,但其实真正仅次于胡夫和哈夫拉金字塔的应该是斯尼夫鲁的红金字塔。第 4 王朝最后一任国王谢普塞斯卡弗的陵墓建在了远离吉萨的塞加拉,并且不再是金字塔式建筑,而是又恢复成了规模较小的马斯塔巴。

　　第 4 王朝是整个金字塔时代最辉煌的一段岁月,同时也是一个充满谜团的时期。在这一时期,从北部的阿布拉瓦须到南部的美杜姆这片连绵不断的沙漠上,古埃及人建造了数座规模巨大的金字塔,然而却没有一个国王把自己的名字正式刻在同时代的碑文上,甚至连他们的木乃伊都没有被发现,考古学家只能根据某些线索来推断这些金字塔属于哪个国王。比如人们只是在胡夫金字塔内部深处的墙壁上发现了一个毫不起眼的胡夫名字,便据此认定这座金字塔属于胡夫。如果这些金字塔真的属于他们,那为什么这些国王都不在自己的金字塔刻写正式的碑文来彰显自身的地位和成就呢?难道他们不把自己看作金字塔的主人吗?胡夫为什么没有追随他父亲的足迹将自己的金字塔建在代赫舒尔,而是建在了吉萨?这些金字塔被建造出来的真实目的究竟是什么?面对这些疑问,英国学者罗伯特·包维尔(Robert Bauval)提出了一套大

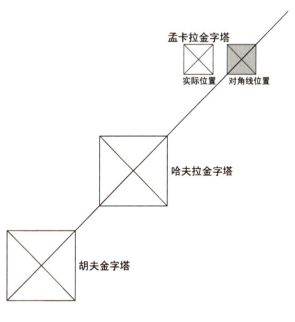

吉萨金字塔布局规划分析

胆而独特的理论。

包维尔发现，吉萨三座金字塔的排列方式正好与猎户座的腰带三星（中文名：参宿一、参宿二、参宿三）完美对应。三座金字塔大致呈对角线排列，其中孟卡拉金字塔稍微偏离了对角线，而猎户座腰带三星中稍暗的那颗星（参宿三）也是在同一个侧面同等比例稍稍偏离了三星连线。

不仅如此，就连三座金字塔的大小变化也与三颗星的亮度变化相吻合。其中最暗的参宿三正好对应最小的孟卡拉金字塔，而较亮的参宿一和参宿二分别对应胡夫和哈夫拉两座大金字塔。

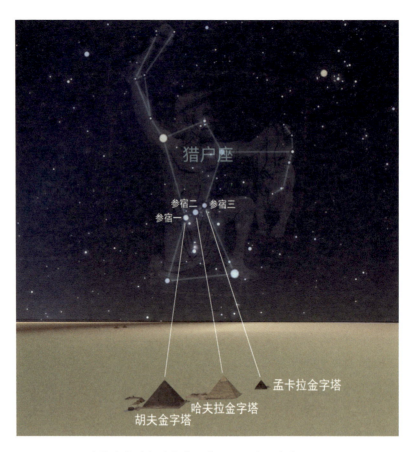

吉萨金字塔与猎户座腰带三星的对应关系（一）

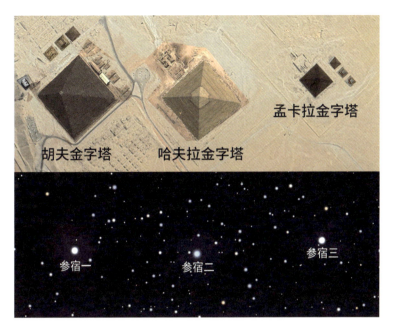

胡夫金字塔　　　哈夫拉金字塔　　　孟卡拉金字塔

参宿一　　　参宿二　　　参宿三

吉萨金字塔与猎户座腰带三星的对应关系（二）

我们知道，在古埃及人的生死观里，死去的国王会成为奥西里斯，根据他们的传说，天上的猎户座就代表奥西里斯，在很多金字塔铭文里都提到了奥西里斯与猎户座的关系：

"瞧，他（国王）已经以猎户座的身份出现；瞧，奥西里斯已经以猎户座的身份出现……"

"国王已经出现，他使猎户座自豪……"

"祝你升到天国，祝天国像猎户座一样给你新生……"

"在你父亲奥西里斯旁边，在天空中的猎户座旁边，生机勃勃地生活着……"

"你是猎户座的居民……"

"噢，国王，你是这颗伟大的星星、猎户座的伴星，你与猎户座横穿过天空，与奥西里斯遨游于天国……"

包维尔还发现，不仅这三座金字塔和猎户座腰带三星对应，在它们之前和之后建造的金字塔也能在天上的群星中找到各自对应的星体，甚至胡夫金字塔里那4条曾经被埃及学家认为是通风用的狭窄通道，在经过天文学家的计算后，也被证实会在特定时刻分别指向天上的某个星体，而这些金字塔旁流淌着的尼罗河也正好与天上的银河完美重合。也就是说，这些金字塔的位置是通过子午线和纬度来确定的，天上星体的位置被投射到了地面这片庞大的墓地上。

因此，如果重新审视关于金字塔的种种疑问，事实的真相似乎变得清晰起来。包维尔认为，这些不同时期修建的金字塔，其实是一个统一规划的整体工程。虽然这些金字塔历经了几代国王，但不应该把它们看成一座座孤立的建筑，属于这个或那个国王，因为每座金字塔都只是这个整体工程的一部分，它们被各自建在了特定的地方，这个被统一设计的庞大建筑群构成了奥西里斯待的地方——天国，这些金字塔就是天国在地面的投影，在金字塔铭文等各种文献中都曾有过"将天体重现于地表"的描述。这样一个历经数任国王的庞大工程，体现了古埃及人复活崇拜的最高思想意识，而这背后的主导力量很可能就是古埃及掌握着天文学知识的宗教团体。

无论是过去还是现在，这种天体与建筑学的联系常常会遭到传统保守学者的抵触，只要涉及这方面的理论，他们往往都嗤之以鼻，然而包维尔接下来的观点更是让人瞠目结舌。

在天文学里有一种叫作"岁差"的现象，简单点说就是在不同的时期天上星体所处的位置是不同的。几十年、几百年的变化并不明显，看不出什么区别，但如果放在几千年或上万年的时间跨度里，这种变化就很明显了。比如我们现在的北极星是小熊座 α 星（中文名：勾陈一），因为它是最靠近北天极的一颗星，但在公元前 3000 年，北极星却是天龙座 α 星（中文名：右枢，胡夫金字塔里的一条通道指向此星），这正是岁差的体现。

包维尔通过深入的计算研究发现，地面的金字塔建筑群与星空完美重合的时间点竟然是在约公元前 10450 年，这个时间远远早于目前公认的金字塔建造年代，它指向的正是埃及传说中神与人共存的时代。也就是说，这个建筑群是一项历史悠久的宏大计划，最终在跨越了几千年的时间长河后，在公元前 2500 年左右的埃及古王国时期才展开实质性的大规模建设并得以完成。可古埃及人为什么要重现这样一个遥远的时间点呢？对此，包维尔含蓄地指出，这可能与柏拉图（Platon，公元前 427 年—公元前 347 年，古希腊哲学家）笔下的那个曾经高度发达，后来却毁于地震洪水的神秘文明——亚特兰蒂斯有某种关联。关于亚特兰蒂斯的最早记述出自梭伦（Solon，约公元前 638 年—公元前 559 年，古雅典政治家、诗人），而梭伦又是从古埃及祭司那里听来的。古埃及祭司曾对梭伦说，从那个国度来的神秘人曾在约 9000 年前侵占过地中海盆地和埃及，而这个时间段与包维尔提出的那个遥远年代大致相当。

毫无意外，包维尔的理论遭到了不少学者的嘲讽和批判，毕竟这些观点已远远超出了目前的历史学范畴，根本不受主流学界待见，所以事实真相究竟如何还有待研究者们去继续探索。

第5王朝

随着谜一般的第 4 王朝落下帷幕，埃及辉煌的金字塔时代一去不复返。虽然在此后较长一段时间内仍有国王建造金字塔，但规模和质量都远不能和第 4 王朝的金字塔相提并论，再也没人重现过那个时代的辉煌。

根据中王国时期的威斯卡莎草纸（Westcar Papyrus，藏于柏林博物馆）上的记载和民间流传的故事，古埃及第 5 王朝是这样开始的：

胡夫当国王时听说有一个法师拥有无所不知的能力，于是就把他召进王宫，问他"托特神的秘密圣地的数字"是什么，法师表示不能告诉他，因为这个秘密收藏在赫里奥波里斯的一个柜子中，能打开这个柜子的，只有将来赫里奥波里斯的一位女祭司所生的三个孩子，他们将推翻旧王朝建立一个新的王朝，胡夫听了这些话虽然不高兴却也无可奈何。若干年后，一位女祭司果然怀孕，原来是太阳神拉化作凡人的模样让这位女祭司怀孕的。后来女祭司生产时出现了难产，拉神又派伊西斯、奈芙蒂斯等几位女神化作凡人的模样去帮助接生，并赐予孩子祝福。最后女祭司生下了三个孩子：乌塞尔卡夫（Userkaf）、萨胡拉（Sahure）、内弗尔卡拉（Neferirkare），这三个孩子就是第5王朝的前三位国王。

历史上关于他们三人之间关系的记载很模糊，有的学者认为他们是兄弟，有的认为他们是祖孙三代，还有的认为萨胡拉和内弗尔卡拉是乌塞尔卡夫的儿子。不过被普遍接受的一种观点是，乌塞尔卡夫是第4王朝国王杰德夫拉的孙子，那么其实他仍然是胡夫的后人。

一般来说，如果一个新朝代的建立者与之前的王室没有血缘关系，那他可能会编造这样的故事来证明自己王位的合法性，但既然乌塞尔卡夫本身就是王室后代，那编造这个故事的原因是什么呢？有人猜测他可能是通过政变夺得王位的，所以需要编造这样的故事来证明自己王位的合法性。但其实这个故事透露出来的更深层次的信息是，在这个时期，比起血统的纯正，崇拜太阳神的宗教信仰才是更重要的条件。事实上，第5王朝的一个显著变化，就是这个时期对太阳神的崇拜达到了一个空前的高度，具体表现为金字塔式建筑的逐渐没落和太阳神庙、方尖碑建筑的逐渐兴起。

乌塞尔卡夫在位共7年时间，他名字的原意是"他的灵魂是强大的"。乌塞尔卡夫虽然也在塞加拉修建了自己的金字塔，但他最具创新的杰作无疑是位于阿布西尔（Abusir）的太阳神庙，这也是当时埃及宗教发生剧烈变化的直接体现。太阳神庙是为了祭祀太阳神而建立的，它包括一大片被围墙围起来的场地，里面包含开阔的露天庭院、祭坛等设施。场地里还耸立着一座宏伟的方尖碑，这也是太阳神庙的主体部分，其尖尖的顶端据说和金字塔一样都象征着传说中创世之初的第一片陆地（原始之丘"奔奔石"）。

萨胡拉是第5王朝的第二位国王，他名字的原意是"最接近拉神的人"。

这是一位文治武功的国王，他在位期间，痛击了努比亚、利比亚和西奈半岛的武装政权，在各地开采矿产。他还组织了一支庞大的舰队，远征至地中海沿岸及蓬特（大致在今索马里一带）地区，接受叙利亚在内的各地朝贡。

内弗尔卡拉是第 5 王朝的第三位国王，其名字原意是"拉的灵魂是完美的"，他是一位宽厚仁德的国王。有一位祭司曾不小心碰倒了他的王室权杖，这本来是一种大不敬的行为，但内弗尔卡拉大度地化解了此事。他的宰相因病亡故后，他也十分悲痛，以极高的礼遇将其厚葬。内弗尔卡拉的金字塔高 70 米，呈六层阶梯状，是第 5 王朝时期最大的一座。

萨胡拉雕像

在这三位传说是"拉神之子"的国王后，第 5 王朝还经历了六位国王，分别是：谢普塞斯卡拉（Shepseskare）、拉涅弗勒弗（Raneferef）、尼乌塞拉（Niuserra）、门卡霍尔（Menkauhor）、杰德卡拉（Djedkara）、乌纳斯（Unas）。

其中尼乌塞拉也建造了一座单独的太阳神庙，于 1898 年被发现，但当时的考古学家没有意识到神庙下面泥砖的重要性。2021 年 11 月，考古学家宣布，在对尼乌塞拉太阳神庙遗址进行发掘时，发现了下面有一座更古老的太阳神庙的基座，但暂时还未能确认新发现的这座太阳神庙属于哪位国王。根据记载，第 5 王朝时期共建造了六座太阳神庙，算上最新发现的这座，到目前为止仅发现了其中的三座。

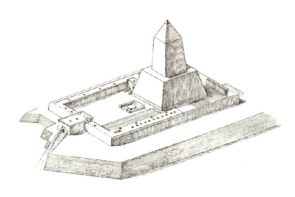

尼乌塞拉太阳神庙想象复原图

关于第 5 王朝后几位国王的生平事迹人们知道得很少，值得一提的反倒是杰德卡拉时期的一位名叫普塔霍特普（Ptahhotep）的宰相，他为后世留下了《普塔霍特普的教谕》。这是他根据自己为人处世的经验写的一本关于道德自律的书，该书以倡导谦恭而闻名于世，书中对几乎所有的事情都给出了指导和建议。比如：

"留心你的欲望，贪婪是不治之症。"

"只有确定该事物是你所明白了解的，才能表达你自己的看法。"

"高质量的对话比宝石还稀有，不过就连侍女都有可能语出惊人。"

"遇到过去身份低微但现在飞黄腾达的人，不要因为他们的过去而轻视他们。"

"一定会有人设圈套引诱你参与争吵，若对方口出秽言，你就保持沉默，以显示你的优越。这样一来，在那些了解你的人之中，你的声名将更为远播。"

"不要理会那些扰乱你内心的闲言闲语，不要嘲笑这些人的心态。欺侮、攻击弱小之人并不是好事，他们爱怎么讲就随他们去。这样一来，最后自然会有法律制裁这些人。"

"如果有人向你请求帮助，要好好倾听他们的需求。你没有必要完全实现他们的愿望，他们只是希望有人倾听他们诉说，以此得到安慰。"

不得不承认，这份教谕里的内容即使在几千年后的今天也完全适用。

第 5 王朝最后一位国王乌纳斯在塞加拉修建了一座金字塔，这是古王国时期最小的一座金字塔。乌纳斯是第一个在金字塔内部墙面上刻写铭文的国王。此后的国王也都如法炮制，在金字塔内篆刻铭文，经过现代学者整理汇编后，就形成了所谓的"金字塔铭文"。

这些铭文的核心元素是奥西里斯的信仰崇拜，即死去的国王与奥西里斯以及太阳神合一后升入天界。这些铭文的出现，在某种程度上反映了国王神性的降低。据记载，第 5 王朝有六位国王在阿布西尔修建了规模宏大的太阳神庙，但从杰德卡拉开始就不再兴建太阳神庙了。这似乎暗示着此时王室与赫里奥波里斯祭司集团之间的关系发生了变化，国王不再信任他们，所以才在金字塔内篆刻铭文，想凭借咒语的力量来保护自己的遗体和灵魂。

乌纳斯金字塔

总体来说，第 5 王朝的主要特征是，由于这个时期太阳神是国家主神，太阳神庙获得了王室慷慨的捐赠，其中包括土地和各种资源，这导致祭司数量急剧增加，影响力也与日俱增，拥有了雄厚实力的宗教集团渐渐形成了一个单独的阶层，从而对王权产生了直接的影响。王室成员担任高官的传统也被逐渐废弃，地方宗教呈多元化发展，各地都有自己的保护神，很多官员不再追求将陵墓建在金字塔附近，而是建在各自就职的地方。如果说第 4 王朝时是国王支配神，那么到了第 5 王朝就是神支配国王。种种迹象表明在第 5 王朝末期，王室与宗教集团之间出现了明显的权力斗争，这在一定程度上反映出了王权的弱化和地方的独立化倾向。

第 5 王朝金字塔建筑的规模和质量都出现了明显下降，但此时埃及的国力还算强盛，仍具有广泛的影响力，对周边地区的征伐也促进了更加频繁的商贸往来，各地都留下了这一时期的历史印记。

第6王朝

到了第 6 王朝时，王室影响力开始迅速衰退，国王神圣不可侵犯的地位出现动摇，辉煌的埃及古王国时代开始走向末路，这一切从第 6 王朝的开端就有所体现。

由于第 5 王朝最后一位国王乌纳斯没有儿子，他的女婿特提（Teti）凭借王后的血统当上了国王，成为第 6 王朝的首位统治者，然而他绝不会料到自己的悲惨结局。根据曼涅托的记载，特提在一次宫廷阴谋中，被自己的贴身护卫杀害，成了王室与宗教集团权力斗争的牺牲品，也开创了古埃及国王在宫中被人谋杀的先河。特提的金字塔陵墓位于塞加拉，损毁较为严重，看上去就像一座普通的小山丘，不过里面刻满了铭文以及一些独特的壁画。2021 年 1 月 16 日，考古学家在这里还发掘出了特提另一位王后的陵庙，这位王后同时也是特提的女儿，这个发现说明，至少在古王国时期，就已存在国王与自己女儿通婚的现象。

接替特提的是乌瑟卡拉（Userkara），这位国王的名字再次体现了太阳神拉的元素，意思是"拉神灵魂之强大者"，暗示着他和宗教集团同属一个阵营，很可能就是杀害特提的背后主谋。乌瑟卡拉在位的时间只有短短一两年，很快就被特提的儿子佩皮一世（Pepy Ⅰ）取代，政权又回归正统。考古研究表明，那些可能参与篡权、随后又继续给乌瑟卡拉效力的官员，其陵墓中雕刻的铭文和浮雕都被损毁了，凡是有涉及乌瑟卡拉的地方也被凿除。虽然人们对这一连串事件的细节并不清楚，但仍可以感受到古埃及这场权力斗争的激烈程度，可以想象在这背后有过多少惊心动魄的阴谋故事。

有资料显示，佩皮一世在位期间也曾遭遇过一次暗杀，所幸阴谋败露，他逃过了此劫，而这背后的主使竟然是他的一位王妃。这件事情被记录在他一位宠臣的陵墓里，这位名叫威尼（Weni）的宫廷卫队头领显然是佩皮一世的亲信，由他全权负责审理此案，威尼将这件事记录在自己的陵墓中，字里行间充满了被国王信任的自豪感。

这个时期的埃及，官员和地方贵族势力不断壮大，就连国王都不得不看这些人的脸色行事，为了对这些势力进行安抚，佩皮一世破天荒地迎娶了一位地方贵族的女儿，这是埃及有史以来第一次出现国王迎娶平民女子的案例，并且在这位王后死后，佩皮一世又娶了她的妹妹，就连女方的几个兄弟甚至母亲也都被委以重任。

一般来说，这种外戚干政的行为通常都不是好事，所以有些学者认为埃及古王国时代的衰落就是从佩皮一世时开始的，不过至少在当时还看不出来，因为这个时期的埃及对周边地区的影响力仍然十分强大，那位宠臣威尼就曾五次率军远征西奈半岛和巴勒斯坦，埃及的贸易范围往北也远至黎巴嫩、叙利亚，往南深入努比亚及索马里一带。

佩皮一世在塞加拉南部修建了自己的金字塔陵墓，原来的高度有52米，现在成了一座只有12米高的土丘。值得一提的是这座金字塔的名字"Men nefer pepy"，意思是"佩皮的美好基地"，其中"Men nefer"这部分后来与希腊语融合，就变成了广为人知的"孟斐斯"。

他的儿子莫润尔一世（Merenre Ⅰ）不仅继承了王位，还继承了父亲的第二位王后，同时父亲的宠臣威尼也继续受到重用，被派驻到南方以便更好地监管埃及与努比亚的边境地区。也许是在威尼的建议下，莫润尔一世统治时期开始了对非洲内陆腹地最早的探险活动，他亲赴南方阿斯旺地区，与努比亚一带的首领举行了一次会晤。不过真正深入南方非洲内陆的是后来一位叫哈尔胡夫（Harkhuf）的官员，他担任南部上埃及总督，主要职责是保障南方贸易道路的畅通。他曾多次向南方远行，最远到达今苏丹地区，带回了丰富的异国贡品。

1881 年，人们发现了保存完好的莫润尔一世的木乃伊，根据他陵墓里刻写的铭文，他已化身为奥西里斯，在伊西斯与奈芙蒂斯的保护下，乘坐太阳船变成了星星升上天国，去往他的母亲天空女神努特那里。

佩皮二世（Pepy Ⅱ）继承了王位，在很长时间里，他都被认为是莫润尔一世同父异母的弟弟，但后来的研究表明他应该是莫润尔一世的儿子。

佩皮二世与母亲的雪花玉石雕像

关于佩皮二世有一个令人震惊的记载，据说他在 6 岁时就继承王位，并且活到了 100 岁，在位时间长达 94 年。如果这个记载是真的，那他将是人类历史上在位时间最长的君主。但有学者表示怀疑，认为这个记录是以"僧侣体（古埃及用来快速记录的手写体，由古埃及象形文字［圣书体］演变而来）"写成的，而僧侣体的 6 和 9 很像，所以也可能是 64 年。

由于佩皮二世登基时才 6 岁，所以他母亲成为实际上的国家统治者，一座其母抱着幼小的佩皮二世的雪花玉石雕像很好地反映了当时的情况。那位叫哈尔胡夫的官员也继续受到赏识和重用，他受命出访苏丹，还因此留下了一件小趣事。哈尔胡夫在返回埃及时，提前将获得的异国物品清单向王宫呈报，清单中包括一个能歌善舞的黑人侏儒。当时 8 岁的佩皮二世听到这个消息后异常兴奋，迫不及待地回信，要求哈尔胡夫快点带着这个侏儒回到宫里，好让自己娱乐一番。甚至还交代了细节，要他们在坐船回来时看护好这个侏儒，免得他意外掉到水里，晚上还要安排人和他睡在一起，以免发生意外。现代学者猜测这个黑人侏儒可能是生活在非洲中部热带森林里的俾格米人，他们世世代代生活在密林中，成年人平均身高只有 1.3—1.4 米。总之，这件小事被哈尔胡夫作为功绩刻在自己的陵墓里而流传下来。

佩皮二世统治的后期，埃及遭遇内忧外患，周边的利比亚人、努比亚人和东方的游牧部落等从四面八方袭扰埃及边境，王权日益削弱，各地贵族脱离中央，建立世袭政权。国王对此束手无策，为了避免公开分裂，只能做出让步，希望将这些割据势力笼络在他的王权之下。

一般认为，出现这种局面和佩皮二世超长的统治时间是分不开的。历史无数次告诉我们，一个人统治一个国家太长时间并不是什么好事。不难想象，佩皮二世作为一个如此高龄的老人在其统治的后期还能有什么作为。更可悲的是，由于他超长的寿命，他的很多儿子已先他离世，导致后来没有合适的接班人选。莫润尔二世（Merenre II）是他为数不多还活着的儿子之一，可此时他也是一位垂暮老人了，继位仅仅一年后就离世了。

第 6 王朝最后一位登场的国王是奈提克雷迪（Neitikrety），但他（她）更为人熟知的名字是尼托克丽丝（Nitocris）。早在公元前 15 世纪时，底比斯的祭司就宣称尼托克丽丝是一位女性统治者，希罗多德在公元前 5 世纪游历埃及时，当时的祭司们还向他讲述了莎草纸卷上记载的一个关于尼托克丽丝的故事。据说她的哥哥原本是埃及的国王，但被人杀死了，后来人们让她登上了王位。尼托克丽丝为了给哥哥报仇，精心设计了一个圈套，她建造了一处宏大的地下会堂，以庆祝会堂竣工为借口，通知那些谋杀哥哥的主要参与者前来赴宴，当所有人酒酣耳热之际，她打开秘密修建的水道闸门，汹涌而来的河水从那些人的头顶上倾泻而下，迅速淹没了这座地下会堂。在做完这件事后，尼托克丽丝投身到一间满是灰烬的房间里，以逃避可能遭到的报复。后来，生活于公元前 4 世纪末—公元前 3 世纪初的曼涅托更是如此描写尼托克丽丝："她比那个时代的任何男人都更勇敢，比所有女人都更美丽，她拥有雪白的肌肤和粉红的脸颊。"

按常理说，这些记载足以证实尼托克丽丝的女性身份了。但是，现代学者将一份残破的古埃及莎草纸文献拼接还原后发现，这位国王的全名应该是"Neitikrety Sa Ptah"，意思是"普塔之子奈提克雷迪"，所以又认为这应该是一位男性国王。

但无论是"奈提克雷迪"也好，还是"尼托克丽丝"也好，这个时期的埃及王权加速衰败，各地纷纷独立，埃及辉煌的古王国时代宣告结束，埃及历史即将迎来第一个黑暗时期。

第一中间期

第7、8、9、10王朝

随着第 6 王朝的结束，国家脆弱的统一土崩瓦解了，随之而来的是一段持续一百多年的大混乱时期，现代学者把这段时期叫作"第一中间期"。

曾经，人们把这段黑暗的历史归咎于第 6 王朝的末代"女王"——"尼托克丽丝"，认为是女人当政误国造成了如此后果。这显然是错误的，先不说这位女王究竟存不存在，至少第 6 王朝乃至古王国的终结绝不是某一个国王造成的，而是一个自然衰亡的过程，除了人为因素外，天灾也是导致国家衰落的一个重要原因。考古学家通过几十年的研究发现，在古王国后期曾发生过严重的大规模干旱，所以现在学界的主流意见认为，干旱引发的饥荒才是导致埃及古王国文明崩溃的真正主因。

"70 个国王统治了 70 天"，这是曼涅托留下的关于第 7 王朝的唯一文献记录。这显然只是一种比喻，所以我们不必拘泥于数字本身。但这句简短的描述深刻反映了当时国家陷入群雄割据、人民生活在水深火热中的混乱局面，要知道第 7、8 两个王朝加起来也只有短短几十年而已。此时已极度衰弱的第 7、8 王朝只不过是名义上的王朝，王室真正能控制的只有首都孟斐斯附近的一小部分地区，其他地区则被地方官员或贵族豪强控制着。考古学家只拼凑出了这段时期出现的若干昙花一现的国王名字，几乎不知道关于他们的任何具体事件，这一切都已湮没在了浩瀚的历史长河中。研究发现，由于尼罗河有几年水量不足，所以引起了严重的饥荒，甚至还发生了人吃人的现象，同时又出现一连串的瘟疫，各地武装势力也混战不休，一份莎草纸文献或许能让我们略窥当时的情况：

"看吧！金字塔里的宝物已经遭人掠夺一空。"
"啊，那么多的尸体被抛却在河川里。"

"啊，视野以内，都是鸡鸣狗盗之辈。奴仆们看到什么，就抢什么。"

"啊，河川里流淌着鲜血。大家一见尸体就退避三舍，因为没有水可喝而苦于饥渴。"

"啊，没有人在耕种土地。大家都这么说：'我哪管得了这国家会变成什么样？'"

"啊，人们的内心狂暴混乱，恶性流行病蔓延全国，到处可见鲜血淋漓的景象，绝对不会有人嫌死人太多。"

"啊，不管是老人还是年轻人，都嚷嚷着：'好想死啊。'年纪还小的孩子们则问：'为什么要把我生下来呢？'"

这份被称作"伊普维尔（Ipuwer）的箴言集"的文学作品里的内容实在让人不忍卒睹，虽然其中可能存在夸张的成分，但至少也在一定程度上反映了当时残酷的生存现状。其中甚至提到，连王室成员都被人们从王宫里赶出来流落街头，王宫的财物被抢夺，公文资料被扔出来散落在街道上，人们践踏走过，撕烂这些文书。这或许就是这段时期史料缺失的原因，而这一切仅仅只是第一中间期的开始。

继短暂的第7、8王朝以后，是同样混乱和模糊的第9、10王朝。这两个王朝是由同一族人建立的，其首都位于上埃及第20诺姆赫拉克利奥波里斯（Herakleopolis）。他们的势力曾一度强大，统治范围覆盖了三角洲和中部地区，大有一统上下埃及之势。

第11王朝（底比斯）

由于赫拉克利奥波里斯政权采用古王国时期遗留下来的政府体制，对南方实行高压政策，许多地方贵族的头衔被废除，引发南方各势力的不满。南方底比斯的统治者因提夫（Intef，为了与后代区分又被称为"老因提夫"）和他的儿子孟图霍特普一世（Mentuhotep I）在位时，底比斯仍然在口头上臣服于赫拉克利奥波里斯。但到了孟图霍特普一世的儿子因提夫一世（Intef Ⅰ）时，他与赫拉克利奥波里斯政权彻底决裂，建立了第 11 王朝，由此形成了第 10、11 两个王朝并存的南北对峙局面。这两个王朝互相竞争，各自巩固地盘，都企图统一全国。

因提夫一世死后，他的弟弟因提夫二世（Intef Ⅱ）继位。他向北推进，夺取了圣城阿拜多斯，但随后赫拉克利奥波里斯军队发动反攻，这次报复行动甚至将阿拜多斯早期的王室陵墓洗劫焚毁，其中包括纳尔迈的陵墓，现代考古发掘时还能清楚见到当时墓室内被烧过的痕迹。这种毁坏王室陵墓的行为是古埃及人能犯下的最严重的罪行，就连赫拉克利奥波里斯当时的国王本人都懊悔不已，向其儿子坦言自己的行为偏离了神的正道。

因提夫二世统治了约 50 年后去世，他的儿子因提夫三世（Intef Ⅲ）后来继续向北扩张，逐步逼近北方政权首府赫拉克利奥波里斯。最终于公元前 2040 年，在因提夫三世的儿子孟图霍特普二世统治时期，底比斯政权攻占了赫拉克利奥波里斯，埃及再次统一，就此拉开了"中王国时期"的序幕。这也是埃及历史上唯一一个王朝没有改变，但国家却发生变化的时代。所以现代学者在划分古埃及王朝时，有的把第 11 王朝划分在第一中间期里，有的把第 11 王朝划分到中王国时期里。

总之，持续了一百多年混乱的第一中间期，随着第 11 王朝重新统一埃及才渐渐得以平息，埃及历史进入了全新的中王国时期，迎来了一个新的大发展阶段。

中王国时期

第11王朝（上下埃及）

　　孟图霍特普一族源自底比斯附近的一个地方，这个名字的意思是"孟图神感到满意的"，因为战争之神孟图是那个地方的主神。不过孟图霍特普二世在位期间曾三次改变即位名，名字的意思分别是"赋予两块土地心脏的人""白冠（上埃及）之主""统一两块土地的人"，从名字的变化就能反映出他统一埃及的整个过程。孟图霍特普二世重新统一埃及后，不仅致力于恢复和加强中央集权，而且为了守卫边境，对周边的利比亚、努比亚、西亚等地区开展了惩罚性的军事行动，恢复了埃及的区域大国地位。但这些行动并非要阻止外国人的融入，事实上他还主动利用努比亚人和利比亚人来充实自己的军队。

孟图霍特普二世雕像

　　由于孟图霍特普二世的成就巨大，所以受到人们的格外推崇和歌颂，使他成了"活着的神"。这一现象意义重大，因为这代表着"君权神授"这一重要概念被重新恢复，他的形象也因此常常出现在神灵伴随的场景中，在后来著名法老拉美西斯二世（Ramses II）建造的神庙里，就描绘了祭司抬着孟图霍特普二世的场景。

　　孟图霍特普二世共统治了 51 年，他在底比斯西岸的德尔巴赫里（Deir El-Bahari）为自己修建了一座宏伟的陵寝。这座规模巨大的建筑群打破了古王国时期传统的建筑模式，它依靠断崖营造效果，占据了大半个山谷，与贵族岩窟墓建

筑形式完美融合，是国王陵墓形
式的又一大创新，也成为后来一
些国王墓葬的灵感来源。但现在
这座陵庙已残破不堪，只剩下两
层平台和一些石柱。现代学者对
陵庙的原貌有不同意见，有的认
为平台上是一座金字塔式的建筑，
有的认为上面是平顶或圆顶结构。

孟图霍特普二世陵庙遗迹

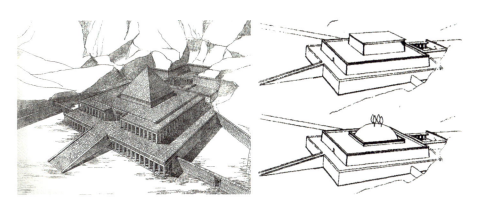

孟图霍特普二世陵庙想象复原图

　　孟图霍特普二世之后，分别是他的儿子孟图霍特普三世（Mentuhotep
III）和孙子孟图霍特普四世继续统治，关于他们的治世资料很少，后人只
知道这段时期国家形势相对稳定，社会经济保持繁荣，但风平浪静的背后
其实暗流涌动，一场危机即将到来。

　　孟图霍特普四世曾派宰相阿蒙涅姆赫特率领一万人去远方为自己开采
修建陵寝用的石料，而这一路上发生了某些不寻常的事件。据说这支队伍
在为国王寻找一块用来做石棺盖的石材时，突然出现了一只怀孕的羚羊，
他们上前追逐，最后这只羚羊刚好跑到一块上好的石材前，在那里生下了

小羊，据说还下起了大雨，高地变成湖泊，水流到了石矿的外缘处。随后，这些戏剧性的征兆就成为第 12 王朝的开端。

第12王朝

上述"征兆"，被认为象征着"新生命的诞生"和"繁荣"，暗指有新的生命（新政权）给埃及带来稳定与发展。所以，当那一万人的队伍回去后，埃及就出现了一位新国王"阿蒙涅姆赫特一世（Amenemhat Ⅰ）"。几乎可以肯定，就是那位带队远征的宰相通过政变夺得了王位，那些所谓的神奇征兆只不过是一种宣传手段而已。"阿蒙涅姆赫特"这个名字的意思是"阿蒙神前的使者"，这也代表着孟图神的短暂辉煌成为过去，伟大的阿蒙神开始显露锋芒，并最终成为众神的主角。

至于阿蒙涅姆赫特一世为什么会发动政变，可能的原因是，自孟图霍特普二世实行中央集权化的激进政策以来，大大损害了地方贵族的利益，招致了各方势力的不满，最终导致了宰相阿蒙涅姆赫特一世发动政变。

不过阿蒙涅姆赫特一世也算是一位有作为的国王，他在统治期间，继续加强对埃及周边地区的控制，同时进行贸易往来，对外交往的范围也不断扩大。他还兴修水利，推动农业发展，国家呈现出稳步向前的发展态势。

但是，这位靠政变上台的国王把首都从底比斯迁到了远离此地的伊特塔威（Itjtawy，大致位于法尤姆地区，遗址尚未发现），在那里建造了一座新的都城。他这么做的原因很可能是心虚，毕竟底比斯是第 11 王朝孟图霍特普家族的传统势力范围。

除了迁都以外，他还进行了一项重大的政治创新，那就是当自己还在世时，就让自己的儿子辛努塞尔特一世（Senusret Ⅰ）登上王位，与他共同执政，使国家同时存在两位统治者，只是分工不同。这样做的目的就是万一自己发生意外，儿子能直接继续统领国家，避免出现权力更迭时可能发生的政治斗争。这种"共治"的政治模式是人类历史上已知的第一次，对于维护一个政权的稳定和保障国家持续繁荣发展来说意义重大。显然，这种创新和他自身依靠政变夺权的背景是分不开的。不难想象，靠着政变登上王位的阿蒙涅姆赫特一世恐怕内心从没有真正安宁过，他害怕哪天自己也会落得一样的下场，所以才想出了让儿子成为共同执政者这个办法来防患于未然。不得不承认，阿蒙涅姆赫特一世是有先见之明的，因为他的担心果然变成了现实，后来他被自己的近身侍卫刺杀身亡，成为少有的应验"现世报"的人，或许这也算是他罪有应得吧。他正在率军远征利比亚的儿子辛努塞尔特一世得到消息后，火速回国镇压了叛乱，稳定了局势，这也在一定程度上检验了共治模式的有效性。

《阿蒙涅姆赫特一世的教谕》为我们大致讲述了这次刺杀事件的经过，这篇作品虽然完成于辛努塞尔特一世时期，但内容却是以阿蒙涅姆赫特一世对儿子讲述的口吻来书写的。应该是辛努塞尔特一世对暗杀事件进行调查后，故意用这种教谕的形式将事件记录下来，以起到时刻警示自己的作用，其部分内容大意如下：

"要警惕那些无名小卒，因为很难知道他们的阴谋。不要相信任何人，哪怕是兄弟和好友，也不要有什么心腹之人，他们全都毫无价值。我曾经帮助乞丐和孤儿，我不分贫富慷慨解囊，可他们对我反戈，我相信的人利用我的信任谋划，那些穿着我赠予的亚麻衣服的人贪婪地看着我，用我赠予的没药擦身体的人却朝我泼水。事情发生在晚饭后，夜幕降临了，我躺在床上休息，觉得很疲倦，便深深睡去。但原本保护我的武器转向我，我被惊醒后反击，发现是侍卫正在袭击我。如果我能早点醒来，就能拿到旁边的武器，我定会打退这些混账。可没人能在漆黑的夜晚保持强大，没一个人帮忙，谁也不能单打独斗取胜。我对此毫无防备，我未曾料到仆人会背叛。"

阿蒙涅姆赫特一世被刺身亡后，第12王朝并没有就此衰败，而是在辛努塞尔特一世的统治下继续蓬勃发展。辛努塞尔特一世在位期间征服了下努比亚，即与埃及南部接壤的区域，把它变成了埃及的一个省，他还派遣商队远赴叙利亚、巴勒斯坦等地开展贸易。

作为权力的象征，辛努塞尔特一世在他统治下的各地建立纪念碑和神庙。他在赫里奥波里斯的太阳神庙前建造了一对高达28米的方尖碑，其中一座直到今天仍矗立在埃及的开罗机场外，这也是现存最古老的一座方尖碑，不过太阳神庙已被现代停车场取代了。他还建造了金字塔，但早已被岁月侵蚀，现在看起来只是座低矮的小山丘。

辛努塞尔特一世还鼓励文学创作，中王国时期最著名的文学作品之一《辛努海的故事》就诞生于这一时期。这篇故事内容大致是：在阿蒙涅姆赫特一世遭暗杀后，一位叫"辛努海"的大臣得知消息后因害怕受牵连而连夜逃走，来到了一个遥远的陌生国度。在那里他受到了当地首领的赏识，娶了首领的女儿。他不仅得到了财富，也获得了良好的名声，在那里过上了舒适的生活。但到了晚年，他越来越思念自己的家乡，就给辛努塞尔特一世写信，表达想魂归故里的愿望。辛努塞尔特一世大度地恩准了，于是辛努海终于回到了自己阔别多年的祖国安享晚年。这个故事的内容本身很简单，这个因避祸而远走他乡的"辛努海"甚至根本不配成为故事的主角。这个故事的意义主要在于强化阿蒙涅姆赫特一世建立12王朝的合法性，以及展现辛努塞尔特一世的宽容大度，同时故事另一层更深的含义是要表达：埃及才是"辛努海"真正的母亲，只有埋葬在这片土地里，他才能获得新生，这实际上是古埃及人生死观的一种体现。另外这个故事也从侧面印证了阿蒙涅姆赫特一世被谋杀的真实性。

辛努塞尔特一世也效仿了父亲的做法，在他晚年时让自己的儿子阿蒙涅姆赫特二世（Amenemhat Ⅱ）共同执政，当他去世后，阿蒙涅姆赫特二世随即接管国家。

阿蒙涅姆赫特二世统治期间，国家相对平稳安定，继续保持了与努比亚、蓬特、叙利亚、西奈地区的贸易往来，此时埃及的影响力甚至远及克里特岛（希腊、爱琴海以南）和安纳托利亚高原（土耳其境内）等地。

阿蒙涅姆赫特二世也修建了自己的金字塔陵寝，通常被称为"白色金字塔",地点位于代赫舒尔第 4 王朝斯尼夫鲁的两座金字塔附近。1894 年,在这里的地下墓室发现了他的王后和女儿们的木乃伊。2018 年,在这座金字塔附近还发现了八具古埃及晚期的木乃伊,每具都覆盖着木乃伊盒,并绘有人形彩绘。这说明即使到了古埃及晚期,代赫舒尔仍然是重要的祭祀中心,这片地区依旧被视为神圣的地方。

2018年出土的木乃伊

阿蒙涅姆赫特二世继续遵循家族传统,让自己的儿子辛努塞尔特二世(Senusret Ⅱ)共同执政,后来也顺利实现了权力的平稳过渡。

辛努塞尔特二世统治时期继续拓展与周边地区的商贸往来,而他最大的成就是对法尤姆地区进行开发,将这里的沼泽地变成了良田,这样不仅使农作物增产,也为以后开展大规模的水利建设奠定了基础。他利用自己在这里良好的公众形象,将其金字塔陵寝建在了附近一个叫拉罕(Lahun)的地方,设计师巧妙地利用一座核心高 12 米的天然石灰岩山作为基础,因此大大减少了工程量。不过,虽然为了防止盗墓而将金字塔的入口设计在了地面而非壁面,但还是没能阻挡盗墓者的入侵,因为考古学家在 1887 年首次发掘时,只发现了他的腿骨和王冠上的神蛇头饰。2019 年 6 月 28 日,

辛努塞尔特二世金字塔

埃及文物部在辛努塞尔特二世金字塔前举行仪式，正式宣布向游客开放。

接替辛努塞尔特二世的是他儿子辛努塞尔特三世（Senusret Ⅲ），这算是第 12 王朝乃至整个中王国时期最负盛名的国王了，首先他的身高据说有约两米，这样的身高在那个时代一定为他加分不少，除此以外他在各方面也都颇有建树。

辛努塞尔特三世在位时进行了彻底的行政改革，针对自古王国末期就开始出现的地方统领世袭的传统，辛努塞尔特三世制定了禁止世袭的限制条款，剥夺了地方贵族豪强征收赋税、蓄养军队的权力，禁止他们建造豪华陵墓。这一政策卓有成效，狠狠打击了地方势力的嚣张气焰，大大削弱了他们的权势，使君主专制的中央集权统治得到强化。

他在位期间还曾四次亲征努比亚，通过一系列残酷的战争将埃及国界推进到了尼罗河第二瀑布区以南的上努比亚的塞姆纳（Semna），在此立碑宣示埃及的主权，他还在沿途修建了八座要塞用来抵御和监视努比亚人。

努比亚要塞复原图

辛努塞尔特三世还有一项重要的成就：他在第一瀑布附近开挖了一条人工运河，将尼罗河道拓宽，使尼罗河从第二瀑布开始，一路向北直达地中海，这大大增强了船只通航的效率，能更有效地对努比亚地区进行控制。他在一段纪念努比亚战争的铭文中说道："我夺走了他们的妇女，夺走了他们的子民，穿过他们的家园，侵占了他们的水井，屠杀了他们的牛群，我割了他们的麦，烧了他们的田。"

辛努塞尔特三世头部雕像

为了彰显自己的功绩和威名，辛努塞尔特三世在各地到处建造自己的雕像，他的雕像呈现出一副既冷峻又略显疲惫的面容，有着下沉的嘴角和大大的耳朵。这种写实的风格让国王的形象不再被刻意塑造得类似神，而是被刻画成拥有巨大权力的凡人。当然，不管什么形态都不妨碍后世对他的崇拜，即使在辛努塞尔特三世死去几百年后，他依然受到人们的景仰，包括在努比亚地区也受到崇拜，甚至到了希罗多德的时代他仍然相当有名。

辛努塞尔特三世除了在代赫舒尔修建自己的金字塔陵墓外，还在阿拜多斯修建了巨大的空墓，可能是他的衣冠冢，不过这两个地方都没有发现他的木乃伊，之后他的儿子阿蒙涅姆赫特三世（Amenemhat III）接替了他。

阿蒙涅姆赫特三世在前几任国王耕耘的基础上继续发展，在他统治的近半个世纪里，埃及都保持了稳定与繁荣，中王国的发展在这一时期达到了顶峰。阿蒙涅姆赫特三世在位期间兴建了一系列大规模水利工程，建立起了完整的灌溉系统，促进了农业经济的繁荣发展。他对矿物的勘探和开采也达到了空前的程度，当时的古埃及工匠在西奈半岛和土耳其矿区留下了大量的活动痕迹，他们甚至建造了永久性的屯驻地来防范当地部族的侵袭，至少有几十处铭文记载了开矿队伍的这些活动。与此同时，埃及的商船队也穿梭于红海与地中海之上，不断地扩大对外交往的规模和范围。

阿蒙涅姆赫特三世建造了两座金字塔来纪念他的尘世生活，其中一座也建在代赫舒尔第4王朝斯尼夫鲁的金字塔附近，但这不是他本人的陵墓，而是用来安置王室女性和官员臣仆。这座高约76米的金字塔现在看上去是由黑色的泥砖构成的，所以通常被称为"黑金字塔"。其实它的表面原来包裹着白色的石灰石，反射着太阳光芒，所以古埃及人从远处看到的是一座闪光的白色金字塔，而非现在的黑色外表，但后来的古埃及人将其表面的石灰石运走再利用，内部的泥砖就暴露出来，加之年深日久的风沙侵蚀，最终变成了如今的模样。

阿蒙涅姆赫特三世的黑金字塔

阿蒙涅姆赫特三世本人的陵墓建在法尤姆东部边缘一个叫哈瓦拉（Hawara）的地方，其木乃伊于1892年被发现。根据当时考古学家的记录，木乃伊被发现时已处于腐蚀分解的状态，只剩下少量骨头残片。对此通常的解释是墓室曾遭到盗掠，尸体被焚毁后只剩下少量残骸；还有种说法认为是河水浸入到了墓室里，尸体长期浸泡在水中被自然分解液化了。

阿蒙涅姆赫特三世的这座陵墓是一座规模宏大的金字塔和葬祭庙综合体，为了防止被盗，葬祭庙的内部设计了许多秘密通道、走廊、假门、陷阱和没有出口的地道等各种机关，一千多年后来此参观的希罗多德将其称为"迷宫"，并留下了如此感叹：

"我亲自去那个地方考察过，迷宫修造得巧夺天工，那是难以用语言来形容的。因为即使把希腊人所有的城墙和其他伟大的工程都叠加在一起，无论是花费的劳力还是金钱方面，都是无法与这座迷宫相提并论的。虽然金字塔同样无法用语言形容，但这座迷宫又超过了金字塔……迷宫有 12 个有顶的厅堂，并列两排，它们的门是相对的，6 个朝北、6 个朝南，但它们都在一道外墙的包裹之中。整个迷宫都是由两种不同房间构成的，半数在地下，半数在地上，地上房间建筑在地下房间之上，房间总数是 3000 间，地上和地下各有 1500 间……当我穿过各房间的通道，以及那些纵横交错、环绕各厅堂的曲径，当我从厅堂进入内室，从内室来到柱廊，再从柱廊进入那些从未去过的房间，然后从那里又进入此前从未见过的厅堂时，所有这一切无不激起我无限的感慨和赞叹。"

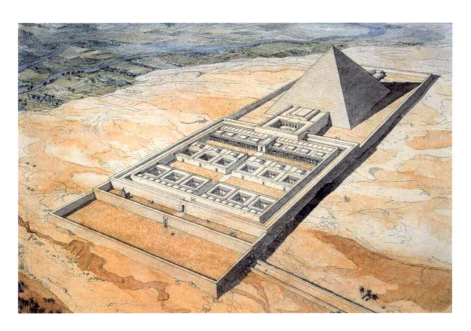

阿蒙涅姆赫特三世的金字塔和葬祭庙（迷宫）想象复原图

迷宫的尽头矗立着一座约 73 米高的金字塔，要通过一条地下通道进入这座金字塔。据希罗多德记载，在迷宫旁边原本还有一个人工挖掘而成的湖，在接近湖心的地方也矗立着两座金字塔，它们高出水面约 91 米。

阿蒙涅姆赫特三世位于哈瓦拉的金字塔

　　但是希罗多德只参观了迷宫的地上部分，因为地下的部分当时被严令禁止入内。到了后来的托勒密王朝时期，这座迷宫的地上部分沦为了采石场，大量石材被当作原材料运走再利用，此后这座迷宫就被世人逐渐遗忘了。直到 19 世纪晚期，英国考古学家弗林德斯·皮特里（Flinders Petrie，1853 年 6 月 3 日—1942 年 7 月 28 日）率领的探险队在这里发现了一处约 300 米宽的巨大石头建筑遗迹，位于地面以下约 4 米深处，当时皮特里认为这是迷宫的残余地基。2008 年，一群来自比利时的研究人员利用现代先进的探地雷达技术对这片地区进行了扫描，发现在地下深处确实存在着有序的网格状结构，由此证实了迷宫的存在，根据掌握的新证据，研究人员认为皮特里所说的"地基"更可能是地下迷宫的天花板或屋顶的一部分。可是，虽然迷宫的发现是一项重要的考古成果，并且这次调查活动是在埃及政府的充分支持下进行的，但不知为什么，埃及政府不愿公布这一重大发现，当比利时的研究人员将考察结果发表在科学杂志上后，很快就被埃及最高文物委员会制止，禁止了该发现的传播，以至于现在很少有人知道埃及地下迷宫的存在。因此有阴谋论认为，这座神秘复杂的地下建筑保存着人类起源的秘密，在那里可以找到远在我们所知历史之前的文明存在过的证据。

阿蒙涅姆赫特三世之后，他的儿子阿蒙涅姆赫特四世（Amenemhat Ⅳ）和女儿索贝克涅弗鲁（Sobeknefru）先后继承王位。他们统治的时间都不算长，阿蒙涅姆赫特四世统治了9年多，而索贝克涅弗鲁只统治了不到4年。

在索贝克涅弗鲁之后不久，埃及历史又迎来了一段混乱的分裂期，第12王朝的这位末代女王因此在历史上留下了不好的名声。传统观点认为是她的统治导致了国家变得混乱不堪，但其实并没有证据表明索贝克涅弗鲁统治期间发生过什么导致国家衰退的重大事件，这段时期国家仍然相对稳定，没有出现大的动荡，继续保持了与周边地区的贸易往来，人们之所以认为是她的统治导致国家衰退，无非是对其女性身份抱有偏见。历史上常常有类似的情况，当国家出现动荡甚至亡国时，往往会归罪于某位女性，让她们成为替罪羊去承受千古骂名，这其实是男权社会推卸责任的表现，是一种莫大的悲哀。

但为什么此时是一位女性来继承王位呢？据说因为索贝克涅弗鲁是迫不得已的国王人选，那么最可能的原因就是阿蒙涅姆赫特四世没有子嗣，所以才由这位妹妹来继承王位。总之没有证据表明索贝克涅弗鲁是篡位者，她的名字是堂堂正正出现在王名表中的，她的雕像也显示，她同时穿着代表男性和女性两种风格的服装，以此强调她的合法身份。虽然之前也有过王室女性成员掌握国家实权的情况，但索贝克涅弗鲁才是古埃及历史上第一位被正式承认的女性国王，她也是第一个以鳄鱼神索贝克命名的埃及国王。在代赫舒尔以南5千米的玛兹古纳（Mazghuna），有两座未完成的金字塔，虽然没有确凿的证据，但考古学家推测它们是属于阿蒙涅姆赫特四世和索贝克涅弗鲁两人的。

随着第 12 王朝的结束，埃及的中王国时期也宣告终结。总体来说，在经过了第一中间期的混乱后，到了中王国时期，由于国家重新统一，中央集权的统治得到了恢复与加强，对外交往的扩大有力地促进了社会文明的进步，农业、商业等各方面都得到了长足发展，埃及成为当时地中海世界最强大的国家，拥有很高的威望。

中王国时期在宗教方面也出现了一些变化和发展，这一时期的墓葬棺椁上刻有铭文，其中部分内容来自金字塔铭文，同时增加了新的内容。它的特点是明确否定了人的死亡，认为死者会进入地下世界（杜阿特），在运用各种咒语通过重重考验后觐见奥西里斯神，就能得到永生，这些铭文往往被撰写在木质棺材的内部，这便是所谓的"棺椁铭文"，但偶尔也会出现在墓室墙壁或莎草纸上。

中王国时期还被誉为古代埃及文学的黄金时代，这一时期出现了大量包括小说、散文和教谕文学等体裁在内的作品，它们反映了社会的现实，具有深远的历史意义。除了前面提到的《阿蒙涅姆赫特一世的教谕》和《辛努海的故事》外，比较著名的还有《能言善辩的农夫》《魔术师的故事》《遇难水手的故事》等等。这些脍炙人口的长篇故事都是在中王国时期诞生的，而且语言也越来越凝练规范，奠定了未来埃及文学和非文学的文字基础。其中《能言善辩的农夫》主要讲述了一个农夫遭遇强盗后，向财政大臣告状，靠着优秀的口才最终使强盗得到应有惩罚的故事，这里就以这个故事为中王国时代画上句号。

能言善辩的农夫

一个农夫牵着自己的毛驴去神庙朝觐拉神，他走了几天几夜，粮食快吃光了，人也十分疲惫了。

这天，他来到一片麦地，周围不见人烟。突然，他远远望见前面有个人，似乎在等着什么。走近一看，这是一个眼露凶光、满脸横肉的人，地上还放着一块红布，要经过这条路就免不了踩到这块布，更何况他还牵着一头毛驴呢。农夫觉得不对劲，猜想这个人一定是强盗，不过他还是定了定神，上前同那人搭话。

"你好啊，亲爱的朋友！我想去神庙朝觐伟大的拉神，请你移开红布让我过去吧。"农夫请求道。

"这条路是我修的！你要想过去，就留下买路钱！"强盗不怀好意地说。

农夫看了看凶神恶煞的强盗，上前恳求说："你看我现在饿得快死了，哪还有钱呢！看在伟大的拉神面上，请你让我过去吧！"

强盗恶狠狠地吼道："没钱你休想从我的麦地上过去！"

就在他们说话的时候，农夫的毛驴因为太饿了，竟把路旁的麦苗吃了一口。这下可不得了，强盗一把将农夫推开，蛮横地牵走了农夫的毛驴，霸道地说："你的毛驴吃了我宝贵的麦苗，现在你的毛驴归我了，你若想活命，就赶紧滚蛋吧。"

农夫怎么舍得他那心爱的毛驴呢！他追赶着强盗，想要回自己的毛驴，可那个凶狠的强盗只管把毛驴牵到自己的房子里，才不管农夫的哀求。

农夫在野地里过了一夜，第二天又去苦苦请求，但强盗置若罔闻，闭门不理。农夫一连花了十天的时间，声音都叫哑了，那可恶的强盗始终不予理睬。

农夫放弃了向强盗乞求的努力，他愤愤地想："难道就没有王法了吗？我要去控告这强盗，不达目的誓不罢休！"

于是农夫来到都城，找到财政大臣拉尼西，向他详细讲述了事情的经过，请求他主持公道，要回他的毛驴。但是拉尼西始终不说一句话，更没有表态。

第一次没有结果，农夫当然不甘心。第二天一早，他又来到拉尼西的府第，再次向他请求，要他伸张正义，惩罚强盗。农夫为了说服拉尼西，极为赞颂他：

"因为您是孤儿之父、寡妇之夫、弃女之兄、无母之子的保护人。财政大臣，我的主人，您就是太阳神、天空的主人。您的随从和您在一起，人们的食物源于您，就像源于河水一样。您是尼罗河之神，使农田变绿，使荒原焕发出生机。您是整个国家的舵手，国家按您的命令行进。您是托特神的同侪，是没有偏见的法官。"

但是，拉尼西仅仅是微抬起眼睛扫了一眼，仍然沉默不语。

第三天，农夫再次去找拉尼西，劝告他说，为官者应该主持正义，惩罚罪犯，安抚百姓，可拉尼西还是一句话也不说。

第四天、第五天农夫还是去找拉尼西，这时他也有怒气了，干脆指责、讽刺拉尼西了。他说："拉尼西对神之子民的苦难视而不见、听而不闻。他的心迷失方向，不听受苦的善良人的呼唤。"可拉尼西还是老样子。

农夫第六天、第七天、第八天继续上门请求拉尼西惩罚强盗。这时他开始感到失望，就挖苦这个财政大臣：

"你像一个没有市长的城镇、一支没有将领的军队、一艘没有船长的船只、一个没有头领的帮会。你是一个偷盗的法官、一个侵吞财产的市长、一个为罪犯树立榜样的地方官。"

拉尼西仍不为所动。农夫后来又第九次请求主持公道，但得到的仍是沉默。农夫彻底失望了，他正准备转而向阿努比斯神请求时，拉尼西突然派人将他召回去。

农夫十分害怕，以为拉尼西会因他骂的话而惩罚他，所以一路胆战心惊。让人没想到的是，原来拉尼西每次都把农夫说的话记录下来呈献给了国王，国王很欣赏农夫的口才，为了得到更多能言善辩的词句才指示拉尼西不要急于作出判决，而现在终于要为他伸张正义了。

拉尼西派人将强盗抓捕归案，开庭审理后，拉尼西没收了强盗的所有财产，判归农夫所有，当然那头毛驴也回到了农夫身边。另外，强盗还被关进监狱，农夫受到表扬，因为他敬神敢谏。

农夫历经千辛万苦，终于告倒强盗得到了正义的判决，这种为正义而坚持不懈的品质难能可贵。

第二中间期

第13、14王朝

从第 13 王朝开始，埃及迎来了历史上的第二个黑暗时期（但有的学者把 13 王朝甚至 14 王朝都划分在前面的中王国时期），这一点从它约 150 年的时间拥有 60—70 位的国王就能得到体现。导致这一现象的直接原因是第 12 王朝最后两位国王阿蒙涅姆赫特四世和索贝克涅弗鲁没有合法继承人。不过第 13 王朝数量众多的国王很可能仍然属于阿蒙涅姆赫特家族的成员，虽然他们中的有些人可能已经拥有外国血统。难得的是，虽然这一时期国王数量众多，但并非处于混战争夺的局面，国王们的权力传递似乎还算平稳有序。当然，统治者的频繁更迭势必影响国家的长治久安，领土的分裂终未能避免。

在这一时期，北方三角洲地区的索伊斯（Xois）出现了一个新的政权，这就是所谓的第 14 王朝，它与第 13 王朝在大部分时间里处于并存的状态，也没有证据表明两个王朝发生过军事冲突。有关第 14 王朝的记载极为稀少，现在人们对这个王朝几乎一无所知。有的观点认为，这是埃及军中的迦南籍将军趁王室内乱之际自立为王建立的政权；有的观点认为这是一个努比亚人建立的政权；还有的观点认为第 14 王朝根本就不存在，该王朝留下的国王名字其实是此后第 15 王朝喜克索斯（Hyksos）人的祖先，把他们的名字记在王名表里只是祭祖用的；或者认为第 14 王朝在阿瓦利斯（Avaris，今埃及三角洲的埃尔达巴 [El-Daba]）建都并延续到第 15 王朝，等等。但不管怎样，埃及即将迎来第一次真正由外族统治的时期。

第15、16王朝

第 13 王朝的衰败最终导致国家统一政权的分崩离析，一些势力便趁机建立起自己的政权。除了第 14 王朝，在阿瓦利斯很快又出现了一个新

的政权，这就是第 15 王朝。据公元前 1 世纪的一位犹太作家转引曼涅托
的记载：

"由东方突然来了不知名的入侵者，长驱直入我们的国家。他们不费一
弓一石，就轻易地擒俘我军，征服了统治者，无情地焚烧我们的城市，将
神庙夷为平地，残忍地对待本地人，谋杀了一些人，将妇女和儿童降为奴
隶，他们被称作'喜克索斯人'……"

正因为有这样清晰的记述，所以 20 世纪中期以前的历史学家往往把这
段历史描述为喜克索斯人旋风般地入侵并占领了埃及。但后来通过多年的
考古发掘和研究，现代大多数学者认为很可能并没有发生大规模的武装入
侵行动，研究认为喜克索斯人是在埃及对外交往的漫长岁月中一点点渗透
进埃及的。这里的"渗透"并非指像间谍、特务那样悄悄潜伏到埃及，而
是指埃及在长期的对外交往过程中，外国移民不断地在埃及三角洲东部地
区扎根定居、繁衍生息的一个过程。

第12王朝一位埃及官员墓室里的绘画，
描绘了亚洲人携带弓箭长矛及驴羊进入埃及的情景

　　这些外来移民渐渐形成了自己的势力，加强了对当地及周边地区的控制，并逐步积累和取得了足够的财富和地位，然后趁着埃及本土第 13 王朝衰落之际，这个群体脱离埃及管控，自立政权，建立了第 15 王朝，这个王朝又被称为"大喜克索斯"。而所谓的第 16 王朝，只是这个群体中实力更弱小的一部分人建立的政权（一说是亲喜克索斯的埃及本土傀儡政权），与第 15 王朝并存，又被称为"小喜克索斯"。至于"喜克索斯人"，并非特指某一个民族或国家。"喜克索斯"的古埃及语原意为"外来的统治者"，建立第 15 王朝的喜克索斯人大致包括来自巴勒斯坦、叙利亚、黎巴嫩等西亚地区的移民，所以"喜克索斯"其实是对这些外来民族的统称。

　　不过虽然喜克索斯人是外族人，但因为他们长期生活在埃及，所以在很大程度上受到了埃及文化的影响。他们同样崇拜拉神，国王自称"拉神之子"，并且也崇拜埃及的其他神祇，其中特别尊崇沙漠和混乱之神"塞特"，或许是因为塞特掌管沙漠、风暴和混乱，而他们最初就来自沙漠地区。他们也使用埃及象形文字，在其统治期内也基本维持了埃及原有的政治制度。

　　我们通常所说的文明分为文化文明和工具文明，虽然此时的埃及文明已相当发达，但主要表现在宗教、艺术等人文方面，也就是所谓的文化文明。那些在文化文明方面落后的民族，往往被认为是蛮族，但蛮族在工具文明方面，特别是战争工具方面并不落后，有些甚至领先于文化文明。喜克索斯人正是这样一个典型，他们继承了埃及的文化文明，反过来又为埃及引入了更先进的工具文明。他们对埃及文明最大的影响就是带来了许多创新的军事技术，为战争注入了新的元素，包括复合长弓、

古埃及战车

更好的箭头、更小且轻便的盾、金属的头盔和铠甲、各种刀剑等。其中最重要的就是马匹和战车的引入，这在以往的埃及是闻所未闻的。在此之前，埃及主要的运输方式是船只和驴子，马匹的出现大大提高了运输的效率，而战车这项具有革命性意义的军事装备则改变了古代世界的战争形态。

喜克索斯人凭借自身的独特优势，趁埃及本土第 13 王朝虚弱之时，很快就控制了埃及的北方地区，同时与埃及在南方的死对头努比亚人结为同盟。此时第 13 王朝的余裔不得不放弃法尤姆附近的首都伊特塔威，将都城迁到了南方的底比斯，这个由埃及本土人延续下来的政权就是第 17 王朝。

第17王朝

第 17 王朝大约经历了十位统治者，他们认为自己才是埃及正统。在一段较长的时期内，17 王朝与北方喜克索斯政权处于一种相安无事的共存状态，甚至有资料显示他们的牛群还能被运到北方放牧，而北方的商船也能沿尼罗河而上到南方努比亚进行贸易。当然，这种看似和谐的局面不可能永远维持下去，埃及人反抗外族统治的战争最终在 17 王朝末期打响。

此时北方第 15 王朝喜克索斯政权的国王叫阿波菲斯，南方第 17 王朝的埃及本土国王是塞克南雷·陶二世（Seqenenre Tao Ⅱ）。根据后来新王国时期《阿波菲斯与塞克南雷的争执》这份文献的内容，后世大致知道了这场战争的导火索。据说阿波菲斯给塞克南雷写了一封信，主要传达的信息是："你们在底比斯神庙圣湖里饲养的河马叫声实在太吵了，让我无法安睡，你们要管好自己的河马！"

要知道底比斯与北方首府阿瓦利斯之间相隔几百千米，河马的叫声怎么可能传那么远呢？并且河马代表着古埃及神话中的塔沃瑞特女神，喜克索斯人竟公然侮辱深受埃及人民爱戴的女神，所以难怪这份赤裸裸的挑衅会被塞克南雷视为正式的战争宣言，勃然大怒的他随即发动了对喜克索斯政权的战争。遗憾的是，塞克南雷战败了，并且他个人的结局十分悲惨。

《阿波菲斯与塞克南雷的争执》（萨利耶 I 号莎草纸[Papyrus Sallier I]）

1881 年，塞克南雷的木乃伊被发现。有别于那些正常死亡的埃及国王木乃伊的安详姿态，塞克南雷木乃伊的面部神态十分恐怖，他的头部和面部也存在多处骇人的硬伤。现代研究人员利用 X 射线对他的木乃伊进行了检查，无情地还原了他当时被残暴处决的情形。研究显示，塞克南雷死时约 40 岁左右，他头部的致命伤痕与埃及博物馆现存的喜克索斯人的战斧、匕首等武器相吻合，伤口流出的鲜血沾染了头发，导致头发光泽暗沉地缠结着；同样被战斧砍伤的还有他的左脸颊部位，致使他的下巴也发生断裂；从上方抢下来的狼牙棒，又砸碎了他的颧骨，还有一把短剑从他耳后刺入；他的双手变形，说明他很可能是战斗失败被俘，双手被反绑。总体来看，塞克南雷最终是遭到了仪式化的行刑示众，被喜克索斯人从不同角度多次击打头部致死。另外，考古学家还在阿瓦利斯宫殿下面发现了十六只被砍

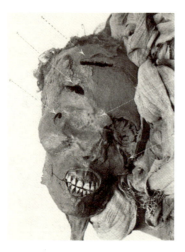

面部神态极其狰狞的塞克南雷·陶二世的木乃伊

下的人类右手，这可能是塞克南雷手下的一些将士，他们战败后，手被砍下当作胜利的象征物，这一切都反映出了当时南北战争的惨烈程度。

战争一旦打响就很难停止，更何况底比斯国王死得如此惨烈。作为国王的继承人，塞克南雷的儿子卡摩斯（Kamose）当然不会善罢甘休，他准备继续向喜克索斯政权展开进攻。但是，卡摩斯手下的大臣们不知是否因战争的失败而胆怯了，此时他们更想安于现状，觉得老老实实待在底比斯这片地区其实也很不错，没必要再发动战争。卡摩斯当然不会听取这群委曲求全的懦夫的想法，他用一番慷慨激昂的陈述向众人表明了收复国土的决心：

"阿瓦利斯那边有一个首领，库施（Kush，南方努比亚人建立的王国）那边还有一个首领，这怎么能证明我的权威？我在这里受制于一个亚洲人（喜克索斯人）和一个努比亚人，他们各自占据着一部分埃及土地，称霸一方，跟我分治这片土地。亚洲人施行掠夺般的重税，没人能安居乐业。我要与他们搏斗，撕开他们的肚子！我的愿望是拯救埃及，打败亚洲人！"

卡摩斯随即展开了他的军事行动，他首先攻打努比亚地区，夺取了一处重要的军事要塞，以此抵御和牵制来自南面的威胁。然后他挥师北上，对喜克索斯人发起进攻。他的军事行动出乎意料的顺利，一路向北推进至阿瓦利斯城下。在路上，卡摩斯截获了一份喜克索斯人写给库施统治者的求援信，信中喜克索斯国王阿波菲斯请求自己的盟友紧急北上，联手夹击卡摩斯：

"你难道不知埃及正在攻击我？他们伟大的领袖卡摩斯，在我的土地上攻击我，虽然我没有攻击他，就像他对你所做的事一样。他毁灭了上下埃及，也就是你我的国度。来，立刻前来北方，不要害怕，他已经在我的掌握中，我不会在你来之前放过他。然后我们将平分埃及的土地，我们的国度将会欣喜。"

卡摩斯得到这封密信后迅速抽调军力，采取积极应对措施确保了后方的安全。虽然卡摩斯最终没能攻克阿瓦利斯，但仍然收复了北方的大部分国土并凯旋。

遗憾的是，就在卡摩斯雄心勃勃地准备发起下一次进攻时，突然撒手人寰，为他那五年短暂又闪亮的统治画上了句号。与此同时，第 17 王朝与第二中间期也拉上了帷幕。不过，漫漫黑夜即将过去，黎明的曙光已悄然来临，埃及即将迈入一个全新的黄金时代。

新王国时期

第18王朝

从第 18 王朝开始，埃及历史翻开了一页新的篇章。第 18—20 王朝被称作"新王国时期"，在这一时期出现了许多著名的统治者。新王国时期是古代埃及对外扩张称霸的帝国时代，也是古代埃及最强盛的一个时代，古埃及文明在这一时期走向了巅峰。

在第 17 王朝末代国王卡摩斯取得重大军事成果的基础上，他的弟弟阿赫摩斯一世（Ahmose Ⅰ）继承了哥哥的未竟事业，通过一系列激烈的战斗，他最终攻陷了阿瓦利斯，获得了战争的全面胜利。阿赫摩斯一世允许战败方自行离去，于是大批喜克索斯人逃离埃及前往巴勒斯坦，随后阿赫摩斯一世将喜克索斯人在阿瓦利斯建造的宫殿夷为平地，重建了新的宫殿。从阿赫摩斯一世手下一位军官的墓室铭文中，后人得知了关于这场战争的一些细节：

"当国王乘着他的战车时，我步行跟随。当阿瓦利斯城被围攻时，我在国王面前徒步奋战。我杀了一名敌人，带回一只手掌。当此事被报告到国王的侍从那里时，我得到金子作为赏赐。

"然后他们在此又打了一仗，我再度杀了一名敌人，带回一只手掌，然后我又得到了金子作为赏赐。

"随后在城南发生了战斗，我活捉了一人。当此事被报告到国王的侍从那里时，我再度得到赏金。然后阿瓦利斯陷落了，我从那儿得到战利品：一个男人、三个女人，总共四个人，国王将他们赐给我作为奴隶。"

那些逃到巴勒斯坦的喜克索斯人后来在一个叫沙鲁亨（Sharuhen，今加沙东南部）的地方建立起一座堡垒城市作为大本营，企图东山再起。阿赫摩斯一世率军继续穷追猛打，围攻了三年后终于拿下此地。随后又挥师南下，狠狠打击了努比亚人，让其重新臣服于埃及。同样，在那位军官的墓室里也留下了这些战斗的部分细节记录：

"沙鲁亨被围攻了三年，国王攻陷了它，我从那里带回战利品：两个女人和一只手掌，然后我得到金子作为赏赐，我的俘虏被赐给我作为奴隶。

"当国王惩罚了亚洲的游牧部落后，他又向南远航，去南边摧毁努比亚人，杀了许多人，我从那儿带回战利品：两个活人和三只手掌，然后我又获得赏金，并且得到两个女奴。"

阿赫摩斯一世木乃伊

在阿赫摩斯一世的努力下，埃及终于再度统一，这为日后埃及走向全盛的帝国时代奠定了良好的基础。现代研究显示阿赫摩斯一世大约在 35 岁左右去世，他在阿拜多斯为自己和妻子建造了金字塔陵墓作为衣冠冢，这也是古埃及人修建的最后一座金字塔建筑。

新王国时期的国王开始在西部沙漠边缘处的帝王谷（今埃及卢克索西岸）修建自己的陵墓，虽然人们并不知道阿赫摩斯一世当初埋葬的具体位置，不过后来却意外发现了他的木乃伊，同时被发现的还有新王国时期其他一些国王的木乃伊，其中不乏这一时期最知名的一些国王。原来，这是因为在几百年以后，当埃及再次陷入混乱动荡之际，一群祭司为了防止盗墓，就把许多王室木乃伊集中在一起，重新埋葬在靠近德尔巴赫里的一座墓穴里，使这些新王国时期伟大的国王免遭盗墓者的侵扰，他们长眠于此，直到 19 世纪末才被人们重新发现。

阿蒙霍特普一世（Amenhotep Ⅰ）接替了父亲的王位，不过由于他即位时年纪尚幼，所以他的母亲成为摄政者，在他此后的统治期内其母也一直担任共同执政者的角色。"阿蒙霍特普"这个名字的原意是"阿蒙神感到满足"，而第 12 王朝时首先使用"阿蒙"作为名字的"阿蒙涅姆赫特"的意思是"阿蒙神前的使者"。相比之下，现在阿蒙神的地位比中王国时期显得更为崇高。此后随着埃及不断发展壮大，阿蒙神的地位也越来越高，渐渐超过了其他所有神祇，成为古埃及人心目中普遍承认的国家主神，并最终与拉神融合成新的太阳神——"阿蒙·拉"神，成了众神之王。

阿蒙霍特普一世在位期间曾多方出击，在北方击退了利比亚人的入侵；向南远征努比亚，修复了多处要塞，使埃及的控制范围恢复到了尼罗河第二瀑布以南的塞姆纳。阿蒙霍特普一世在位共 21 年，他统治时的埃及，总体来说是平稳有序、不断发展的。他本人在二十多岁时就暴毙而亡，所以我们有理由相信，这期间更多的功劳应归属于他的母亲。

关于阿蒙霍特普一世的陵墓位置，现在大致有两种猜测。一种是由英国近代著名考古学家霍华德·卡特（Howard Carter）提出的，他认为阿蒙霍特普一世的陵墓位于一个叫德拉阿布纳加（Dra Abu Al-Naja）的地方，因为在这里出土了一些碎片，上面刻着包括阿蒙霍特普一世本人以及他母亲、父亲等人的名字，并且这里还有一处用来祭祀他们母子的葬祭庙，而现代学者更倾向于帝王谷编号 KV39 的陵墓才是阿蒙霍特普一世和他母亲的长眠之所。

KV 是帝王谷英文 "Valley of the Kings" 的缩写。19 世纪前半叶，英国人约翰·加德纳·威尔金森（John Gardner Wilkinson）对帝王谷已知的墓葬进行系统调查时，标下了这样的编号，就一直沿用至今，现在那里还留有他当初用油漆写下的数字。

长期以来，学者们认为第一个在帝王谷建造陵墓的是阿蒙霍特普一世之后的图特摩斯一世（Thutmose Ⅰ），如果将来 KV39 陵墓最终被证实属于阿蒙霍特普一世的话，那么上述说法将被改写。事实上也有一些证据来支撑这种猜测，考古学家在帝王谷附近发现了一个名为德尔麦迪那（Deir El-Medina）的村落遗址，这里曾经长期居住着新王国时期在帝王谷为国王们修建陵墓的工人及家属。从这里出土的一些阿蒙霍特普一世及其母亲的小雕像表明，工人们将他们视为此地的守护神，是日常祭祀崇拜的对象，所以阿蒙霍特普一世有可能才是真正第一个在帝国谷修建陵墓的国王。

德尔麦迪那村落遗址

由于阿蒙霍特普一世无子嗣，他死后王位被传给了图特摩斯一世，这个名字的意思是"托特神的儿子"。图特摩斯一世是阿蒙霍特普一世的主要军事统帅，他通过迎娶一位王室公主获得了继承王位的资格。

"我使埃及的边界拓展到一切太阳普照到的地方，我使埃及成为所有国家中的王者。"——图特摩斯一世在阿拜多斯的石碑上留下的这些文字，很好地概括了他在12年左右这个不算太长的统治期内取得的成就。

图特摩斯一世在位期间奉行武力扩张政策，常年对外征战，向南发动了对努比亚库施王国的战争，将埃及的南方国界推进到了尼罗河第三瀑布以南，接近第四瀑布附近，这比以往任何一个埃及国王都走得更远。他在那里刻下了炫耀胜利的铭文："敌人无一幸存，努比亚的弓箭手被砍倒，鲜血喷涌而出，他们尸横遍野，被砍成碎块，连食腐动物都已餍足，内脏填满了整个山谷。"在舰队凯旋之日，船头上还倒挂着一个战败的努比亚首领的尸体，沿尼罗河顺流北归时对沿岸的努比亚人进行威吓。

如果说南面的努比亚地区本来就是埃及传统势力范围的话，那么图特摩斯一世最大的突破则是在北面的西亚地区。他在那里积极扩张埃及的领土，成功地对抗了当时的西亚强国米坦尼，最终将埃及的北部边界推进到了叙利亚北部、幼发拉底河上游的西岸，并在此立碑为界。就这样，图特摩斯一世建立起了一个北起幼发拉底河，南至库施（今苏丹）的庞大帝国，使埃及的疆界远超从前，极大地提升了埃及的国威。所以，通常认为图特摩斯一世才是辉煌的第18王朝的真正奠基者。

图特摩斯一世的对外扩张战略为国家带来了巨大的财富，使埃及前所未有的富庶。于是，他启动了许多伟大工程的建设，现在埃及主要旅游景点之一的卡纳克神庙，就是从图特摩斯一世时开始大规模扩建的。他在中王国时期神庙原有的基础上，将其建设得更具规模且更加豪华，后来的统治者又继续在图特摩斯一世扩建的基础上不断增建，在历经了众多王朝后，这座原本献给阿蒙神的神庙被建设成了一座巨型的神庙综合建筑群，至今仍称得上是世界奇迹。这座宏伟的建筑群包括众多方尖碑和献祭场所，以及斯芬克斯和其他巨型雕像等等，图特摩斯一世在第四塔门

卡纳克神庙俯瞰图

外竖立起的两座方尖碑，其中一座至今仍然屹立着。卡纳克神庙建筑群由雄伟的城墙环绕，是一座计划能经受千年甚至万年风雨历练的圣城。今天，它作为一处重要的历史遗迹，仍怀抱着过去的光辉矗立着。

对于图特摩斯一世本人来说，他还有另一项更重要的工程，那就是自己的陵寝。他命令手下的资深建筑师伊涅尼（Ineni）在帝王谷里为自己建造了陵墓，目前一般认为图特摩斯一世是第一个在帝王谷建造陵墓的埃及国王。能想象到的是，做出这样的决定肯定不是件容易事。因为我们知道，埃及国王的陵墓并非只有简单的埋葬死者的功能，它更是统治者们展示自己权威的一种方式，所以通常国王们会把自己的陵墓尽量建得大而豪华，就像金字塔那样。但此时图特摩斯一世却选择在隐秘的山谷里建造自己的陵墓，并把墓地的安全保密工作作为头等大事。究其原因还是由于长久以来国王们的陵墓经常遭盗墓者洗劫，所以图特摩斯一世在充分权衡利弊后做出了这个重大的改变，将自己的陵墓建在了这偏僻幽静的山谷里。对于这种改变，英国考古学家霍华德·卡特说了一段颇有意思的评语："我很肯定国王在下定决心（将墓地建在隐秘之处）之前，犹豫了很长时间。首先，他得跟自己的自尊心对抗，毕竟'炫耀'是所有埃及君王根深蒂固的嗜好。而且埃及的君王不管在什么地方都会发挥这个特性，尤其是在自己的坟墓上，更是极尽其夸耀之能事。"

不过，关于图特摩斯一世在帝王谷的陵墓还存在一定争议，争议的焦点主要集中在 KV38 和 KV20 到底哪个才是图特摩斯一世最初的陵墓，因为据说图特摩斯一世在死后不久，他的木乃伊被其后代搬动过。以霍华德·卡特为代表的学者认为，伊涅尼当初为图特摩斯一世建造的陵墓是 KV38，后来他的长女，也就是稍后即将登场的古埃及著名女王哈特谢普苏特为了与自己敬爱的父亲葬在一起，就把父亲的遗体移到了自己的 KV20，所以早期的观点认为 KV38 是帝王谷中最古老的陵墓。但现代考古学家认为，KV38 的风格样式要晚于 KV20，所以伊涅尼当初为图特摩斯一世建造的陵墓应该就是 KV20，哈特谢普苏特是在扩建父亲的 KV20 后再放入自己的棺椁的，可能是后来图特摩斯一世的孙子图特摩斯三世（Thutmose Ⅲ）出于某些政治原因，不想让她与自己的祖父葬在一起，于是才建造了 KV38，将图特摩斯一世的遗体从 KV20 移出。

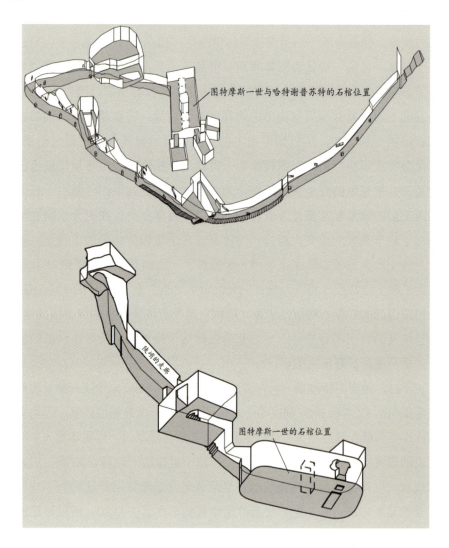

图特摩斯一世与哈特谢普苏特的石棺位置

陵墓的走廊

图特摩斯一世的石棺位置

上：帝王谷KV20结构图

下：帝王谷KV38结构图

总之，现代的研究者们已普遍认定 KV20 才是图特摩斯一世最初的陵墓，也就是帝王谷的第一座王室陵寝。正由于图特摩斯一世的木乃伊被搬来搬去，现在已不知所终。2008 年 5 月，埃及最高文物委员会曾宣布将对一具木乃伊进行 DNA 鉴定，以确定其是否为图特摩斯一世，但后来没有下文。

图特摩斯二世（Thutmose Ⅱ）继承了父亲的王位，其实他本来是没资格当国王的，因为他还有两个哥哥，但不幸的是他的两个哥哥早已先他而去，所以他就成了王位的唯一继承人。但图特摩斯二世是父亲和一位王妃（庶妻）所生，在古埃及人的传统观念中，他的血统是不高贵的。所以为了提升自己的地位，使自己的统治更为合法，他娶了父亲与王后（正妻）所生的同父异母的姐姐 —— 哈特谢普苏特为妻，这种近亲婚配的现象也是古埃及王室的一贯做法。

虽然有证据表明图特摩斯二世统治时期的埃及也曾对利比亚和努比亚采取过军事行动，但他本人并未亲征。另外图特摩斯二世通常都被贴上了一个"体弱多病"的标签，其存在的意义似乎只是为姐姐哈特谢普苏特的登场作铺垫。当图特摩斯二世英年早逝后，他和一位王妃所生的儿子图特摩斯三世继位。但由于新国王年纪尚幼（不到十岁），于是，拥有纯正血统、图特摩斯一世心爱的女儿、图特摩斯二世的王后、新国王的姑母兼继母等等高贵头衔的哈特谢普苏特顺理成章地接过了权力的大棒，成为国家的实际统治者。虽然在她之前和之后都有掌握国家实权的女性统治者，可要么因为统治时间过短等原因而不被广泛认可；要么因为没有大的作为而名望不高。哈特谢普苏特却不一样，要理解她在古埃及的历史地位，有一个常见的对比，那就是哈特谢普苏特大致相当于中国古代的武则天，只要知道了这一点，我们对这位埃及女王也就有了一个基本的印象。

此时的哈特谢普苏特虽然掌握着国家实权，但名义上只是代替图特摩斯三世的摄政者，野心勃勃又深谙权术的她当然不会满足于此，她需要一个正式的国王名分。不过她心里也明白，女性当权不是件能被人们容易接受的事，所以又少不了一番宣传炒作的套路。哈特谢普苏特在自己的神庙里留下了一组图文并茂的浮雕，详细讲述了自己的降生过程：

阿蒙神向众神宣布他打算为埃及创造一位新的神圣统治者，托特神推荐图特摩斯一世的王后（哈特谢普苏特的母亲）。于是阿蒙神来到了王后的寝宫，神的芬芳气息让她醒来。阿蒙神向她表示，她将替神生一个女儿，并且要命名为"拥抱阿蒙·最尊贵的女子哈特谢普苏特"。王后很快就怀孕了，然后克奴姆神用他的陶轮为这个女儿创造了躯体和灵魂。王后生下了女儿——哈特谢普苏特，并呈献给阿蒙神，阿蒙神将这个女儿托付给托特神和哈托尔女神照顾。

哈特谢普苏特可能觉得仅仅为自己戴上神谕的光环还不够，所以她还制造了继承王位是父命的舆论，她在神庙里写道：

"国王（指她父亲图特摩斯一世）对他们说：'这是我的女儿——哈特谢普苏特，愿她长寿，我指定她为我王座的继承人，她将指挥宫廷中各方面的人员，她将领导你们，听从她的话，团结在她的命令之下。'王室贵族、宫中显耀和百姓首领都听到了这个将其女儿提升为上下埃及之王的宣告。"

于是，哈特谢普苏特摄政七年后，终于正式登上了王位，成为埃及的国王。她举行了加冕仪式，头戴上下埃及双冠，接受了权杖，在身后挂起公牛尾巴，甚至还戴上了假胡子，总之她完全按照男性国王的穿戴来装扮自己，这一切都是为了增强自身统治的合法性。

通过一系列的包装，哈特谢普苏特总算为自己的统治披上了合法的外衣，可她如果不能做出实实在在的政绩恐怕也难以服众，好在哈特谢普苏特继承了家族杰出的统治才能，她当政期间励精图治，国家整体风调雨顺，国泰民安。总体来说，她的统治得到了人们的普遍认可。

在谈到哈特谢普苏特执政时通常会有一种观点，认为由于她是女性，所以她在执政期间停止了对外战争，因而动摇了埃及在叙利亚及巴勒斯坦的主导地位。但实际上不管是对叙利亚和巴勒斯坦，还是南方的努比亚，她在统治期间至少发动了四次以上的军事远征，牢牢稳固了埃及帝国的版图，甚至在早期，哈特谢普苏特本人还曾亲自出征。当然，作为一名女性统治者，她本人可能确实不喜欢战争，所以她的对外政策整体来说是和平的，并且在图特摩斯三世长大成人后，哈特谢普苏特就把军事方面的事务交给他负责了。

哈特谢普苏特的主要成就还是表现在内政方面，特别是广泛开展的贸易活动让埃及变得更加繁荣兴盛。她执政期间除了与周边地区保持传统的商贸往来外，还有一项重要的成就，那就是组织商队远赴非洲东海岸的神秘国度蓬特，与之进行了硕果累累的贸易活动。

哈特谢普苏特组建的这支远航贸易舰队，载着大量的礼物从底比斯出发，溯尼罗河而上前往遥远的蓬特，此行的主要目的是获取那里的香料，特别是乳香和没药。乳香这种芬芳的树脂是制作熏香的重要原料；没药则广泛应用于寺庙的祭祀和化妆品制造，并且在制作木乃伊时也是必不可少的，这些东西正是蓬特地区的特产。通常认为蓬特是现在的索马里一带，但 2005 年发现了一艘埃及第 18 王朝时载有蓬特货物的沉船，上面装载的陶器来自今曼德海峡（连接红海和亚丁湾的海峡，位于红海南端也门和吉布提）两岸，所以蓬特在当时可能是一个笼统的地理概念，除了现在的索马里一带，可能还包括阿拉伯半岛南端的也门西部地区。在蓬特居住的是淳朴落后的土著部落，他们的首领对来访者以及他们带来的礼物十分高兴，他们承认埃及的宗主国地位，同时也要求埃及尊重蓬特的和平与自由。埃及人被允许进入乳香森林，开伐树木、提取树脂，甚至 31 棵乳香树被连根挖起运回了埃及，种植在哈特谢普苏特修建的神庙院落中，今天仍能看到这些移植树木的残根，这也是已知的人类历史上最早的植物移植记录。同时大量的树脂被采集起来打包装船，当然还有其他许多珍贵的货物，包括没药、黄金、白银、象牙、乌木、肉桂等等，以及猩猩、狒狒、狗、长颈鹿、豹子等动物。埃及人在蓬特逗留期间，与当地人建立了亲密的友谊，以至于在他们离开时，许多当地人自愿随同他们到埃及去，其中包括几个首领和蓬特国王的妻子。

壁画上蓬特王后的体态显得很特别，如果不是刻意丑化，那么她的身体很可能是畸形的

　　商队回到底比斯的那天，埃及国内举行了盛大的迎接仪式，那些乳香、没药以及来自异域的奇异动物和各式各样的物品被全部展示在民众面前。蓬特王后和众人被带到哈特谢普苏特面前，向坐在宝座上的埃及女王表达了敬意并献上珍贵的礼物。虽然早在古王国时期埃及就与蓬特建立了贸易往来，但从来没有取得过如此丰硕的成果。从组建舰队，到远航蓬特，再到舰队返回，直至底比斯举行的盛大庆典，这次空前的贸易盛况以壁画的形式被记录下来。很少有这种单一的远洋贸易活动能如此精彩地展现在世人面前，这也是她在统治期间策划得最具影响力的事件。这不仅强化了哈特谢普苏特进行和平外交的形象，更向国民展示了她这位统治者的不俗政绩，说到底也是为了尽可能地消除那些反对她当政的杂音。

哈特谢普苏特神庙壁画上描绘的与蓬特进行贸易的场景

与那些著名的国王一样，哈特谢普苏特也热心于建筑事业，贸易方面取得的巨大成功让埃及变得十分富庶，这也为哈特谢普苏特在建筑领域的发挥提供了可靠的保障。她在全国各地新建和修复了大量建筑，包括在喜克索斯时期被破坏的建筑，并明确表达了对喜克索斯人的憎恨，她曾愤怒地说喜克索斯时代是"神被忽视的时代"，这些建筑的修复自然也成为她的政绩之一。

哈特谢普苏特在父亲图特摩斯一世扩建卡纳克神庙的基础上，继续对神庙进行扩建，她用从埃及南方象岛采石场运来的红色花岗岩新建了两座高达30米的方尖碑，顶部用各部落首领进贡的纯金打造，从尼罗河两岸都能看到，当太阳升起时，仿佛整个埃及都沐浴在它的光辉里。两座方尖碑上还刻着精美的象形文字："怀着满腔热爱，为父亲阿蒙神修建了两座伟大的方尖碑。"这两座方尖碑无论是在形式和色彩上，还是雕刻的美感上，都是埃及同类艺术品中的佼佼者。

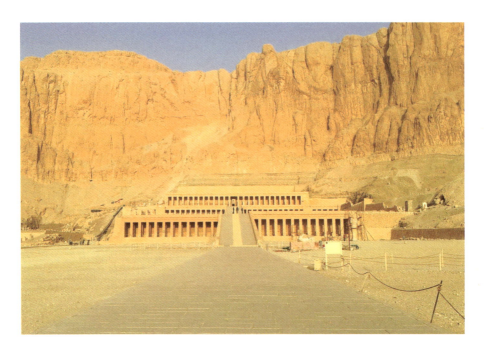

哈特谢普苏特神庙

不过，哈特谢普苏特修建的最著名的建筑，无疑是位于德尔巴赫里的那座属于她的葬祭庙。这座神庙坐落于帝王谷外陡峭的山麓之下，紧挨着修建于其五百多年前孟图霍特普二世的神庙，其风格也明显借鉴了前人。

哈特谢普苏特神庙门前的雕像

神庙依山而建，由三层方形平台相叠而成，正面是整齐的柱廊。走过笔直的甬道，登上三层台阶后就可以来到神庙的大门外，这层的每根立柱前都有一尊形似奥西里斯神的巨型神像（现已缺损很多），但这些其实都是哈特谢普苏特自己的雕像，她模仿男性国王和奥西里斯的样子，头顶王冠，戴上假胡须，握着钩形权杖与连枷的双手交叉于胸前，俨然一副奥西里斯的神态。神庙的主体内部有许多精美的壁画、雕像及碑铭，记载着她统治时期的丰功伟绩，比如关于她的神圣出身、远征蓬特的事迹等。这座神庙气势磅礴、庄严美丽，是新王国时期乃至整个古埃及历史上的杰出建筑之一，也是现在埃及的一个重要旅游景点。

提到哈特谢普苏特的这座神庙，就不得不提到另一个人，那就是建造这座神庙的总指挥——塞奈姆特（Senenmut），他不仅设计建造了这座神庙，而且还是其他很多重大工程的总指挥。哈特谢普苏特与塞奈姆特的关系非同一般，有人说他们从小就是青梅竹马，只是后来被命运拆散。不管事实是否如此，塞奈姆特绝对是最受哈特谢普苏特宠信的人，甚至还有证据表明他是女王的情人（也有人说是男宠）。由于和女王的这层关系，塞奈姆特获得了许多原本不该拥有的东西，日常的丰厚犒赏自不必说，他获得的最大恩典，就是被允许在帝王谷建造两座属于自己的陵墓。其中一座位于哈特谢普苏特神庙上方的山丘，几乎和女王的陵墓背靠背；另一座则直接建在哈特谢普苏特神庙大殿厅堂的地板下面。不仅如此，塞奈姆特甚至还在神庙里的一个隐秘位置建造了自己的小雕像，据说是因为女王希望在复活后，第一眼就能看到自己心爱的人。在神庙上方的洞穴中，还发现了当时的建筑工人随手留下的调侃女王与塞奈姆特的不雅涂鸦，说明他们二人的特殊关系在当时已是众人皆知了。

公元前 1458 年，统治埃及长达 22 年的哈特谢普苏特离世。最初，她可能被葬在了父亲图特摩斯一世的那座编号为 KV20 的陵墓里。她之所以选择与父亲葬在一起，除了真的对父亲充满敬重之情外，另一个可能的原因是，她想通过此举来淡化自己的丈夫图特摩斯二世那短暂的统治，进一步强化自己作为合法继承人的身份，哈特谢普苏特的心机与手段可见一斑。但是，她最终还是没能和父亲一起在此长眠，因为后来她和父亲的木乃伊都分别被移出了这座陵墓，而她本人的木乃伊也曾一度下落不明，直到现代才在科技手段的帮助下予以确认。

1902 年，英国考古学家霍华德·卡特等人在帝王谷对 KV20 陵墓进行挖掘，他们费了很大力气才将墓室门口的石块和沙土清理干净，在墓室里发现了两具用黄色石英石制作的石棺，石棺上的铭文显示它们分别属于图特摩斯一世和哈特谢普苏特，但是石棺盖子都被打开了，里面空空如也。第二年，卡特又在 KV20 不远处发现了另一座墓穴，被命名为 KV60，在里面发现了两具裸体老年女性的木乃伊，其中一具在棺材里，棺文写有"伟大的王室保姆"的头衔，另一具木乃伊则被随意放在地上，不仅身上无任何穿戴，甚至没有一具棺椁护身。当时卡特并没有意识到自己的这个重大发现，他没有移走这两具木乃伊，只拿走了一些其他物品，便关闭了陵墓。1908 年，别的考古学家将 KV60 里那具棺材和里面的木乃伊搬到了埃及博物馆，根据棺材上的铭文，这具木乃伊被认为是哈特谢普苏特的奶妈，而那具躺在地上的木乃伊仍然被留在原处，随后墓室又被重新密封。在接下来的岁月变迁中，KV60 墓室的入口和里面剩下的那具木乃伊渐渐被世人遗忘，直到 1989 年，现代考古学家才再次想起并重新发现 KV60 的入口，那具孤零零的木乃伊仍躺在原处。进入 21 世纪后，埃及文物最高管理委员会联合国际上多名考古学家开始重新寻找哈特谢普苏特的木乃伊，他们把所有身份不明和可能是第 18 王朝王室女性的木乃伊全部收集到一起，其中包括早前那具被认为是哈特谢普苏特奶妈的木乃伊，而那具被遗留在 KV60 里的女性木乃伊这次也被搬运出来。2007 年，国际专家团队用现代设备和技术对所有收集到的木乃伊进行探测鉴定，与已知的哈特谢普苏特亲属的木乃伊进行对比，最终将范围缩小到两具，而这正是 KV60 里的那两具木乃伊。激动人心的时刻就要到了，最终一锤定音的证据来自 1881 年在德尔巴赫里的大型皇家木乃伊安置点发现的一个盒子，上面刻着哈特谢普苏特的名字，里面装的据说是她的肝脏，除此外研究人员吃惊地发现里面还有一颗牙齿。通过 CT 扫描技术发现 KV60 中那具曾躺在地上被人们遗忘的木乃伊的上颚右侧缺了一颗牙齿，其牙根和盒子里的这颗牙齿根部完全吻合。之后，研究人员又从木乃伊的骨盆和大腿处取样，与哈特谢普苏特祖母的木乃伊 DNA 样本进行对比，结果认定这具木乃伊正是人们苦苦寻找了多年的哈特谢普苏特女王本人的木乃伊。2007 年 6 月 27 日，埃及文化部长和最高文物委员会秘书长举行新闻发布会，宣布了这一重大考古发现。

至于为什么古埃及最著名的女性统治者会葬身于奶妈的墓中，学者猜测可能是哈特谢普苏特死后遭人泄愤，将她的木乃伊从原墓中拖出来扔在奶妈的墓中，也可能是在第 21、22 王朝时，埃及祭司为了保护哈特谢普苏特木乃伊的安全，将其从 KV20 转移到了 KV60。总之，哈特谢普苏特的木乃伊终于重见天日，在经历了几千年的失散后，这位伟大的女王终于在博物馆里和她家族的其他国王重逢了。

一直生活在哈特谢普苏特阴影下的图特摩斯三世，在女王离世后终于得以亲政。虽然他从一开始就是名义上的国王，并且也早已被哈特谢普苏特赋予兵权，但显然他长期都处在一种郁郁不得志的境况中，现在终于到了他大放光彩的时候了。

哈特谢普苏特死后，巴勒斯坦、叙利亚一带的各方势力开始蠢蠢欲动。卡迭石（Kadesh，此时还属于叙利亚人，后来成为赫梯帝国的首府之一）的首领带头起事，鼓动北叙利亚各部落首领造反。由于这片地区几十年来长期受到埃及的钳制，所以卡迭石的反叛行为得到了各方响应，大约有 150 名部落首领表示支持。他们聚集在一起，组成反埃及同盟，意图脱离埃及的控制，甚至准备直接向埃及本土发起进攻。对埃及来说，这片地区尤为重要，因为它位于小亚细亚（亚洲西部的半岛，今土耳其境内）、两河流域（幼发拉底河与底格里斯河流域，古希腊称之为"美索不达米亚"，主要在今伊拉克境内）、埃及这三个当时最主要的政治和文化区域之间，具有缓冲的作用，同时也是由波斯湾经两河流域到地中海的关键地区。可能是由于曾经的喜克索斯人就来自这个地区，因此在第 18 王朝初期，埃及对此地区相当重视。但由于后来哈特谢普苏特统治期间疏于对这片地区的管理，导致埃及在这里的声威有所下降，所以当哈特谢普苏特死后，这里的

图特摩斯三世雕像

形势马上变得敏感起来。不过这群人万万没想到的是，被哈特谢普苏特长期压制的图特摩斯三世绝非碌碌之辈，这位被誉为"古代世界的拿破仑"的埃及国王将很快让他们回归本分。

虽然此时的图特摩斯三世才刚刚得以亲政，但面对西亚地区风云突变的局势没有表现出丝毫犹豫，在迅速稳定了国内政局后，他立刻率领大军主动出击，进军巴勒斯坦和叙利亚一带。

大军首先来到了加沙，到达的那天正好是图特摩斯三世的加冕庆祝日。加沙的首领对埃及人十分友好，为埃及大军打开了城门。军队沿着海岸线继续前进，途中埃及人得到消息：敌军正在美吉多（Megiddo，今以色列北部城市）集结。此时前往美吉多有北中南三条路线，其中南北两条路线都是平坦易行、相对安全的开阔道路，但是必须绕过山区，路程较远；中间那条路线是最近的道路，也是最危险的，因为这条路线要穿过阿鲁纳垭口（Aruna Pass），这是一道狭窄的山谷，如果遭到敌人伏击，根本无法抵抗。为此，图特摩斯三世与手下将领召开军事会议进行商讨。将领们都建议走南线或北线，但图特摩斯三世料定敌人会在南北易走的路上部署军队等着他们，所以他执意要走最危险的中线。书记官杰南尼（Tjennuny）当时就在会议现场，他记下了商讨的内容，让现在的我们能听到三千多年前图特摩斯三世亲口说的话："那可恶的敌人——卡迭石首领已进入美吉多，他现在就在那里，他召集那里所有邻近城邦的首领，远至从那哈林（Nahrin，两河流域）来的马匹与军队，我们都知道敌人正等着拦截我们。我发誓在拉神的护佑下，在父亲阿蒙神的赞许下，我将取道阿鲁纳，你们若想走其他路线请便，但如果我走其他路线，卡迭石的那些人会怎么想？他们会认为埃及国王害怕他们，英勇的君王将带领你们通过狭路。"于是，在图特摩斯三世的极力主张下，埃及军队排成一列纵队进入阿鲁纳垭口，他们将穿越这狭窄的山谷。这绝对是一场风险极高的冒险行动，因为他们在长达 12 个小时的时间里随时可能遭到来自山谷上方的伏击。然而，或许是阿蒙·拉神真的与埃及同在，敌人果然没有在这条路设伏，而是准备在南方路线上伏击，图特摩斯三世的冒险行动获得了成功。当埃及军队出其不意地出现在美吉多城外时，敌人的惊讶程度可想而知。战斗很快打响，书记官杰南尼对开战前几分钟的描述被刻写在卡纳克神庙里：

"一大早国王就下令部队出发，国王乘坐镶金战车，一身齐备的作战装备，宛如骁勇善战的天空之神荷鲁斯。图特摩斯三世向士兵表示，敌人的首领全部聚集在此，攻下美吉多等于夺下一千座城镇。"

这一天是公元前 1458 年 5 月 15 日，双方在美吉多城外西北的肥沃平原上展开了大决战。敌军一触即溃，慌忙逃进城内关上城门，甚至连己方的首领都被关在城外，城内的人扔下用衣服做成的绳子将他们拉上城墙。此战埃及军队大获全胜，缴获了丰厚的战利品，包括 502 张弓、200 套铠甲、924 辆战车、2132 匹马、1929 头牛、2000 只山羊、20500 只绵羊、240（或 340）名战俘、一千多名仆人及妇女、儿童，还有数不清的金银财宝和各类物资。但是，埃及军队并没有抓住战机马上攻城，而是去搜刮敌人尸体上的财物，因为这是普通士兵致富的机会，敌人因此得以喘息。为此，埃及军队不得不又花了长达七个月的时间来围困美吉多城，才最终迫使敌人投降。杰南尼记下了败将卡迭石首领的话："我们再也不会举兵反抗图特摩斯，愿他永远是我们的君王，因为我们曾目睹他的能力。"

图特摩斯三世通过美吉多战役展示了他过人的军事天赋，从此再也没人怀疑他的能力。他在此后的统治期内，又打赢了另外 17 场战役，还与当时的西亚强国米坦尼抗衡，迫使他们后退越过幼发拉底河，夺占其位于幼发拉底河西岸的土地，最终使米坦尼屈服，成为埃及的盟友。他在幼发拉底河东岸其祖父图特摩斯一世立的国界碑旁，又立起了新的石碑，来彰显自己的功绩。

如果说图特摩斯三世征服了亚述和巴比伦当然过于夸张，但此时无论是西亚的巴勒斯坦、叙利亚地区，还是西奈半岛和红海沿岸，甚至连地中海的塞浦路斯、克里特等岛屿，都向埃及臣服纳贡或主动修好，特别是强国米坦尼的屈服，确实大大震撼了亚述、巴比伦那些古老的国度，让他们不得不重新审视与埃及的关系。因此，这些国家都主动与埃及交好，埃及获得了来自亚述、巴比伦以及赫梯等各地统治者的赠礼或纳贡，图特摩斯三世还与来自叙利亚和巴比伦的公主们结婚，通过联姻的形式来巩固埃及在西亚地区的地位。

图特摩斯三世不仅在北方西亚地区大显身手，同时也在埃及南方大施拳脚。他在统治期间将埃及的南方边界推进到了尼罗河第四瀑布以下的纳帕塔（Napata，今苏丹境内），影响力甚至波及更远的地区。通过不断的征伐，图特摩斯三世使埃及的疆域和声威达到了历史的最高点。

与以往埃及国王征服某地后只象征性地立碑炫耀功绩不同，图特摩斯三世为了对所征服地区实施有效的统治，在西亚一些重点地区部署了精悍的部队，每年还派遣官员巡视各地，收取税粮，同时也利用当地土著王公进行管理。他还进行了一项重要的创新：将征服区的王公子弟们带回埃及，一方面是作为人质，另一方面是让他们接受埃及的教育，培养对埃及的认同感。这样，当他们返回自己的国家后，便不再把埃及视为仇敌，而是积极促进埃及文明在当地的传播。这个方法后来被世界各地的征服者所惯用，而其发明者就是图特摩斯三世。

到了图特摩斯三世执政的后期，他将自己的儿子阿蒙霍特普二世（Amenhotep II）立为共同执政者，也就是在这个时期，哈特谢普苏特女王执政的痕迹开始被人为抹去。曾经最普遍的观点是，由于哈特谢普苏特侵夺了图特摩斯三世的权力，所以后者为了泄愤，在女王死后将她的名字从各种建筑物和文献中破坏涂抹掉，意图完全抹除女王在历史上存在过的痕迹。虽然这是符合逻辑的解释，但后来的研究发现，这种破坏行为并非发生在图特摩斯三世亲政初期，而是发生在女王离世二十多年后。试想，如果图特摩斯三世真是由于积怨已久而报复泄愤，那应该在女王刚过世、自己刚亲政时就迫不及待地实施，为什么会等到二十多年后才这样做呢？对此，现代学者的新观点认为，这应该是图特摩斯三世为了之后权力的平稳过渡而采取的一项举措。因为图特摩斯三世和他的儿子都是"庶出"，血统并不高贵，而哈特谢普苏特女王与其亲属则是第 18 王朝的直系血脉，女王在执政期间又树立起了绝对的权威，拥有极高的声望，所以现在为了保障权力能顺利交给自己的儿子，不得不采取一些手段，以防女王一脉亲属的觊觎之心。事实上，图特摩斯三世也只是选择性地破坏了哈特谢普苏特作为国王那段时期的记录，而她作为王后时的形象都被保留了下来，包括女王在德尔巴赫里的那座宏伟神庙也没有被完全破坏。除此之外，他在德尔巴赫里女王神庙的旁边为自己建造了一座规模小些的神庙，位置就在哈特谢普苏特神庙与孟图霍特普二世神庙之间，据说这是为了切断女王与古埃及早期国王之间的联系。

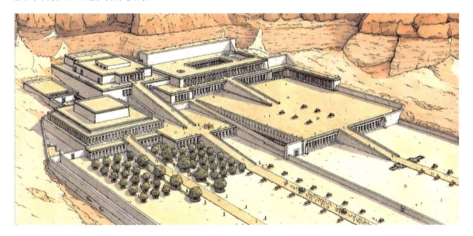

德尔巴赫里神庙全景复原图，图中左下方是孟图霍特普二世的神庙，
左上方是图特摩斯三世的神庙，右侧规模最大的是哈特谢普苏特的神庙

在整个古埃及历史中，第18王朝是延续时间最长、国力最强盛的，而这一切都离不开图特摩斯三世的努力打拼。他统治期间是埃及版图最大的时期，使埃及成了当时世界上的头号强国。图特摩斯三世所征服的土地横跨非亚大陆，在他所处的那个时代背景下已达到了极限，此后的埃及统治者再也没能超越他的成就。通常认为图特摩斯三世让埃及从一个地域性大国质变成了一个真正意义上的洲际性帝国。

公元前1425年，统治埃及54年（实际掌权时间32年）的图特摩斯三世走完了自己璀璨的一生，他最终的长眠之所位于帝王谷KV34陵墓。这座陵墓在古代曾被盗墓者破坏，许多陪葬品都被盗走，图特摩斯三世的木乃伊也被转移至德尔巴赫里，后来陵墓的位置渐渐被人遗忘，直到1898年才被再度发现。这座建造在帝王谷深处的陵墓，入口离地面三十米，现在若想去参观，需要通过长长的楼梯爬上去，整个墓道要上上下下多次。KV34是帝王谷里第一座有装饰的陵墓，墓室的墙壁仿佛是一幅大型的莎草纸画，天花板被粉刷成了蓝色的夜空和闪烁的星星。这里的壁画十分独特，以单一黑线画出了一些古埃及神祇与象形文字，其中一些描绘了太阳神穿越杜阿特的场景，还有 幅壁画描绘的是图特摩斯三世和他的三个妻子、一个女儿被他的"母亲"——伊西斯女神哺乳的情景，伊西斯女神此时以一棵树的形象呈现。虽然图特摩斯三世的石棺仍在KV34陵墓内，但他本人的木乃伊早已被收藏于博物馆里供游客参观。

历史总是相似的，就如同当年哈特谢普苏特死后，西亚地区的那些城邦立刻反叛

图特摩斯三世KV34陵墓内部壁画

埃及一样，现在当他们得知图特摩斯三世的死讯后，又马上起来反抗埃及的统治，再次挑战帝国的权威。可结果也和上次一样，埃及的新国王、图特摩斯三世的儿子阿蒙霍特普二世与父亲一样是位勇士，他迅速平息了这些叛乱，证明了自己的能力。这次，为了惩罚这些反叛的城邦，阿蒙霍特普二世在胜利回国时，将那里的七个反叛城邦的王子押解回国，亲自用自己的权杖击打他们的头部处决了他们，并将他们的尸体挂在船头，沿尼罗河向南航行回到底比斯，其中六具尸体被挂在了底比斯的城墙上，作为献给阿蒙神的祭品。另外一具尸体被继续向南运往努比亚，挂在纳帕塔城墙上震慑努比亚人。通过这样既强势又残忍的行为，阿蒙霍特普二世建立了自己的权威。虽然几年后他又出兵北上平定了更远处的叛乱，但总体来说在阿蒙霍特普二世统治的 27 年内埃及还算是国泰民安，与赫梯、巴比伦、米坦尼等都保持了良好的外交关系，这一时期的埃及得以暂时休养生息。

阿蒙霍特普二世特别擅长射箭，甚至定期在公开场合表演给国民观看。所以在他死后，他的长弓和他一起埋葬在帝王谷的 KV35 陵墓里，并且他是为数不多的几个被发现时木乃伊仍躺在石棺里的国王，可惜的是他的长弓已被盗走了。

阿蒙霍特普二世至少有十个儿子，所以在王位的继承问题上自然少不了各种明争暗斗，最终的胜出者是图特摩斯四世（Thutmose IV），为什么会是他呢？有这样一个故事为我们讲述了图特摩斯四世成为新国王的原因：

图特摩斯四世还是王子的时候，有一次在打猎途中觉得累了，就在吉萨那座著名的斯芬克斯雕像的影子下休息，然后不知不觉地睡着了。在梦中，斯芬克斯就像"父亲与儿子交谈"般地对他说："我是你的父亲拉·哈拉克提（Ra-Herakhty，拉神与荷鲁斯神的融合体），沙漠的漫天沙尘总是来侵扰我，现在我的整个身体都被埋在沙子里（几千年的大部分时间里，斯芬克斯的身体都被黄沙掩埋，只露出巨大的头部，直到 1925 年才被重新挖掘出来），让我喘不过气很难受，如果你能把我的身体从沙堆里挖出来，我就让你当国王，让你戴上红白王冠。"图特摩斯四世醒后知道是斯芬克斯托梦给他，于是派人把沙子清理掉，斯芬克斯的整个身体终于重见天日，最后他果然当上了埃及国王。

1850年的斯芬克斯照片，当时它的身体还被掩埋在沙尘之下

这就是关于图特摩斯四世成为国王的传说，为此他还专门立碑记载此事，这块被称作"记梦碑"的石碑就位于斯芬克斯的两条前腿之间，现在游客去埃及旅游时仍能看见它。

斯芬克斯两腿之间的记梦碑

不过，这个"此地无银三百两"的故事成为后世学者质疑图特摩斯四世王位合法性的最好理由，学者们认为他根本就不是正统的王位继承人，而是靠非法手段篡夺了王位，所以才会编造这样一个宣传故事。学者们还在斯芬克斯的附近发现了供奉图特摩斯四世兄弟的石碑，但上面的名字和肖像都被人刮掉了，似乎是刻意为了抹去他兄弟的存在，这更引起了人们的普遍质疑。不过，其中或许还有更深层的原因。此时，底比斯作为埃及的政治中心由来已久，这里崇拜的主神是阿蒙神，所以阿蒙神的祭司势力早已树大根深，形成了滔天之势，他们甚至能影响继承王位的人选。同时，传统的赫里奥波里斯拉神派系被逐渐弱化，这时的人们已不知道最初建造斯芬克斯的寓意是什么，他们认为斯芬克斯是拉神与荷鲁斯神的融合体"拉·哈拉克提"的化身。所以图特摩斯四世此举其实也是故意重新扶持被遗忘很久的赫里奥波里斯宗教派系，借此打压底比斯阿蒙一派。在赫里奥波里斯举办了传统加冕礼后，图特摩斯四世还亲自前往吉萨，在斯芬克斯面前宣告成为太阳神的儿子，在斯芬克斯的石碑上，阿蒙神的名字完全没有被提及。

图特摩斯四世只统治了大约十年时间，死后葬于帝王谷 KV43 陵墓，其子阿蒙霍特普三世（Amenhotep III）继承了王位。

虽然阿蒙霍特普三世对南方努比亚地区发动过几次远征，但这些军事行动并非为了扩大埃及的疆域或影响力，其基本目的只是歌颂国王的荣耀，顺便获取努比亚的黄金财富和奴隶资源。因为埃及社会对黑人奴隶有很大的需求，身世显赫的贵妇们很喜欢让黑人男孩做她们的侍从，奴隶贸易成为一种获取暴利的手段，就连国王本人也无法抵挡这样的诱惑。

在西亚地区，阿蒙霍特普三世主要采取了和亲政策，迎娶了来自巴比伦、米坦尼等国的公主，其中米坦尼公主还带来了数量庞大的随从团队，包括 317 个女人和大量的嫁妆及礼物，这些异国来的女子成了埃及国王的后宫嫔妃。其实阿蒙霍特普三世本人就是由父亲图特摩斯四世和一位米坦尼公主所生，所以他只有一半的埃及血统。埃及这个国家的人种就是在这样不断对外交往的过程中一点点地被渗入外国的血统而发生着潜移默化的改变，以至于现代的埃及人种产生了根本性的变化，他们早已不是当初建造金字塔的那个本土民族了。

阿蒙霍特普三世虽然没有建立什么大的功勋，但他稳固了图特摩斯三世打下的疆域范围，维持了埃及对西亚地区的统治，使埃及继续保持强盛和繁荣。这一时期的埃及相对安宁，阿蒙霍特普三世过着享乐的人生。

对外无战事，国家又兴盛富庶，阿蒙霍特普三世自然就会在建筑领域尽情发挥，他所建造的神庙遍布埃及各地，他还对著名的卡纳克神庙进行了部分改扩建。他还破天荒地在尼罗河西岸建造了马尔卡塔（Malkata）王宫，因为在古埃及人的传统观念中，太阳落下的西边是用来建造坟墓的地方，所以王宫通常建在尼罗河东岸。另外他也在尼罗河西岸建造了自己的葬祭庙，神庙的入口处至今仍矗立着两座巨型石像，这就是著名的"门农巨像"，虽然它算不上是现在埃及旅游的热门景点，但至少也是去帝王谷时的一个重要打卡点，阿蒙霍特普三世之所以扬名后世，很大程度上也是因为这对巨型雕像。

"门农"原本是希腊神话中埃塞俄比亚国王提托诺斯和黎明女神厄俄斯的儿子。在特洛伊战争中，他领兵救援叔父普里阿摩斯统治下的特洛伊，由于在战争中杀死了安提洛科斯，阿喀琉斯（Achilles，古希腊神话中的半神英雄）为报战友之仇，将门农杀死。门农死后，宙斯（Zeus，古希腊神话中的众神之王）受厄俄斯的眼泪打动，赐予他永生。公元前27年，埃及发生了一场大地震，导致其中一座雕像产生了龟裂，此后经常在清晨发出悦耳的类似音乐的声音，这个现象持续了两个多世纪。虽然现在的科学可以解释这种现象，但当时的人们对这个"奇迹"不明所以，一些异想天开的希腊人觉得这个情景很像他们神话中广受人们喜爱的门农对着母亲哭泣的模样，便以此为名，称其为"歌唱的门农"，石像因此得名。于是这两座石像成了人们瞻仰和朝拜的对象，当时不少希腊人和罗马人远涉重洋来到这里，只为亲耳听到石像发出的声音。他们不仅是为了见证奇迹，更因为如果听到了这个声音，就意味着自己会受到神的垂爱，所以就连后来的罗马皇帝哈德良与王后也曾亲自到访此地倾听石像唱出的哀歌。到了公元199年时，罗马皇帝塞维鲁为了向门农致敬，对石像进行了修复，可是修复以后的石像再也不能发出声音了。

这对石像由于三千多年的岁月侵蚀而受到了一定程度的损坏，但如今每一尊仍有 18 米高，可以想象它们和神庙在建成之初是多么的雄伟壮观。尽管现在它们身后的神庙早已不复存在，但它们仍不知疲倦地矗立在这里，忠实地守望着法老的土地。

阿蒙霍特普三世统治期间，埃及没有发生大的战事，和平的环境使对外贸易飞速发展，埃及变得更加富有和强大，在艺术方面的成就也达到了新的高度。但是，这个繁盛的帝国不久后却发生了一场大混乱。由于阿蒙霍特普三世的长子不幸早逝，他的另一个儿子

阿蒙霍特普三世雕像（门农巨像）

阿蒙霍特普四世（Amenhotep Ⅳ）继承了王位，谁也不曾想到，这位新国王将成为古埃及历史上最具争议的统治者，他为古埃及历史书写了一段最具争议的篇章。

我们知道，在古埃及人的观念中，国王被看成神在人间的代理人，或者干脆就是神的儿子，通过这种"君权神授"的宗教神学思想来巩固其专制统治。在这样的情况下，神庙的祭司们也就发挥着特有的作用，国王利用祭司

集团来维护和神化自己专制统治的同时，祭司也利用王权来为自己谋求政治和经济上的利益。这让他们能享受很多优待，比如祭司们不需要花费自己的财物去购买任何东西，他们可以免费享用谷物做的食物，还能获得足够的牛肉、鹅肉和一些葡萄酒，这一切都来自国王的捐赠和赏赐。由于国王不断地向神庙进行捐赠和赏赐，神庙经济迅速发展，从而形成了一个富有的阶级集团。祭司掌管的神庙控制着当地的经济命脉，税赋和捐献源源不断地流入这个集体，他们不仅拥有雄厚的财力，而且还积极参与国家的政治活动，比如假借神的旨意干涉王位继承，甚至联合地方贵族对抗以国王为首的中央政权，对王权产生了严重的威胁。其实早在图特摩斯四世或更久以前，这个问题就已变得异常严峻，所以当初图特摩斯四世才会扶持赫里奥波里斯的拉神派系来对抗底比斯的阿蒙派系，而阿蒙霍特普三世之所以选择在尼罗河西岸建造马尔卡塔王宫，也是为了摆脱尼罗河东岸底比斯阿蒙祭司势力的掌控。

阿蒙霍特普四世雕像

自从底比斯阿蒙神的地位崛起后，发展到现在，阿蒙神祭司集团的财富和权力已异常强大，对王权造成了严重影响，王室与阿蒙神祭司之间的对立日益加深。阿蒙神的祭司们为了自己的利益，竭力将阿蒙神与太阳神绑到一起，因为他们知道没有别的神，只有赫里奥波里斯古老的太阳神拥有超越和取代阿蒙神的可能性。因此，单从政治原因考虑，国王必须将阿蒙神与太阳神之间的关联进行剥离，所以要把赫里奥波里斯的祭司推到更重要的位置，从而削弱阿蒙神祭司的影响。但埃及王室要想真正改变这种局面，必须要有一个铁腕人物来进行一场彻底的改革，这个注定艰巨的历史使命就落在了阿蒙霍特普四世身上。

古埃及发展到这个时期已有两千多年的历史，其宗教信仰从最初的主神拉神到现在的阿蒙神，虽然一直在发展，但保留了原有的多神崇拜体系。然而，阿蒙霍特普四世登上王位后，为了削弱阿蒙神祭司集团的影响力，宣布只允许信奉一个新的神——阿吞（Aten）神。

严格来说，阿吞神并非阿蒙霍特普四世首创。在古埃及人的观念中，"阿吞"原来只是指太阳圆盘本身，是太阳的一种形态，在中王国时期偶尔会出现在碑文中，但进入 18 王朝后被逐渐神化。研究表明，至少在阿蒙霍特普四世之前的几任国王统治时期，阿吞神就已在不同的场合出现过了。比如在阿蒙霍特普二世在斯芬克斯旁建造的神殿中，某些碑文里已有描绘阿吞神的圆盘；图特摩斯四世甚至还在圣甲虫上刻下"以阿吞神之名而得以支配西亚各国"的叙述。到了阿蒙霍特普四世执政时，正式将阿吞神提升为国家主神，将其奉为掌控所有动植物生命的创造之神，同时彻底否定阿蒙神，只允许崇拜阿吞神。区别于埃及其他大部分神以人类或动物的形象呈现，阿吞神表现为太阳圆盘前端伸出数条手臂光线的形式，手臂光线末端还握着代表生命的安卡（Ankh）护身符。

为了推行新的宗教信仰，阿蒙霍特普四世召回了西亚地区相当多的兵力作为自己的后盾，并采取了一系列措施来清除阿蒙神的痕迹。比如封闭了卡纳克阿蒙神庙并没收庙产，将埃及全境所有神庙里的阿蒙神名字全部凿除，又派人钻入死者的坟墓，把墓室墙壁上、莎草纸卷上、棺椁上、木乃伊上、各类葬具上所有阿蒙神的名字清除殆尽，活着的人如果名字中带有"阿蒙"的，也要被强迫改名，甚至派人不远千里跑到遥远的沙漠边陲，去凿掉旅行者随意在岩石上刻下的阿蒙神名字，还把私人住宅里小型家庭神龛、用具上随意刻写的阿蒙神名字除去。这一系列行动不仅沉重打击了阿蒙神祭司势力，就连其他埃及传统众神也受到殃及。

不仅如此，由于阿蒙霍特普四世名字的原意是"阿蒙神的满意者"，为

了彻底斩断与阿蒙神之间的联系，他将自己的名字改成了如今另一个更广
为人知的名字 —— 埃赫那吞，意思是"对阿吞神有益的人"。

可是，从新王国时代开始到埃赫那吞统治时的一百多年间，人们对阿
蒙神的信仰早已根深蒂固。所以，埃赫那吞如此激进的宗教改革运动不仅
惹恼了阿蒙神祭司集团，就连普通民众也难以接受，埃及各界都产生了强
烈的抵触情绪。

然而，埃赫那吞不仅没有放慢改革的步伐，反而做出了一个更令人意
外和震惊的举动，那就是迁都。他在底比斯北面 300 千米的赫尔莫波利斯

埃赫那吞的壁画和雕像常常被塑造成丰臀、挺腹，甚至具有
女性胸部特征的怪异形象。但研究表明，埃赫那吞本人的身
体并无任何异常，融入女性特征完全是出于宗教和政治目的

附近建造了一座新的城市作为首都，称之为"埃赫塔吞（Akhetaten）"，意思是"阿吞的地平线"。在现代埃及，这个地方叫作"太尔埃尔阿玛纳（Tell El-Amarna）"，简称"阿玛纳"，所以埃赫那吞统治的时期又被称作阿玛纳时代。这里阿吞神庙的建筑风格也与埃及传统神庙有很大不同，以前的神庙都是黑暗隐蔽的圣所，而阿吞神庙是向天空和光明敞开

的，阴暗的室内场所被取消，取而代之的是被阳光照亮的院落。在这片崭新的土地上，埃赫那吞可以远离所有的纷争，可以和他忠诚的追随者一起祭祀自己崇尚的阿吞神，按自己的构想大展宏图，由此也降低了底比斯的城市地位，从而达到削弱阿蒙神祭司势力的目的。

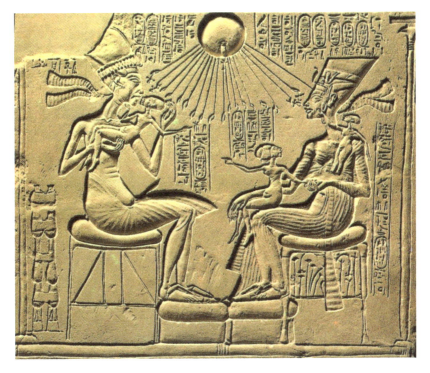

埃赫那吞与王后纳芙蒂蒂（Nefertiti）及女儿们沐浴在阿吞神的光芒下

　　埃赫那吞宣称神是一种给予万物生命的无形能量，即太阳中的热能，这个神是"活着的阿吞神"。也就是说，神是产生并维持太阳能量和运转的力量源泉，太阳那火焰般的光芒是神性最实在的象征物，太阳光的温暖射线是天空与大地之间最明显可见的纽带。对于埃赫那吞来说，阿吞神是人类最温和、最慈祥的父亲，是万物的永恒存在，能永远获得其关怀的源泉，阿吞神的爱使人心慈手软，当他的光辉照耀到人类身上和城市时，总是充满了丰富的爱意。埃赫那吞相信，阿吞神不再是以往的一个部落之神，也不是某一个国家的神，而是一位世界之神，是所有人类共同的父亲，不管是埃及，还是叙利亚或者努比亚，都一样受到这个神的保护。不可否认，这种关注世界和谐共存、普度众生的精神确实是人类伦理道德上的重大进步，但这个新宗教思想太过超前，已远远超出了当时普通民众的接受能力。

19 世纪末期，在阿玛纳出土了三百五十多块用阿卡德语书写的文字泥版，这些都是当时埃及与巴比伦、亚述、叙利亚等西亚地区及地中海各国的通讯原件，这些书信为人们揭示了那个时期发生的大量事件。从这些书信中得知，当时的埃及虽然能在军事上大致维持在西亚的强权形象，但实际上并不能完全制服米坦尼。所以在图特摩斯四世、阿蒙霍特普三世以及埃赫那吞时代，不得不采取王室联姻的政治策略来维系和巩固埃及在西亚的霸主地位。但由于当时的埃赫那吞只沉迷于自己的宗教改革事业，不崇尚武力，对西亚地区疏于经营管理，所以当时西亚的局势已动荡不安。位于小亚细亚的强国赫梯乘虚而入，势力渗透到了幼发拉底河流域，企图取代埃及在西亚的霸主地位，米坦尼王国也最终被其瓦解灭亡。西亚的一些埃及属国之间也相互攻伐，当一些忠于埃及的城邦向埃赫那吞发来紧急求援信时，热爱和平的埃赫那吞只顾着对自己的阿吞神大唱赞歌，渴望用爱去感化那些不安分的国家，自始至终都没有发一兵一卒去援救。众多带着求援信件的信使风尘仆仆地来到埃赫那吞的地平线之城，在看到这座歌舞升平的繁华都市和埃及统治者消极的态度后，全都失望而归。事情发展到最后，属国的贡品时不时地停止来朝，埃及在西亚的许多属地相继投降或反叛。疲惫不堪的信使此时仍在匆匆赶往埃及宫殿，但他们带来的已不再是求援信，而是最后一些属地城市沦陷的报告，以及属地上民众被集体屠杀的消息。

由于埃赫那吞过于沉迷于自己的新宗教而疏于朝政，导致埃及在西亚地区的利益受到严重损害，国际威信骤然下降，影响力大大削弱，国内民众的不满情绪也日益高涨。就在国内外形势一片动荡之际，耳边还萦绕着阿吞神赞歌的埃赫那吞突然撒手人寰，终年约 30 岁。在他死后不久，这个不得人心的新宗教很快就被废除，旧的宗教信仰被迅速恢复。更可悲的是，埃赫那吞自己的名字也被从数以千计的纪念物上涂抹凿掉，连他的坟墓也没能幸免，阿吞神庙也被推倒，拆下来的砖石被用于阿蒙神庙的扩建。

埃赫那吞花大力气推行的宗教改革最终彻底失败。这样的结果是可以预见的，因为这场声势浩大的宗教改革过于激进，不仅缺乏民意基础，也不会给人民带来任何实质性的好处，所以失败是必然的。有人赞扬埃赫那吞是圣徒、梦想家；有人批判他是疯子、暴君。总之，由于他宗教改革带来的混乱以及改革的最终失败，后世对他的评价往往是负面的。

埃赫那吞的宗教改革其实是典型的多神教向一神教的转变，现在通常认为，后来的犹太教、基督教的核心教义正是源自古埃及的阿吞一神教，因为这个当时在埃及大力推广的新宗教思想很容易流传到北边不远处的巴勒斯坦地区。所以，埃赫那吞推行的宗教改革虽然在当时的埃及本土失败了，但它对后来世界宗教发展的影响是极其深远的。

接替埃赫那吞的是一个名叫"斯蒙卡拉（Smenkhkare）"的身份模糊的人物。关于他的身世有各种猜测，有的说他是担任埃赫那吞与阿蒙神祭司之间协调职务的一个官员；有的说他是埃赫那吞的一个弟弟。最大胆的观点认为斯蒙卡拉就是埃赫那吞的王后纳芙蒂蒂，她在埃赫那吞死后用这个新的名字继续统治埃及，这个观点甚至获得了很多学者的认同。不过，斯蒙卡拉只统治了短短一两年就去世了，虽然其身份至今仍无定论，但之后的继任者却成了古埃及历史上知名度最高的一位国王。说他知名度最高，并不是因为他有任何卓越的功绩。相反，他继位时只是个年约 9 岁的孩子，他死时也才 18 岁左右而已，他短暂的一生平淡无奇，没有任何耀眼的光芒。按考古学家霍华德·卡特的话说，这位少年国王唯一的成就是：他死了，被安葬了，又被发现了。

这位著名的少年国王就是图坦卡蒙，这个名字的意思是"阿蒙神的化身"。不过，刚开始他的名字其实是图坦卡吞（Tutankhaten），意思是"阿吞神的化身"。从名字的变化就能看出，在他统治期间，埃及彻底放弃了埃赫那吞推行的阿吞一神教，重新恢复了阿蒙神信仰。埃赫那吞建造的新首都也被废弃，还于旧都底比斯，阿蒙神庙重新获得了以往的财富和地位。

当然，这种变化肯定不是出自图坦卡蒙的本意。他继承的是一个秩序混乱的帝国，作为一个不谙世事的孩子，他根本不可能亲自管理这个国家，只能依靠身边的高级官员辅佐，或者说是被人操纵，而这个人很可能就是权臣阿伊（Ay）。阿伊曾服务于埃赫那吞，是其亲密顾问和私人秘书。图坦卡蒙继承王位后，阿伊便成为宰相大臣。由于埃赫那吞的宗教改革引起全体埃及人民的不满，为了稳定民心，阿伊不得不以图坦卡蒙的名义废除阿吞神崇拜，恢复旧有的宗教信仰，他本人后来也成了图坦卡蒙的继任者。

图坦卡蒙的身世曾经是一个谜，按常理来说他应该是埃赫那吞的儿子，所以人们猜测他可能是埃赫那吞的王后纳芙蒂蒂所生。但是文献记载埃赫那吞和纳芙蒂蒂只生育了六个女儿，并没有儿子，而且在壁画里通常也只表现了埃赫那吞与王后及女儿们共享天伦之乐的场景，遗留下来的文献只有关于图坦卡蒙零星模糊的线索，所以早期学者猜测图坦卡蒙可能是阿蒙霍特普三世的儿子。不过，借助现代科技手段，最终确认了图坦卡蒙确实是埃赫那吞的儿子，而他的生母则是埃赫那吞的亲姐妹。

2008 年，研究人员利用 DNA 检测技术对图坦卡蒙本人以及长期以来一直被疑为其近亲的十具 18 王朝王室成员的木乃伊进行检测，用取自这些木乃伊骨骼中的 DNA 样本为图坦卡蒙创建了五代家族谱。通过调查 Y 染色体中的共享序列，辨别出了图坦卡蒙的男性祖先群，再通过寻找特定男女（夫妇）的 DNA 混合迹象，从而确定木乃伊之间的直系亲属关系。DNA 检测证明，阿蒙霍特普三世是图坦卡蒙的祖父，有一具被叫作"年轻女士"的木乃伊被确认为图坦卡蒙的生母，同时还证明了图坦卡蒙的生母是埃赫那吞的亲姐妹。至此，图坦卡蒙的身世真相大白，而且生前饱受多种病痛困扰的图坦卡蒙之所以会英年早逝，或许正是近亲结合带来的恶果。

　　这位在古埃及历史上名不见经传的少年国王之所以现在声明远扬，完全归功于他那座帝王谷编号 KV62 的陵墓。图坦卡蒙陵墓的发掘是埃及乃至世界考古史上的重大事件，也是 20 世纪最为轰动的考古发现之一，它将埃及考古的成就推向了巅峰。

　　提起这座陵墓的发现，不得不提到两个人物，他们的名字也伴随着图坦卡蒙而永载史册，其中一位就是前面曾多次提到的英国考古学家霍华德·卡特。卡特 1874 年 5 月 9 日出生于英国伦敦的肯辛顿，幼年受过私人教育，17 岁时作为英国"埃及探测基金会"的成员，第一次赴埃及参加考古发掘工作，此后担任埃及政府古物部监察主任。另一位人物就是后来资助卡特发掘图坦卡蒙陵墓的卡纳冯（Carnarvon）勋爵。卡纳冯 1866 年 6 月出生于英国汉普郡的海克利尔，他兴趣广泛，热爱旅行、养马、打猎、收藏等，23 岁时就继承了家族的巨额财产，是英国贵族的完美典范。1903 年开始，卡纳冯每年都到尼罗河畔的埃及来过冬，渐渐地对考古事业产生了兴趣。1906 年，他开始自己着手进行发掘工作，但由于缺乏相关的专业知识而显得力不从心，于是去请教当时的埃及古物部部长，后者向他推荐年轻的卡特作为其考古助手。卡特虽然是一位优秀的考古专家，但他没有足够的资金来从事这项事业。所以他们二人一拍即合，发挥各自的优势，十分融洽地合作了 16 年之久，由此改变了整个世界的考古史。

　　其实早在他们进入帝王谷开展发掘工作的一百多年前，早期的考古人员和探险家已在这里挖出了众多古埃及国王的陵墓。曾经有人断言，帝王谷中的每一粒沙子都被筛净了，不会再有什么新的发现，就连签署批准卡纳冯发掘文件的时任埃及文物部部长也觉得帝王谷已经被挖掘干净，认为他们再去调查研究纯属浪费时间。但是卡特却不以为然，他从以往出土文物中的一些蛛丝马迹判断，帝王谷里应该还有一座未被发现的国王墓葬，那就是 18 王朝的图坦卡蒙陵墓。

　　1917 年秋季，挖掘工作正式开始。当然，任何通往伟大成就的道路注定不会一帆风顺，他们的挖掘工作从一开始就受到很多人为的阻碍，一些工人由于缺乏信心而对发掘计划议论纷纷，还有些专家更是七嘴八舌地乱出主意，结果使本可早些成功的事被一再推迟，甚至险些失败。直到1921年，他们的挖掘工作都没有任何实质性收获，很多人认为已经没有必要继续在帝王谷挖下去了。此时就连这项考古发掘活动的资助人卡纳冯勋爵也几乎失去了信心，萌生了撤离帝王谷的想法。后来卡特回忆当时的境况时这样描述："只有当时在场的、亲自参加挖掘的人，才能体会到我们那种失望的滋味是何等的痛苦，我们几乎断绝了勇气和信心，甚至准备好了打道回府，撤离帝王谷。"

1922年图坦卡蒙墓被发现不久后的情形（A：被矮垣围绕的图坦卡蒙墓穴入口；B：拉美西斯六世墓穴入口）

1922年11月4日，事情终于迎来了转机。考古队发现了一级台阶，卡特立刻知道那是隐没于地下的阶梯的一部分，原本无精打采的工人们顿时个个来了精神，兴致勃勃地清理着台阶四周的土层。清理工作直到第二天下午才完成，然后人们小心翼翼、缓慢地往下挖掘，直到第十二级台阶。这时，露出一座门的上半部分，门上有常见的古埃及王室的封戳，还有图坦卡蒙的名字，而这正是卡特多年来苦苦寻找的目标！由于此时卡纳冯勋爵身在伦敦，所以卡特没有马上打开陵墓，而是激动地给卡纳冯发了电报，告知他这个天大的喜讯，要他火速赶来。

11月26日下午，工人们清理到甬道尽头时，又发现了一道门，这扇门上同样有图坦卡蒙的封戳。卡特在墓门上钻了一个洞，用几支点燃的蜡烛测试里面没有含毒气体后，便将门上的洞扩大。这时，所有的人都围了过来，目不转睛地观察着卡特的一举一动，卡纳冯勋爵和他的女儿此时也静静地站在卡特身边，焦急地等待卡特最后的"判决"。卡特这样回忆当时的情景："当时我什么也看不到，只感觉有一股热浪扑面袭来，使得烛光摇摆不定。后来，等眼睛习惯了闪动的光亮时，墓室内的各种物体渐渐揭去朦胧的面纱。里面有各种奇怪的动物塑像、闪烁发光的黄金等，一股脑儿地闯入我的眼帘……"接着，卡特让大家轮流从洞口往里面看，人们都唏嘘不已。就这样，图坦卡蒙陵墓在尘封了三千多年后重见天日，这个消息也很快传遍了全世界。

从规模上来说，图坦卡蒙的墓穴又窄又小，这是因为他自己计划中的陵墓并未完工，所以才被葬在了帝王谷里这座现成的墓穴里，他的陪葬品中也有很多原本属于其家族成员的物品，比如有些上面还刻着埃赫那吞、纳芙蒂蒂的名字。尽管如此，由于图坦卡蒙陵墓三千多年来未遭盗劫，让它成了古埃及历史上保存最好的一座王室陵墓，加上这里出土的大量文物，这个发现很快就震惊了整个世界。出土文物包括大量家具、雕塑、壁画、武器、战车及日常用具等，还有图坦卡蒙本人的木乃伊和黄金棺木，其中那副黄金面具更是成为古埃及文明的象征物之一。

卡纳冯勋爵与卡特在图坦卡蒙墓室外合影

图坦卡蒙黄金面具

据说后来卡特又花了十年时间才将这座墓室里的文物全部整理、转移完毕，这些文物无可比拟的历史价值使图坦卡蒙陵墓排在了世界十大宝藏的第一位，卡特也因发掘图坦卡蒙陵墓而一举成名，从此跻身世界著名考古学家行列。

但是，真正让图坦卡蒙威名远播的还不是这些文物。现在，就算是一个对古埃及历史一无所知的人，肯定也多少听说过关于古埃及的各种神秘传闻，最著名的恐怕就是"法老的诅咒"，而这正是源自图坦卡蒙陵墓的发掘，其根源

图坦卡蒙墓室内的部分文物

就是卡纳冯勋爵的诡异死亡。

一天早上，卡纳冯感到身体不舒服，浑身发冷而且剧烈颤抖，第二天他感觉好了许多，但很快又发起高烧，就这样反反复复，到了1923年4月6日，卡纳冯勋爵溘然长逝。卡纳冯的妹妹回忆说，哥哥在高烧时不停地说胡话，多次提到图坦卡蒙的名字，他的最后一句话是："我听到图坦卡蒙在叫我，我要跟他去了。"更诡异的是，当时卡纳冯所在饭店以及整个开罗市突然停电。卡纳冯的儿子回忆说："当我走进父亲所在的房间时，突然之间饭店里所有的灯光全部熄灭了，人们不得不马上点起蜡烛，三分钟后，所有的电灯又全部亮了。"当时的电力部门对整个开罗市突然停电的事，无法向人们做出任何技术上的解释。除此之外，卡纳冯的儿子还想起了另一件怪事，他后来听说在他们英国家里养的小狗某天突然大声狂叫起来，然后倒地猝死，而这个时间与卡纳冯在埃及开罗去世的时间差不多。于是，一些迷信的人开始议论纷纷，认为这是对不敬神者的报应，因为据说在图坦卡蒙的墓室里有铭文写道："谁要是打扰了法老的安宁，死亡就会立刻飞到他的头上。"接着，当时的报纸开始出现"法老的复仇"之类的标题。但事情远没有就此结束，截止到1930年底，短短几年间就有13个与图坦卡蒙陵墓发掘活动有关的人因各种原因接连死亡，并且后来人数还在不断增加。新闻媒体自然不会放过这类猎奇话题，报纸上的标题更是添油加醋地写道："图坦卡蒙的诅咒又害死了第二个""第三个被害了"……"第十九个被害了"。甚至到了1971年，当相关考古学者死亡后，仍有报纸煞有其事地说："这一罕见的事件使我们不得不相信，传说中神奇的'法老的诅咒'又开始产生影响了。"最终，通过媒体几十年来不断地推波助澜，"法老的诅咒"越传越神，传遍了全世界每一个角落，终于让这位第18王朝原本默默无闻的少年国王图坦卡蒙成了当今世界知名度最高的古埃及法老。

现在，科学技术的进步让人们不再相信"法老的诅咒"。卡特曾经也说过："他们的宗教传统中根本不容许这种诅咒类的东西存在。相反，古埃及人很虔诚地希望我们对死去的人表示善意的祝福。"同时，科学家特别是医学工作者也对"法老的诅咒"发表了看法，关于卡纳冯的死亡，合理的解释是因为在开启图坦卡蒙椁室的那天，一只毒蚊在他脸上咬了一口，后来他患上了坏血症，发起了高烧，然后在刮胡子时又不小心把脸上的一个粉刺刮破了，造成伤口感染，才导致了他最终的死亡。其实早在1962年，埃及开罗大学的医学家就发现了一种在木乃伊身上常见的真菌，很容易使考古工作者患上各种疾病。1999年，德国微生物学家也在木乃伊身上发现了足以致命的细菌孢子。埃及最高文物委员会秘书长哈瓦斯，经过对古埃及陵墓的多次检测也发现，墓室内常常充满了"氡"这种可以致癌的有害气体，这也可能是部分考古人员患病或死亡的诱因。所以后来在进行考古发掘时，都要先在墓室墙壁上钻一个通气孔，让墓室内的腐朽空气向外排放几小时后再进入。

虽然考古人员相继死亡的原因得到了解释，但围绕图坦卡蒙的谜团还没有结束，那就是图坦卡蒙本人的真正死因，为什么他在18岁左右就英年早逝了呢？1968年12月，英国利物浦大学教授用X光机对图坦卡蒙的木乃伊进行了检测，结果发现颅骨底部有一团阴影，猜测可能是由该部位的一次脑膜内出血造成的，并暗示这次出血可能是后脑遭到重击的结果。于是，很多人相信图坦卡蒙是死于谋杀。但由于对这次检测效果不满意，1978年美国密歇根大学的专家又进行了一次X光检测，这次的X光片显示图坦卡蒙的脑颅内有一块碎骨。这更加让人们怀疑，这块碎骨会不会是谋杀者给图坦卡蒙脑后致命一击时留下的？随着科技的发展，CT技术成为木乃伊检测最有效的手段，对木乃伊的研究也因此发生了根本性改变。2005年，专家组利用CT技术对图坦卡蒙木乃伊进行了重新检测，最后得出的结论是，图坦卡蒙头部颅骨的伤痕并非生前受外伤所致，而是在其死后被制成木乃伊的过程中被摘取脑髓时留下的，他本人很可能是生前腿部骨折引发感染导致的最终死亡，并非死于谋杀。

虽然专家组对这个结论非常自信，但全世界仍有许多埃及学者不以为然。因为结合图坦卡蒙死亡前后的一些历史事件来看，说他是自然死亡确实令人难以信服，怀疑的主要对象就是那位叫阿伊的权臣。阿伊是一个既有能力又城府极深的人，在图坦卡蒙时代就已是一个引人瞩目的人物，少年的图坦卡蒙名义上虽贵为国王，但实权则牢牢掌握在阿伊手中。根据历史经验，这种君弱臣强的局面往往不会有好的结果。图坦卡蒙的妻子是自己的亲姐姐安克森阿蒙（Ankhesenamen），两人感情甚笃。安克森阿蒙曾为图坦卡蒙怀过两个孩子，但都不幸流产了，其中一个五个月大，另一个七个月大，两个孩子的遗体都被安置在图坦卡蒙的陵墓中，所以图坦卡蒙没有继承人。在图坦卡蒙的墓室里有一幅壁画，描绘的是图坦卡蒙死后举行开口仪式的场景，而主持开口仪式的人正是阿伊，这就意味着阿伊将成为下一任埃及国王。

可是，在图坦卡蒙死后却发生了一件极不寻常的事件。成为寡妇的安克森阿蒙给埃及当时的敌对国赫梯的国王写了一封信，信中这样写道："我的丈夫死了，我没有孩子，听说您有许多儿子，请您一定要让其中一个儿子到埃及来，让他成为我的丈夫，成为埃及的国王。我不想跟仆人结婚，那样实在太可怕了……"这封信保存于今土耳其的博阿兹柯伊（Bogazkoy，原赫梯首都哈图沙 [Hattusha]。也有学者认为这封信是埃赫那吞死后，其王后纳芙蒂蒂写给赫梯的）。

安克森阿蒙为什么会屈尊写这样一封信不得而知，或许是因为图坦卡蒙死后，失去依靠的她势孤力薄，所以孤注一掷提出与赫梯联姻。但在历史上，埃及一向自恃为上邦大国，从来都只纳娶别国的公主，自家的公主从不下嫁给外邦，更何况是王后本人。再说当时的赫梯和埃及这两个超级大国都觊觎叙利亚、巴勒斯坦的土地，双方处于一种剑拔弩张的对峙局面。所以在收到这封信后，赫梯国王根本不相信是真的，怀疑其中有诈。于是，安克森阿蒙又写了第二封信："你为什么说我在欺骗你呢？如果我有儿子，那我还会这么丢脸地给外国君主写信吗？你竟然不相信我而这样说。我的丈夫去世了，我没有儿子，难道我应该选一个仆人做我的丈夫吗？我没有写信给其他任何国家，只给你写了信。人们说你有许多儿子，给我一个你的儿子做我的丈夫，当埃及的国王。"最终，赫梯国王面对巨大的利益诱惑还是动心了，派出了一个名叫扎南扎（Zannanza）的儿子前往埃及。可是，这位赫梯王子及其随从团队还没有到达埃及，在半路就被全部谋杀了。

这到底是埃及一开始就设计好的圈套，还是阿伊不甘心与即将到手的王位失之交臂而暗中派人去截杀赫梯王子，一切已无从得知，总之最后阿伊登上了王位。为了让自己的统治合法，他霸娶了图坦卡蒙的遗孀安克森阿蒙，可以想象安克森阿蒙是多么的不情愿却又无力反抗，并且在与阿伊结婚后，安克森阿蒙就从历史记录中彻底消失了。

结合这一系列的事件来看，阿伊确实是一个很值得怀疑的人物，这也是为什么仍有很多学者相信图坦卡蒙是死于谋杀的原因。不过，年事已高的阿伊统治时间并不长，只有短短的四年。

阿伊之后，第 18 王朝的最后一位国王霍伦海布（Horemheb）登场了。他也是一位资历深厚的重臣，早在埃赫那吞时期就已开始活跃，手握军权的他在图坦卡蒙死后一直在外征战，忙于收复埃及失去的属地。人们不太清楚阿伊和霍伦海布之间是如何完成权力交接的，但霍伦海布的上台恐怕与他手中的军权有很大关系。霍伦海布登上王位后，倾尽全力继续消灭阿吞神信仰，有关阿吞神的建筑被全部拆除，石材用作他处。埃赫那吞建造的新首都被彻底摧毁，这座短暂辉煌过的城市变成了废墟，被黄沙掩埋，有关此地的一切记录从历史上消失，直到三千多年后的一个偶然机会，人们才发现了这座城市的遗址，知道了那段被遗忘的岁月。霍伦海布还破坏了阿伊的陵墓，将阿伊的名字和雕像全部捣毁，似乎也要将阿伊的存在完全抹除。不仅如此，他还试图抹去埃赫那吞、斯蒙卡拉、图坦卡蒙三人的存在，妄图将自己与阿蒙霍特普三世直接联系起来，并侵占了阿伊、图坦卡蒙等人的葬祭庙和雕像，收归于自己名下。不过，与破坏阿伊陵墓的情况相反，霍伦海布命人修复了遭盗墓的图特摩斯四世的陵墓，并将它重新封印。霍伦海布死后葬于帝王谷 KV57 陵墓，他的墓室与其他国王一样在古代就遭到了盗挖，木乃伊也下落不明。

这幅壁画描绘的是霍伦海布向哈托尔女神敬献供品
和觐见奥西里斯的场景（帝王谷KV57）

霍伦海布统治埃及约 28 年，在此期间，他制定了一系列的法律和改革计划，重建了埃及的政治经济秩序，埃及的国力在这一时期得到了一定程度的恢复。由于霍伦海布没有子嗣，他在生前就指定了一位深受自己信赖的人作为继任者。霍伦海布的死亡标志着古埃及历史上最强大的第 18 王朝就此结束，他的继任者拉美西斯一世（Ramses Ⅰ）开创的第 19 王朝将是古埃及文明的最后一个鼎盛时期。

第19王朝

　　拉美西斯家族发源于尼罗河三角洲的阿瓦利斯一带，这里曾经是喜克索斯人的首府。拉美西斯一世原是霍伦海布手下的军官，深得国王的宠信，后来被任命为宰相大臣，还获得了首席大祭司的头衔。虽然拉美西斯一世被定义为第19王朝的开创者，但他即位时已大约50岁了，并且只统治了短短的一年多就去世了，死后被葬于帝王谷KV16陵墓。其木乃伊在19世纪埃及文物被疯狂盗卖的浪潮中被倒卖至加拿大，后又辗转到了美国，美国最终在2003年还给了埃及，现在他与后代子孙的木乃伊被一同陈列。因此，第19王朝真正展现帝国荣耀是从拉美西斯一世的儿子塞提一世开始的。

　　从塞提一世的名字就能看出他叛逆的一面，他父亲"拉美西斯"名字的意思是"拉神之子"，而塞提一世的名字却是源于那位谋害了兄长奥西里斯的塞特神。塞特往往被视作反派邪恶的神，塞提一世将它取作自己登基后的名字，可见其异于常人的心理。这可能是因为他们家族的发源地是当年喜克索斯人统治的地域，而喜克索斯人又特别崇拜塞特神。或许正因如此，塞提一世继位后很快显露出好战的性格特征，迫不及待地冲锋陷阵，意图重现埃及昔日的荣光。他也确实有着不俗的表现，收复了被长期你争我夺的重镇卡迭石（当埃及撤军后很快再度易主），以及被赫梯占领的部分西亚属地。最后，塞提一世与赫梯签订了和平条约，叙利亚南部被重新划归埃及所有。塞提一世成功地恢复了大部分西亚属地，重塑了埃及的大国形象和国际声威。除了西亚地区，塞提一世还对西边的利比亚人和北非沿岸的土著部落展开攻势。在进行这些军事行动期间，南方的努比亚人不时挑衅，想要趁机摆脱埃及的控制。于是，塞提一世又挥师向南，短暂的交锋便使其再次臣服。

　　如今在离埃及卢克索市大约三个多小时车程的阿拜多斯，有一处比较小众的旅游景点，这就是塞提一世修建的一座大型神庙，里面供奉着奥西里斯、伊西斯、荷鲁斯等埃及传统神祇。塞提一世选择在阿拜多斯建造神庙，其目的也是巩固自身的统治地位。他很清楚自己的家族并非王室出身，在埃赫那吞时代，由于埃及古老的众神遭到废弃而引发人民的不满，所以现在还有什么比把自己的名字和埃及最古老的神祇联系起来更有益的事呢？这座神庙里除了有许多精美的壁画外，还刻有一份特别重要的国王名单，通常被称为"阿拜多斯王表"，上面包含了从第 1 王朝的纳尔迈开始到塞提一世本人为止几乎全部国王的名字，当然那些"不受欢迎"的人除外，比如喜克索斯王朝的统治者、哈特谢普苏特等一些女性国王，还有埃赫那吞、斯蒙卡拉、图坦卡蒙、阿伊这几位不讨人喜欢的国王，阿拜多斯王表也成为现代学者研究古埃及历史重要的参考资料。塞提一世通过这些手段确立了自己在国王排名中的位置，以此加深人们对其家族统治合法性的认可。

阿拜多斯塞提一世神庙

阿拜多斯王表

　　顺便一提的是，曾引起全世界神秘主义爱好者极大兴趣的那些所谓出现在古埃及浮雕中的现代直升机、潜艇的图案就在这座神庙里。这些图案曾引发人们极人的关注，不少人认为这是古埃及文明与地外文明有关联的实证。但后来的研究认为，这些类似现代直升机、潜艇的图案只不过是象形文字曾经被修改填补后造成的假象。

塞提一世神庙内酷似现代直升机和潜艇的文字浮雕

　　在这里，还有一座被称为"奥西里恩（Osireion）"的重要建筑，意思是"奥西里斯神庙"。因为传说奥西里斯就埋葬于此，所以这里曾是古埃及的主要祭祀中心。奥西里恩的建筑风格与埃及其他葬祭庙大为不同，它被故意设计成每年会被洪水淹没，象征埃及神话里创造天地时的原始之丘，在其上方曾经还有一座塞提一世的空坟。

帝王谷 KV17 是塞提一世的最终归宿。1817 年 10 月 16 日，意大利探险家贝尔佐尼（Belzoni）首先发现了它，墓室尽头往下方延伸的秘密通道让它成了帝王谷最大、最深的陵墓，由于墓室内部墙壁和天花板布满了极其精美华丽的壁画，因此目前游客想要参观 KV17 还需要单独购票。

提到塞提一世和阿拜多斯的这座神庙，就不得不提到一位名叫多萝西·路易丝·伊迪（Dorothy Louise Eady）的现代女士。伊迪于 1904 年 1 月 16 日

KV17塞提一世陵墓内部

出生于英国伦敦附近，父母是爱尔兰人。刚开始，她的生活与普通孩子无异，但后来的一次意外事故让她的人生从此改变。三岁时，伊迪不小心从楼梯上摔下来不省人事，甚至连医生都宣布了她的死亡。但神奇的是，伊迪很快苏醒并恢复了正常。但此时她的父母还不知道，她再也不是从前的那个伊迪了。

1908 年，在大英博物馆，伊迪的父母第一次注意到了她的奇怪行为。他们发现伊迪特别迷恋博物馆里的古埃及文物，当她注视着一尊雕像时，开始亲吻雕像的脚，后来又坐在一具木乃伊的玻璃陈列柜旁久久不愿离去。她的母亲试图带她离开时，她说道："我要留在这里，这些是我的家人。"

在这次旅行后，伊迪经常梦见柱状建筑物被茂密的植被所包围。几个月后，她偶然看见了一些古埃及的照片，她指着照片里的象形文字告诉母亲她知道这门语言，当她看到阿拜多斯塞提一世神庙的照片时，激

动地说："这是我的家！是我以前住的地方！"从此，让伊迪心驰神往的就是古代的埃及，她认为自己与古埃及有某种精神上的联系，她甚至参加了各种致力于轮回转世研究的团体。

1933 年，伊迪嫁给了一个埃及人，来到了心向往之的埃及生活，并很快有了一个孩子。伊迪坚持用古埃及第 19 王朝国王塞提一世的名字给孩子取名为塞提。按照埃及不提及母亲名字的习俗，后来人们就把伊迪称为奥姆·塞提（Om Seti），意思是"塞提之母"。

伊迪痴迷于古埃及学的研究，甚至常常半夜起来梦游般地书写关于古埃及的东西，但是伊迪的丈夫对这些并不感兴趣，因此夫妻关系日趋紧张。有一次，伊迪的公公声称看到了法老坐在她的床脚而吓得跑出了房子。最终，伊迪与丈夫这段短暂的婚姻宣告结束。

根据伊迪"梦游"时所写的内容得知，她出生于古埃及，原名叫本特蕾希（Bentreshyt），是神庙里的一名女祭司。到了十四岁时，当时的国王塞提一世爱上了她，她还怀上了塞提一世的孩子。但她不想让塞提一世犯下忌讳之禁，于是选择了自杀，这让塞提一世非常伤心，他发誓会和她再次重逢。

晚年的多萝西·路易丝·伊迪

虽然上述说法难以让人相信，但伊迪本人却对此深信不疑。1956 年，她成为第一个在埃及古物部工作的女性。令人震惊的是，她通过自己"前世"的记忆，帮助考古学家找到了神庙消失已久的花园遗址，她还带领考古学家来到了神庙北端的一条隐藏隧道。她说斯芬克斯比专家认为的要古老得多，还说在神庙下面有一个藏有宗教和历史记录的密室，不过目前尚未开展相关发掘活动。

伊迪通晓古埃及象形文字、医药和魔术，擅长驯服眼镜蛇和施符咒，对神庙和仪式有着令人称奇的认识。正如同塞提一世给奥西里斯、伊西斯敬献供品一样，伊迪也会在奥西里斯和伊西斯的诞辰日来到神庙，献上酒、面包和香料。

伊迪的一生主要从事阿拜多斯塞提一世神庙的保护和研究工作，她本人就在阿拜多斯的一个小村子里度过了余生。伊迪神奇的经历曾被媒体广泛报道，《纽约时报》将她的生平描述为"西方世界最有趣和最令人信服的现代转世轮回案例之一"。《美国国家地理》的一部纪录片中也曾提及过她，并且在拍完其影像后的第三天（1981 年 4 月 21 日），伊迪就去世了。或许她真的穿越了时空，与前世的爱人和神庙里的家人重逢了。

塞提一世之后，他的儿子拉美西斯二世接替了王位。这又是一位知名度极高的古埃及国王，一些人甚至为他戴上了"最伟大的法老""法老中的法老"等等耀眼的光环，他还成为一些文学作品中的男主角。坦诚地说，拉美西斯二世算得上是一位知名的古埃及国王，但如果将其吹捧到诸如"拉美西斯大帝"之类的高度，也未免太过浮夸，有人将他比喻成木星，称他看起来似乎光彩夺目，却不过是一团气（木星虽然是太阳系中体积最大的行星，但只是一颗气态行星）。其实，对拉美西斯二世来说，这个评价似乎更为贴切。

那究竟是什么原因让无数人对这位言过其实的古埃及国王如此关注呢？首先，他超长的寿命和超强的生育力恐怕就为他加分不少。如果文献记载属实的话，拉美西斯二世大约活到了 90 岁，这即使在现代也算是高龄了，何况是在那个人均寿命只有 40 来岁的时代，超长的寿命让拉美西斯二世在当时就已被人们视为神一般的存在了。另外，他的几百位妻妾又为他生下了大约 90 个子女。所以，仅凭这两项惊人的"成就"已足以让拉美西斯二世跻身于历史知名君主的行列了。不过，更让他"千古流芳"的还是因为那场被视为人类历史上最早、规模最大的战车会战，毕竟这也是拉美西斯二世一生最耀眼的"功绩"。

长期以来，叙利亚一带都是埃及与赫梯两大强国争夺的焦点，双方都将这片土地视为自己的势力范围。由于第 18 王朝埃赫那吞时期对这一地区疏于经营，埃及逐渐失去了在这里的主导地位。虽然塞提一世时恢复了部分属地并与赫梯签订了和平条约，但随着双方国王的更替，形势发生了变化。新任的赫梯国王召集了部分叙利亚小邦国组成联盟，准备大举南下将埃及势力彻底逐出亚洲。拉美西斯二世得到消息后，为了挫败对方的阴谋，决心与赫梯一决胜负。于是，在拉美西斯二世继位后的第五年，埃及方面集结了大约 2000 辆战车和 2 万名士兵，共分成 4 队，向长久以来的必争之地卡迭石进发。同样，赫梯方面也组织了约 2500 辆战车和 2—3 万名士兵严阵以待。埃及大军在行进途中，附近沙漠地区的两个贝都因人（阿拉伯人的一支）混入队伍中，随后他们被带至拉美西斯二世面前接受盘问。两人声称自己所在的部落现在正与赫梯军队在一起，但是他们更倾向于投靠埃及，并表示当赫梯听说埃及出兵后，由于惧怕而不敢与埃及正面对抗，所以将军队撤到了卡迭石北边 200 千米以外的地方。天真的拉美西斯二世对此深信不疑，求胜心切的他带领自己的这支部队加快行军，想快速占领卡迭石，把其余三支部队抛在了后面。其实，那两个贝都因人已被赫梯收买，是故意来给埃及传递假情报的。当拉美西斯二世率领部队到达目的地正准备安营扎寨时，埃及巡逻兵碰巧捉到了两个赫梯探子，一番严刑拷打后埃及人终于得知了真相：赫梯军队早已在卡迭石背后枕戈以待，就等着埃及军队前来然后一举歼灭了。拉美西斯二世大为惊恐，狠狠地斥责了自己的部下："看看外邦总督和埃及将领们的所作所为！他们每天来告诉我赫梯国王离此很远，因为他听见我来了，就逃走了，他们每天这样说！但是现在我听这两个探子说，赫梯国王率领了很多国家的人马，和沙土一样不计其数，就躲在卡迭石后面，而我的外邦总督和手下将领们却不能告诉我真相！"于是拉美西斯二世连忙派人通知其余几支部队火速赶来支援，可赫梯没有给拉美西斯二世喘息的机会，马上发起了进攻，埃及军队顿时乱作一团，被彻底击溃。

但是，接下来的战斗过程发生了戏剧性的变化，根据埃及的官方记录，大致是这样的：

就在这万分危急的时刻，拉美西斯二世展现出了勇猛无畏的英雄本色，他披上铠甲，拿起武器跳上战车，在埃及众神的护佑下毫无惧色地冲进敌阵。他犹如发威的塞特神，将正在抢夺战利品的赫梯人杀得落花流水；他如同发怒的塞赫麦特战争女神，用烈火般的神力攻击敌人。他右手掷飞镖，左手战斗，就像狂怒的太阳神那样对付他们。他一人遭到了 2500 辆战车的围攻，但当敌人冲到他跟前时都变成了碎片。甚至当自己的手下丢下他抱头鼠窜时，他只身一人奋勇杀敌。他一举消灭了整个赫梯军队，敌人倒毙在他的马前。没有别人和他在一起，他独自一人攻击所有敌军。他让敌军一个个地落入河中，就像鳄鱼一样滑入水中，他如同神兽般地追逐敌人，肆意杀戮他们，让他们一个个栽倒在地，每个倒下的人都永远不能再站起来……

尽管拉美西斯二世在神庙铭文里刻意强调："我所说的每件事都是真实的。"但相信任何一个头脑正常的人都会对上述记载付之一笑。

当然，拉美西斯二世独自一人身陷敌阵的情况或许真的存在，因为铭文记录了他责备部下的话语："你们没有一个人在那里，没有一人在我作战时尽微薄之力，我不会犒劳你们中的任何一个，因为在我与敌人孤军奋战时你们置我于不顾。"但是，这个极端危急的情况肯定只有片刻而已。更可能的情况是，埃及的增援部队及时赶到，从而扭转了战局，迫使赫梯人退至河边。埃及铭文记载了当时敌人溃败时的狼狈细节：阿勒颇（Aleppo）的王子在慌乱中蹚水过河，但由于不会游泳险些溺水而亡，他的部下全然不顾礼节地将他倒提起来，以便吐出呛进去的河水。

第二天，双方重新排兵布阵，继续战斗。经过数小时的激战，埃及与赫梯陷入了僵持局面，谁也无法获得全面的胜利，最后只好各自撤兵。随后，赫梯方面派了一位使者前来议和，拉美西斯二世没做过多的考虑，欣然接受了提议。这场埃及与赫梯之间最大规模的会战就此结束，事后双方都宣称获得了战争的胜利。事实上，当拉美西斯二世班师回朝后，卡迭石仍在赫梯的控制之下，赫梯甚至进一步蚕食了埃及在西亚的更多属地。

然而，这些并不妨碍拉美西斯二世向埃及人民大肆宣扬这场"史诗级"战争的胜利，或许是赫梯人主动讲和这一事实让他有了底气，总之这场顶多算打了个平手（现代研究普遍认为赫梯更占上风）的战争成为拉美西斯二世大肆吹嘘的资本。他将这一"伟大胜利"刻写在遍布埃及各地的神庙、宫殿等一切能记载的建筑物上，重复了一遍又一遍。通过这样一番强有力的宣传，拉美西斯二世的名字绝对足以"流芳百世"了。看来无论在什么时代，宣传炒作都是决定一个人名气大小的重要原因，至于其本身是否真的具备相应的能力却显得不那么重要了。

在随后的若干年中，拉美西斯二世又对叙利亚地区发动过几次战争，虽然取得了一些战绩，但每当埃及军队撤离后，被征服的地区很快就会重新归顺赫梯，埃及根本无法保持对这些地区的长久统治。而这段时期埃及之所以能从容自如地进行这些战事，也是因为赫梯帝国内部由于权力交接发生了内乱，没有太多精力来应对埃及，埃及方面也逐渐意识到，再多的军事行动都是徒劳无益的。于是，两个大国进行了秘密的谈判，最终在卡迭石之战十六年后，埃及与赫梯签订了和平条约。该条约要求无论在什么情况下，双方都互不侵犯；双方都承诺，如果一方受到攻击，要求另一方给予援助时，另一方必须给予援助；双方还承诺，将逃避审判的罪犯以及任何想叛变的国民引渡回国；双方都要对投降的士兵给予大赦。这份条约并没有具体划分两国的边界，但埃及明显放弃了对卡迭石等地区的争夺，不过埃及得以控制地中海东部沿岸地区，还获得了叙利亚所有港口的使用权。这份条约用埃及象形文字和苏美尔楔形文字刻写在银板上，可惜银板现已遗失，但它的副本在埃及和赫梯都得以保存。埃及将其刻写在卡纳克和拉美西斯神庙里，赫梯的泥板副本于 1906 年 8 月被德国考古学家在原赫梯首都哈图沙发现，现存于土耳其古代东方博物馆。这份条约虽然不是历史上最早的外交协议，但却是现存最古老的书面条约，通常被视为世界上第一份正式、完整、平等的国际和平条约。因此，另一份由土耳其赠送的现代紫铜雕塑副本悬挂在联合国总部会议厅二楼的走廊墙上，其象征意义不言而喻。

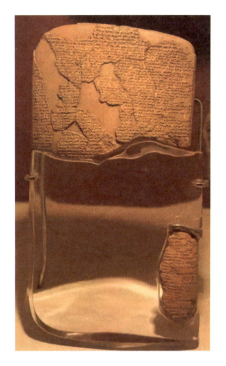

埃及与赫梯和平条约的泥板副本

和平条约签订后的数十年间，埃及与赫梯相安无事，后来拉美西斯二世又迎娶了赫梯国王的女儿，双方通过联姻的形式进一步巩固了彼此的友好关系。其实，该条约的签订意味着埃及在西亚地区的影响力已被大大削弱，埃及在这里的存在开始变得模糊，从一个洲际帝国又渐渐回归为一个非洲政权，囿于其传统的疆域。只是这一切在拉美西斯二世时期还没有表现出来，他虚无的光芒掩盖了这微妙的变化。

与赫梯签订条约让埃及获得了几十年的和平发展时间，虽然这期间仍有来自利比亚人的骚扰，但尚不足以对当时的埃及构成大的威胁，所以埃及又呈现出了一片繁荣景象，不过这是古埃及文明最后的灿烂，再也没能重现第 18 王朝鼎盛时期的辉煌。

和平条约的签订也让拉美西斯二世拥有足够的时间和精力来做古埃及国王都乐此不疲的事情了。于是，他又多了"伟大的建筑者"这个头衔，据说现在保留下来的古埃及建筑有一半以上都与拉美西斯二世有关。无论是在北方的三角洲地区，还是在南方的努比亚地区，整个埃及到处都有他的建筑，即使只是小规模的修葺，他也会把自己的名字刻满整个建筑，甚至直接在先辈们的建筑上刻上自己的名字。总之他是铁了心要让自己名垂千古，显然他做到了。事实上，比起那场徒有虚名的战争，遍布埃及各地的建筑才是让拉美西斯二世如此出名的最大原因。

在所有的建筑中，最宏伟、最著名的，当属位于埃及南方的那座阿布辛贝神庙了，这也是现在埃及旅游的必去景点之一。该神庙于 1813 年 3 月被瑞士探险家约翰·路德维·贝克哈特（Johann Ludwig Burckhardt）首先发现，当他看到露出于河岸泥沙中的巨型头部雕像时，不禁感叹道："这是一张表情多么丰富、年轻又富有朝气的脸。"贝克哈特看到的，正是阿布辛贝神庙门前四尊巨型拉美西斯二世雕像中的其中一尊的头颅部分。尽管这些雕像和神庙的入口当时还被深埋在堆积了千年的黄沙之下，但贝克哈特知道，如果这些沙土被清理掉，一座宏伟的神庙将出现在世人面前。可要清理这数百万立方米的沙土需要大量的人力，当时的贝克哈特对此无能为力，只得留下遗憾。1817 年，意大利探险家贝尔佐尼从贝克哈特的描述

1848 年的阿布辛贝神庙，大卫·罗伯茨（David Roberts，1796—1864）绘，可见当时的神庙入口被流沙掩埋着

中得到启示，再次来到这里。在夏季炙热的阳光下，通过数次尝试，与队友们历经一个月的艰辛将神庙入口的流沙暂时清除后，才终于钻进了神庙内部。不过受制于当时的条件，后来神庙入口再度被流沙掩埋，直到 20 世纪初才被彻底清理干净。

一张摄于1849年的阿布辛贝神庙照片，作者是马克西姆·杜·坎普（Maxime Du Camp 1822年2月8日—1894年2月9日，法国作家和摄影师），这张照片也清楚地显示当时的阿布辛贝神庙入口被流沙掩埋着（照片右侧是供奉哈托尔女神和拉美西斯二世王后的神庙）

　　阿布辛贝神庙是利用一座巨大砂岩悬崖凿挖而成的，外立面矗立着的那四尊二十米高的拉美西斯二世巨型坐像气势磅礴地俯视着眼前的尼罗河，成为威慑努比亚人、展示埃及国威的最好工具，即使现在站在这里注视着它们，想到这是一个古老到连古希腊和古罗马文明都还没有诞生的时代，也不免让人肃然生敬。神庙的内部深入岩壁达 60 米，由狭长的柱廊和三重大厅组成，上面有精美绝伦的雕刻，其中当然少不了那个在埃及全境被重复了无数遍的卡迭石大战的场景。

　　神庙的最深处并排着四尊石像，分别是普塔神、阿蒙·拉神、拉美西

太阳节时，阳光穿越廊道照亮了拉美西斯二世的雕像

斯二世、拉·哈拉克提神。阿布辛贝神庙的最精妙之处就在于，每年的2月21日（国王登基日）和10月21日（国王生日），清晨的阳光在穿越神庙内部长长的廊道后，会照射在尽头拉美西斯二世的雕像上，所以每年这个时候都会有大量游客慕名前来，希望亲眼看见这一奇观，这两天也被人们形象地称为"太阳节"（后由于神庙搬迁导致时间出现偏差，现为每年2月22日和10月22日）。阿布辛贝神庙这一独具匠心的设计堪称天文学与建筑学完美融合的典范，这座神庙也成为拉美西斯二世权力的最大象征。

到了20世纪60年代，由于埃及政府决定修建阿斯旺水坝，包括阿布辛贝神庙在内的许多古迹将被淹没。于是，在联合国教科文组织的协调下，人类进行了一场拯救阿布辛贝神庙的旷世工程，世界各国积极地响应了此次号召，提出了众多不同的解决方案。意大利人建议把神庙从悬崖上整体切割下来，装在钢筋混凝土制成的箱内，用650部同步起重机整体吊起，临时放置在预先建好的混凝土柱子上，重复这些步骤，直至把它挪到高地；美国人设想把神庙割离悬崖，放置在可随水位上升的浮桥上，然后再运到干燥的地面上；法国人认为应该环绕阿布辛贝神庙建造一座70米高、1.6千米长的水坝，将水挡在外面；还有的提议说应该让水把整座神庙淹没，参观者可借助泛光灯通过玻璃走廊参观神庙。最后，联合国教科文组织采纳了瑞典人提出的方案：先把神庙分割成块，然后在高出原址60米的地方重新组装。

这场拯救行动耗时五年，花费近4200万美元（部分经费来源于图坦卡蒙陵墓文物的首次世界巡展所得收入），由各国专家和埃及人民共同完成。神庙被切割成了1050块，每块重9—33吨不等，并标上记号，在铺上水泥地基后，工人们利用各种机械设备把它们重新安装到位，再用水泥抹缝将其固定。为了防止重新组装后显露出切割过的痕迹，工人们还在石块间注入了沙岩颜色的灰浆。另外，那座在古代因遭遇地震而损毁的雕像，这次搬迁并未将其修复，人们选择了保留原样，将那掉落的上半身按照原先的样子摆放在雕像脚下。

　　和当年古埃及人修建神庙一样，这场集当今全人类之力的搬迁工程，都是人类智慧的结晶，都是人类文明史上的壮举。这次行动共有二十多座古建筑得以拯救，成为最享有盛誉和最广为人知的考古学成就。

　　遗憾的是，即使凭借着先进的现代科学技术以及全世界科学家的竭力计算，搬迁后阿布辛贝神庙太阳节的时间还是出现了一天的偏差，实在难以想象三千年前的古埃及人是如何计算得那么精准，以至于让掌握现代科技的我们都自叹不如，让人不得不由衷地钦佩古埃及人的智慧。

　　在阿布辛贝神庙附近不远处，还有一座规模较小的神庙，这是拉美西斯二世为他的王后奈菲尔塔利（Nefertari）建造的。神庙外面矗立着六座雕像，其中四座

搬迁后重新组装中的阿布辛贝神庙

是拉美西斯二世本人，另外两座就是以哈托尔女神形象呈现的奈菲尔塔利王后。

关于奈菲尔塔利的身世一直没有定论，她可能出身于贵族，也可能是第18王朝国王阿伊的孙女，因为在她的陵墓里发现了阿伊的物品。在早期的壁画中，常常能看到奈菲尔塔利作为妻子站在拉美西斯二世身边，有时甚至代替国王出席庆典活动，可见她当时的尊贵地位。而她作为王后期间在埃及的政治领域也扮演了重要的角色，比如当埃及与赫梯签订和平条约后，奈菲尔塔利与赫梯王后相互致以正式的问候。她在给赫梯王后的信中写道："我，你的姐妹，一切都好，我的国家也安好。希望你，我的姐妹，一切都好，也希望你的国家安好。愿太阳神带来和平，让埃及国王与赫梯国王结为兄弟。我将永远保持和维护与赫梯王后——我的姐妹的情义。"

奈菲尔塔利不仅是拉美西斯二世的第一位王后，也是唯一一位拥有神庙的王后，很多人把她描述为拉美西斯二世最宠爱的女人，特别是神庙上

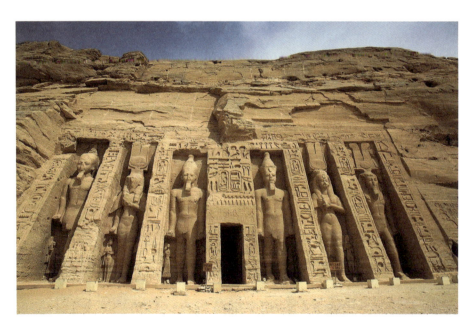

拉美西斯二世为王后奈菲尔塔利建造的神庙

刻写的那句"因为有了她，太阳才发出光芒"的情话让现代无数少女为之艳羡。久而久之，拉美西斯二世与奈菲尔塔利之间的爱情故事越传越浪漫，甚至成为一些文学作品的创作素材，以至于一些不明就里的人以为拉美西斯二世是一个专情的国王，这显然与事实相去甚远。对于拥有数百位妻妾、近百位子女的拉美西斯二世来说，这位最宠爱的王后只不过是他漫长人生旅途中的一位普通过客而已。事实上，当奈菲尔塔利拖着病重的身体，不远千里来到神庙参加落成典礼后不久就去世了，从此再也没被提及过，而他们的亲生女儿梅利塔蒙（Meritamen）后来取代了自己母亲的地位，成为拉美西斯二世的王后之一，那所谓的深情只是过眼云烟罢了。同样，由于修建阿斯旺水坝，奈菲尔塔利的这座神庙也进行了搬迁。

　　除了阿布辛贝的这两座神庙外，拉美西斯二世还完成了卡纳克神庙大柱厅的建设。这个世界上面积最大的多柱式殿堂占地5000平方米，其中伫立着134根巨大的石柱，据说这是为了营造出远古时代大沼泽的感觉。这一工程最初的设计者可能是阿蒙霍特普三世，后来由于埃赫那吞的宗教改革而被迫中断，到了塞提一世时又重启了这项计划，最终在拉美西斯二世时期竣工。拉美西斯二世将父亲塞提一世的部分浮雕改成了自己的加冕仪式，当然还有那无处不在的卡迭石大战场景和一份与赫梯签订的和平条约副本。

卡纳克神庙大柱厅

既然在卡纳克神庙留下了自己的杰作，那么拉美西斯二世自然不会放过 2 千米以外的卢克索神庙。他在这里建造了设有柱廊的院子和塔门，同样也少不了颂扬那场大战的浮雕和文字。他还在神庙的门口竖立起了两座高高的方尖碑和六尊他本人的硕大雕像（现存三尊），其中一座方尖碑至今仍屹立在原处，另一座方尖碑在 1831 年被当时埃及的实际统治者穆罕默德·阿里赠送给了法国，后竖立于法国巴黎协和广场。

左：埃及卢克索神庙入口处的方尖碑　　　右：法国巴黎协和广场的方尖碑

　　在统治埃及长达 67 年之后，拉美西斯二世以约 90 岁的高龄去世，结束了他漫长的人生旅途。纵观其一生，无论是那场被他大肆吹嘘的卡迭石战役，还是那些遍布埃及全境的劳民伤财的建筑工程，都实在不配让他拥有今日之声誉。英国首相丘吉尔曾说过一句名言："一个政治家是否伟大，不取决于他的能力，而取决于他是否长寿。"这或许才是让拉美西斯二世走向神坛的根本原因吧。

　　不过，好大喜功的拉美西斯二世即使在死亡三千多年以后，又再次出了回风头。20 世纪 70 年代，人们在对拉美西斯二世的木乃伊做研究时，发现木乃伊已出现了一定程度的损坏，更糟糕的是木乃伊上已滋生了大量细菌，如果不进行干预，将出现无法补救的腐朽损坏。经过多次商讨，专家们达成共识，决定把木乃伊运往法国巴黎，在那里接受一系列的护理挽救措施。但当时的法国规定，无论是死者还是活人，都需要有效身份证件才能合法入境。于是，埃及政府为拉美西斯二世发放了正式的国民护照，并安排了盛大的出国仪式，由专机送往法国。1976 年 9 月 26 日，专机抵达法国，法国政府也予以其元首级待遇，伴随着军乐声，拉美西斯二世躺在木箱里在红毯上检阅了仪仗队。随后，车队还在巴黎城中专门绕行了协和广场上那座原本属于他的方尖碑。在接下来的日子里，由 102 名专家组成的工作小组通过一系列现代先进技术对拉美西斯二世的木乃伊进行了诊断与修复，在回国之前，又专门对木乃伊进行了长达 12 小时的钴 60 伽马射线治疗。最后，拉美西斯二世凭借着自己那本有效期七年的护照顺利返回了埃及。于是，拉美西斯二世因其是有史以来年龄最大的护照持有者、第一位坐飞机旅行的古埃及法老而登上媒体头条，大大风光了一把，想必他本人一定对此甚为满意吧，但这还不是拉美西斯二世最后一次享受如此高规格的国家礼遇。

2021 年 4 月 3 日，在联合国教科文组织总干事和联合国世界旅游组织秘书长的见证下，埃及总统宣布新修建的埃及文明博物馆正式启用。当晚，埃及政府举行了规模盛大的游行和交接仪式活动，将包括拉美西斯二世在内的 22 具古埃及法老和王后的木乃伊迁移至新博物

拉美西斯二世木乃伊

馆。拉美西斯二世和其他王室成员分别躺在定制的金色花车里，随着军乐队的伴奏声，在警车的护送下缓缓驶向自己的新家，装扮成古埃及人的民众在道路两侧夹道欢送，尼罗河上也荡漾着被点亮的太阳船，交接仪式现场鸣 21 响礼炮，还举行了阵容强大的文艺演出，这一盛况通过阿拉伯语、英语、法语三种语言向全球直播。埃及政府之所以举行声势如此浩大的仪式，也是为了更好地向全世界宣传埃及的文明与历史，振兴受新冠疫情影响而深受打击的国内旅游业（除了拉美西斯二世外，此次被迁移至新博物馆的还有阿赫摩斯一世、哈特谢普苏特、图特摩斯三世、图坦卡蒙、塞提一世等众多知名法老）。

由于拉美西斯二世超长的寿命，他的许多儿子早已离世，其中包括几个王位继承人。1825 年，在帝王谷发现了 KV5 陵墓，但当时只挖到了入口附近，后来长期无人问津，直到 1995 年才开始大规模发掘，后被确认为拉美西斯二世儿子们的合葬墓，现在已发现至少 130 多间耳室，未来数量可能还会增加，由此也证实了拉美西斯二世拥有近百位子女的说法并非虚言。

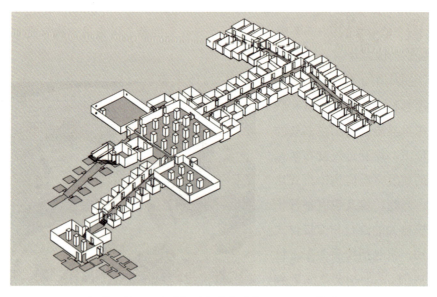

拉美西斯二世儿子们的合葬墓（帝王谷KV5结构图）

　　最终继承王位的是拉美西斯二世的第十三个儿子麦伦普塔（Merenptah），此时的他已经是一位 60 岁的花甲老人了。根据一块石碑上的铭文，我们知道了在麦伦普塔统治期间，埃及遭遇了一场非同小可的危机，那就是西边利比亚人的再次入侵。这次利比亚人不是孤军作战，他们联合了现在通常被称为"海上民族"的盟军。所谓的"海上民族"并非特指某一个民族，对于它的具体起源已无法考证，大致是来自克里特、塞浦路斯、撒丁岛、西西里岛、亚该亚、小亚细亚沿岸地区的游牧民族，这些来自地中海和爱琴海一带的人共同形成了所谓的"海上民族"。导致这场危机的原因，可能是由于气候变化引起的饥荒驱使他们向南寻找新的土地（这一时期埃及遵守了与赫梯签订的条约，向赫梯提供了粮食援助）。这次他们与利比亚人联手进攻埃及，并非以普通的袭扰、劫掠为目的，而是看中了埃及这片富庶之地，想据为己有。因此他们除了带着弓箭、战车、铠甲、宝剑外，还带着家眷、牛羊，打算就此在埃及定居。总体来说，这场危机类似于当年喜克索斯人的入侵。

　　利比亚与海上民族的进攻首先从尼罗河三角洲西部地区开始，然后朝着三角洲的顶端行进。这场声势浩大的入侵行动刚开始势如破竹，但埃及很快就组织起了有效的防御，后来经过一场长达六小时的殊死奋战，埃及军队取得了胜利，至少杀敌六千人，利比亚的头目吓得仓皇而逃，连鞋子都跑掉了。

　　在那块石碑上还有关于麦伦普塔统治期间平定叙利亚南部和巴勒斯坦一带叛乱的记载，其中提到的一个名称引起了现代学者的特别关注，那就是"以色列"。这也是古埃及文献中唯一一次提到以色列，因而格外受到重视，这块石碑也被一些学者叫作"以色列石碑"，但上面关于以色列的内容只有"以色列被摧毁，已经没有种了"这寥寥片语。这简短的记载之所以如此受关注，是因为这关系到以色列人"起源"的大事。根据《圣经·出埃及记》的说法，以色列人在巴勒斯坦一带建国之前曾在埃及生活过，由于无法忍受埃及统治阶级的残酷压迫，后来在先知摩西的带领下逃出埃及，前往上帝应许的迦南地建国。虽然《出埃及记》的真实性一直存在争议，但如果其中所说属实，或者说有一定的历史依据作为故事原型的话，那么通常认为故事所发生的时间是在拉美西斯二世以后，而《出埃及记》里的那位埃及法老可能就是拉美西斯二世，但也有人认为是麦伦普塔或其他人。可惜的是，这件对于以色列人来说极为重大的历史事件，在埃及却没有记载，或许埃及这个当时的超级大国根本就不会去留意这个弱小的族群吧。

麦伦普塔统治了埃及十年时间，在他之后埃及政权的交接出现了问题。麦伦普塔原本指定的王位继承人是自己的儿子塞提二世（Seti II），但此时一个叫阿蒙麦西斯（Amenmesse）的人却割据上埃及自立为王。一般认为阿蒙麦西斯是麦伦普塔的另一个儿子，也有学者认为阿蒙麦西斯是拉美西斯二世众多儿子中的一个。不过，阿蒙麦西斯在位不到四年时间，最终还是塞提二世控制了整个埃及，塞提二世将阿蒙麦西斯的名字从各建筑物上抹去。阿蒙麦西斯陵墓 KV10 的建造工程也被中止，其木乃伊不知所终，显然这个篡位者难逃被挫骨扬灰的下场。

塞提二世统治了埃及六年，此后其子西普塔（Siptah）继任。西普塔当时还是一个未成年的孩子，所以实权掌握在其继母，也就是塞提二世的王后塔沃斯塔（Tausert）手中。体弱多病的西普塔也在短短六年后就亡故了，死后葬于帝王谷 KV47 陵墓。1898 年发现了他的木乃伊，根据变形的左脚得知他患有小儿麻痹症。这位少年国王没有留下子嗣，于是塔沃斯塔正式上位，成为古埃及历史上的又一位女王，这也是第 19 王朝的最后一位统治者，她在位时间只有短短的两年。

可以看出，在拉美西斯二世之后的第 19 王朝末期，埃及的王位更替频繁，甚至还爆发了内战，所以这段动荡时期的文献资料相对缺乏。不过，有一份名为《大哈里斯莎草纸》（Great Harris Papyrus，长达 40.5 米，成书于第 20 王朝，现藏于大英博物馆）的文献能让我们对第 19 王朝末期的混乱局势略窥一二："埃及这片土地变得漂泊不定，每个人都自立为王，多年来没有领袖……每个人都与他的邻居一道掠夺财物，他们视诸神为凡人……"以此来看，第 19 王朝末期埃及社会的动乱程度恐怕远超我们的想象。

这份莎草纸文献上还有一段记载："趁此乱世，一个亚洲男子成为埃及的法老，但被神选中的塞特纳赫特（Setnakhte）把亚洲男子流放，成为国王。"这位"被神选中"的塞特纳赫特就是第 20 王朝的开创者。

第20王朝

关于塞特纳赫特的身世以及他具体是怎么当上国王的，由于史料的缺乏，人们知之甚少。按照《大哈里斯莎草纸》上的说法，这个时期埃及各地发生了严重骚乱，一个亚洲人（可能是叙利亚奴隶）趁乱发动起义，最后塞特纳赫特镇压了这场起义，恢复了国内秩序。

塞特纳赫特与塔沃斯塔女王一样只统治了短短两年时间，他的陵墓 KV11 在修建过程中与阿蒙麦西斯的陵墓相冲突，于是干脆直接占用了塞提二世和塔沃斯塔女王的陵墓 KV14，并将塞提二世的木乃伊迁至 KV15，塔沃斯塔女王的木乃伊后来下落不明。

接替塞特纳赫特的是其儿子拉美西斯三世（Ramses III），但由于塞特纳赫特本人的身世不明，所以拉美西斯三世与拉美西斯二世之间可能并无血缘关系，或许只是借用了拉美西斯家族的名号而已。不过，拉美西斯三世也算是不辱此名，他被认为是古埃及历史上最后一位强大的国王，共统治了埃及 31 年时间。

拉美西斯三世在位第五年时，利比亚人再次入侵埃及，但同样失败且死伤无数，这场战

梅迪内哈布神庙

争被记载于底比斯西岸的拉美西斯三世修建的梅迪内哈布（Medinet Habu）神庙里。

但好景不长，几年以后，埃及遭遇了更大的危机，那就是"海上民族"的卷土重来。这次海上民族来势汹汹，他们的海陆联合大军不仅入侵了埃及，更是席卷了东地中海沿岸地区，在拉美西斯三世的领导下，埃及再次抵御住了这次入侵。《大哈里斯莎草纸》上记载了他对战胜海上民族后表现出的无比自豪感："我拓展了埃及的疆域，把敌人消灭在他们自己的土地上，他们就像沙土一样束手就擒，被押解到埃及。"然而，那个曾与埃及分庭抗礼甚至更胜一筹的赫梯帝国，大约就在这一时期，由于自身的内乱，加之海上民族和东边亚述的多方进攻，最终灭国。在击退海上民族入侵的三年后，执迷不悟的利比亚人又带着盟军再次进犯埃及，拉美西斯三世再次击败了入侵者，并将对方盟军的头目及其儿子当场处斩。

拉美西斯三世统治的前半段就在这样不断地征战中度过，这为他赢得了相对和平的后半段统治期。但是，此时埃及虚假繁荣的表象下其实隐藏着严重的社会危机，在拉美西斯三世统治后期，爆发了世界历史上有记录以来最早的一次工人罢工事件。事情的起因是，修建陵墓的工人常常不能及时领到自己应得的报酬（食物和其他生活物资）。当同样的事情一再发生时，工人们愤怒了，他们集体游行，来到储藏了大量食物的神庙外静坐示威，表达自己的不满，但官员们对他们的诉求置若罔闻，在随后的几个月内，他们多次停工表示抗议。

其实这个时候的埃及并不缺粮食，主要是管理不力和肆无忌惮的贪污腐败导致了粮食分配上的滞后，究其根本的话，仍然是王室与神庙祭司集团之间的利益分配问题。此时的神庙继续得到来自王室的大量捐赠，拉美西斯三世就曾一次性赠予神庙 1.5 吨银子、2 吨铜、1000 罐香油、25000 罐酒、310000 担谷子。根据《大哈里斯莎草纸》的记载，此时实力最雄厚的卡纳克神庙拥有的财产包括：50 多万英亩土地、65 座城镇、8 万多名奴隶、421362 头牲畜、433 个花果园、46 个木工场、83 艘货船等，这还不算其他神庙的财产。甚至到了拉美西斯三世统治的末期，埃及神庙竟占有全国三分之一的可耕种土地。在大量财富流向神庙的同时，流入王室的谷物却大大减少，导致食物价格不断上涨，所以拖欠工人们的报酬也就不难理解了。神庙祭司集团在强大经济实力的支撑下已完全能和王权对抗，所以越来越多地插手国家事务，事实上这种不健康的政治形态最终在第 20 王朝末期给国家带来了严重恶果。对于拉美西斯三世本人来说，他眼下即将面临一场严重的个人危机，并且很遗憾他没能逃过这次劫难。

在拉美西斯三世统治的晚期，他的一位王后想让自己的儿子彭塔瓦尔（Pentawer）继承王位，但下一任国王早已另有人选，于是这对母子策划了一场阴谋，准备在拉美西斯三世参加一个宗教活动时刺杀他。至少有 28 人卷入了此事件，事后这些人被全部处死，其中包括彭塔瓦尔，另外还有几名参与审判的法官因与一些女谋反者饮酒作乐而被割掉了鼻子和耳朵。至于拉美西斯三世本人在这场阴谋行动中的具体情况，文献记载得很模糊，人们只知道他在此事件的几周后便去世了。

长期以来，拉美西斯三世的死因一直让历史学家们争论不休，不少人认为拉美西斯三世躲过了刺杀。然而在 2012 年 12 月 17 日，研究人员发表报告，认定拉美西斯三世是遭割喉而死的。研究人员通过对拉美西斯三世的木乃伊进行 CT 扫描，发现在缠绕了多层亚麻布的喉咙处存在一个几乎深至脊柱的伤口，该区域的所有器官，如气管、食道和大动脉都被切断。在

 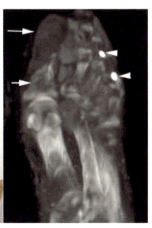

左：拉美西斯三世木乃伊　　右：扫描显示拉美西斯三世的大脚趾有被砍过的伤口

伤口处还发现了荷鲁斯之眼护身符，这个护身符位于软组织深处，说明这个伤口在制作木乃伊前就已存在。由此证实了拉美西斯三世没能逃过那次刺杀，并且是当场毙命。不仅如此，研究人员还发现他的一只大脚趾也被砍断，表明他可能被多名凶手用不同凶器从多方位袭击。

彭塔瓦尔木乃伊

1886 年，在德尔巴赫里发现了一具奇怪的木乃伊，因其嘴巴大张的扭曲表情而得名"尖叫的木乃伊"。人们曾对这具木乃伊大惑不解，因为它有别于传统木乃伊制作时用白色亚麻布仔细包裹的方式，这具木乃伊的四肢被绑在皮革上，身体用羊皮包裹，而古埃及人认为羊皮是污秽不堪的。后来，研究人员通过 DNA 比对，证实了他就是拉美西斯三世的儿子彭塔瓦尔，他脖子上的痕迹显示他生前是被绞死的，用羊皮包裹尸体应该是为了惩罚他的弑父行为，阻止他进入来世。

　　拉美西斯三世之后，第 20 王朝还历经了八位国王统治，他们全部沿用了"拉美西斯"这个名号（从拉美西斯四世到拉美西斯十一世）。其中，拉美西斯四世（Ramses Ⅳ）制作了那份《大哈里斯莎草纸》，这才让人们对那段时期的埃及有了一定的了解。可对于他自己，留下的资料却不多，只知道他为了获取建造神庙的石材，数次派远征队前往离底比斯 112 千米远的瓦迪哈马马特（Wadi Hammamat）采石场，最多的一次达八千多人。

　　拉美西斯四世和他之后的国王一共统治了约 80 年的时间，他和大多数国王都只统治了短短的几年，只有拉美西斯九世（Ramses Ⅸ）和拉美西斯十一世（Ramses Ⅺ）在位时间较长，分别是 18 年和 30 年。大致来说，埃及国力在这段时期迅速下降，逐渐失去了对西亚地区的控制，国内经济也变得不稳定，人民生活穷苦，时不时地出现饥荒和工人罢工事件，盗墓行为愈发猖獗，此时的埃及再也不是昔日那个威震四方的帝国，王室的权威衰退殆尽。与此同时，祭司的影响力日益增长，其中最有权势的无疑是卡纳克神庙的大祭司，后来国王甚至已无力任免这个职位的人选，而是由大祭司直接传给自己的儿子们，这使得祭司家族拥有了巨额的资产和绝对的权力。以至于在拉美西斯九世时，当时的大祭司阿蒙霍特普史无前例地把自己的肖像与国王的肖像按同等大小比例并排雕刻在卡纳克神庙里，看上去俨然一副盛气凌人不把国王放在眼里的姿态。

卡纳克神庙浮雕（左：拉美西斯九世 右：大祭司阿蒙霍特普）

更糟糕的是，根据有限的资料显示，拉美西斯九世统治期间，利比亚的两个部落向底比斯及其附近地区发起了一系列袭击，而此时的埃及并未做任何抵抗，甚至将利比亚人招抚为雇佣兵，向他们支付报酬。造成这种情况可能的原因是，此时底比斯所处的上埃及实际上掌握在大祭司手中，安居于北方三角洲地区的埃及王室根本无力顾及南方底比斯，可见此时埃及的国力和王权已积弱到何种程度。

利比亚人的袭扰也严重威胁到了底比斯西岸陵墓建筑工人的安全，因此帝王谷的陵墓建设工程时断时续，这种局面一直持续到第 20 王朝最后一位国王。到了拉美西斯十一世时，由于人民生活穷困，盗墓活动已然成风，人们成群结队明目张胆地在底比斯一带肆意盗窃，对神庙进行劫掠。大祭司阿蒙霍特普对此束手无策，只好向身在三角洲的国王请求援助，于是拉美西斯十一世调派南方努比亚总督帕内希（Panehesy）带领军队北上处理底比斯的乱象。帕内希倒是很快稳定住了底比斯的局势，但此人也非善类，他借机解除了阿蒙霍特普的大祭司一职，自己独揽大权。虽然拉美西斯十一世迫于祭司集团的压力又恢复了阿蒙霍特普的职务，但却无法约束此二人之间的内斗。

后来，一个叫赫里霍尔（Herihor）的人接替了大祭司一职，他原来是阿蒙神的高级祭司，是阿蒙霍特普的心腹，同时也是一位将军，他甚至还娶了拉美西斯十一世的妹妹为妻。赫里霍尔将帕内希流放到了努比亚，拥有诸多身份且手握重权的他成了底比斯和埃及南方的实际统治者，其行为做派与国王无异，他已经从根本上把自己当成了国王。此时的拉美西斯十一世似乎早已预见到了这个国家未来的命运，知道自己无力回天，所以没有做任何有益的尝试，只是安稳地待在北方三角洲度过了人生的最后阶段。不过，赫里霍尔其实早于国王五年去世，他的儿子（或女婿）皮安柯（Piankh）接替了他。这时，此前那位被流放到努比亚的帕内希或许是利用当地得天独厚的黄金资源优势重新做大做强，而皮安柯一方却显得捉襟见肘。于是，急需庞大资金来维持统治的皮安柯做了件令人大跌眼镜的事，他让自己的儿子和家臣召集了一批人，公开命令他们去帝王谷挖掘王陵。虽然长期以来其实有不少官员都暗地里干着盗墓的勾当，几乎是公开的秘密，但如今皮安柯的所作所为无疑撕下了最后的遮羞布。

以上就是第 20 王朝末期埃及国内的基本情况，这个时期的一篇报告文书——《温阿蒙的故事》为人们提供了另一个视角来审视此时的埃及。这篇报告文书主要讲述了一个叫温阿蒙（Wenamen）的高级祭司为了购买建造太阳船所需的木材一路遭遇坎坷的经历，内容大致如下：

赫里霍尔为了给阿蒙·拉神建造太阳船，派遣温阿蒙前往盛产雪松木的比布鲁斯购买所需的木材。温阿蒙首先来到三角洲东北部城市塔尼斯（Tanis，今桑哈杰尔 [San El-Hagar]，开罗东北 112 千米处），拜会了当时北方的实权人物斯蒙迪斯（Smendes，第 21 王朝开创者）和公主坦塔阿蒙（Tentamen，拉美西斯十一世的女儿）。在此小住一段时日后温阿蒙正式出发驶向大海，他首先来到了泰凯尔人（Tjeker，海上民族的一支）的港口城市德尔（Dor，今巴勒斯坦沿海一带），在这里他的一名船员将购买木材的钱款偷走了，于是温阿蒙找到了德尔城的统领，要求他缉拿窃贼追回钱款。但是对方却说："如果那个窃贼是本地人，我自然会给你赔偿，可那个人是你自己的船员。"虽然后来对方答应会帮温阿蒙抓到窃贼，可是一连过了九天事情也没有进展，温阿蒙等不及了，只好离开德尔城继续北上。

到达比布鲁斯后，温阿蒙发现了一艘泰凯尔人的船只，于是抢走了船上的钱财，并告诉对方，除非他们的统领抓到窃贼，自己才会将钱还给他们。比布鲁斯的统领得知此事后，没有接见温阿蒙，而是派人给他传话，命令他离开这里，因为他的行为破坏了当时各城市间的贸易协定。可是温阿蒙一时半会儿找不到回埃及的船，只好滞留在比布鲁斯港口，这一等就是 29 天，这期间港口管理员每天都来催促他快点离开。可正当温阿蒙找到了回埃及的船准备离开时，比布鲁斯的统领据说受到了阿蒙神的指示要召见他。

但由于先前购买木材的货款被盗，比布鲁斯的统领拒绝向温阿蒙提供木材。温阿蒙却对统领说："以前你的祖辈和父辈都为埃及提供木材，你现在也应该这样。"可是统领冷冷地说道："难道现在的埃及国王还是我的主人吗？我还是他的仆人吗？难道我要臣服于你的主子赫里霍尔吗？你必须先支付货款，我们才会提供木材。"万般无奈之下，温阿蒙只好写了封信，派人送给了斯蒙迪斯，斯蒙迪斯看到信后很快给温阿蒙送来了足够的货款。就这样一波三折后，温阿蒙终于购得了建造太阳船所需的雪松木。

可是，就在离家已一年多的温阿蒙准备启程返回埃及时，曾被他抢夺了钱财的泰凯尔人带着同伴们气势汹汹地赶来要抓捕温阿蒙。温阿蒙吓得惊慌失色，只好求助于比布鲁斯的统领，统领向泰凯尔人表示，不能让他们在自己的领地上抓捕温阿蒙，但是等送走他后，可任凭他们追捕。

于是，被驱逐出海的温阿蒙仓皇逃窜，顺着海风飘到了塞浦路斯岛，并向这里的女王寻求帮助……

可惜的是，文献到这里就缺失了。不过这篇报告本就是温阿蒙提交的，所以他最后肯定平安回到了埃及。

通过温阿蒙这一路的坎坷经历可以看出，此时国力大大衰退的埃及已彻底失去了对西亚地区的控制，但埃及人似乎仍沉醉在过去的辉煌中，自恃为上邦大国而表现得傲慢无理，可那些小国的统治者根本不再礼遇来自埃及的使者，他们曾经对埃及的进贡也转变成了双方普通的贸易往来，只有在宗教文化方面埃及还残留着少许影响力。总体来说，此时的埃及只不过是个徒有虚名的大国而已，国力的衰退和政局的混乱甚至让拉美西斯十一世的陵墓KV4都未完工，他的遗体也下落不明，而帝王谷作为王室墓地的历史也就此结束。

拉美西斯十一世的死不仅意味着第20王朝的结束，同时也标志着持续了约500年的新王国时代的终结。不仅如此，埃及曾经获得的荣耀也从此一去不复返，虽然此后的古埃及文明又传续了一千年，但几乎是一个持续衰落的过程，在此期间即使偶尔闪现出文明复苏的曙光，也终究只是昙花一现，甚至直到现代，埃及都没有重现过巅峰时期的辉煌。

第三中间期

从现在起，埃及最强盛的帝国称霸时代已经结束，埃及历史转而进入了第三个黑暗时期，就是所谓的"第三中间期"，这一时期包括第 21—25 王朝（有的学者将其划分为第 21—24 王朝）。同样，这又是一段史料匮乏的时期，在这段长达几百年的政治分裂的时期里，曾有数个不同王朝同时统治着埃及的不同地区。

第21王朝

拉美西斯十一世死后，在《温阿蒙的故事》中出现过的那位斯蒙迪斯继承了王位，他本是军队司令官，娶了国王的女儿坦塔阿蒙公主为妻。至于他本身就是王位的合法继承人，还是在拉美西斯十一世死后夺权上位的，没人知道。能确定的是他在当上国王之前就已拥有极大的权势，这一点从《温阿蒙的故事》中就有所体现：温阿蒙在去比布鲁斯前先专门到塔尼斯拜会了斯蒙迪斯，当温阿蒙由于货款被盗而在比布鲁斯一筹莫展之时，没有写信给别人，而是专门向斯蒙迪斯求助，可见此人当时权势之大。

斯蒙迪斯继位后，他的治所塔尼斯就成为新的首都，但他的统治范围仅限于北方三角洲地区，南方仍由底比斯祭司政权控制着。此时的埃及事实上又变回了南北两大势力分治的局面，不过双方并非敌对关系，而是处于和谐共存的状态，双方互相认可对方的统治。

斯蒙迪斯死后，接替他的是阿蒙涅姆尼苏（Amenemnisu）。关于他的身份，有的说他是斯蒙迪斯的儿子；有的说他是原南方政权首脑赫里霍尔的儿子。此时南方上埃及的统治者是帕涅杰姆一世（Pinedjem Ⅰ），当北方的阿蒙涅姆尼苏去世后，由于没有继承人，于是帕涅杰姆一世的儿子普苏森尼斯一世（Psusennes Ⅰ）成了北方下埃及的国王，这样就出现了短暂的父亲与儿子同时统治上下埃及的局面。

此后南北两个政权又分别经历了几位国王的统治，关于他们的文献记载都非常稀少。到了第21王朝的末期，北方下埃及的最后一位国王是普苏森尼斯二世（Psusennes Ⅱ），此时南方的统治者似乎是一个叫"普苏森尼斯三世"的人。通常的观点是，普苏森尼斯二世和普苏森尼斯三世是同一个人，所以此时的埃及再度回归为一个政权。

　　就在埃及国力不断下降的第21王朝期间，在巴勒斯坦一带，一股新的力量迅速崛起，形成了一个强大的国家——以色列联合王国，后在所罗门（Solomon，古以色列联合王国第三任君主）统治期间达到全盛。所罗门与周边的大国保持了广泛的交流，其中也包括埃及，为了进一步巩固两国关系，所罗门还娶了埃及国王的女儿。埃及国王向来只娶外国公主从不下嫁自己女儿的高傲姿态就此结束，这也是埃及国力衰退、国际地位下降的一个显著标志。

第22、23、24王朝

　　第22王朝的建立者是舍顺克一世（Sheshonq Ⅰ，《圣经》里的示撒[Shishak]，是《圣经》里第一个被提到名字的埃及国王），他是这一时期为数不多的有所作为的埃及国王。舍顺克一世是利比亚人，其家族在新王国末期定居于埃及三角洲的布巴斯提斯，这里是古埃及传统神祇贝斯特猫女神的崇拜中心。

　　舍顺克一世的祖父曾有幸与埃及王室通婚，他的父亲是利比亚雇佣兵的统帅（外籍雇佣兵是埃及军队的重要组成部分），舍顺克一世的儿子奥索尔孔一世（Osorkon Ⅰ）又娶了第21王朝最后一位国王普苏森尼斯二世的女儿。这样，舍顺克一世在他的祖母和儿媳的双重关系下与埃及王室之间发生了联系，由于普苏森尼斯二世没有儿子，他去世后，舍顺克一世很自然地继承了王位，因为他是利比亚人，所以埃及第22王朝又叫"利比亚王朝"。为了巩固对埃及的统治，舍顺克一世将自己的儿子和信任的家族成员都安插在重要的职位上，比如底比斯大祭司一职。但仅靠这些是不够的，要想让自己的家族对埃及进行长期稳定的统治，舍顺克一世还必须做出成绩获得人们的认可，而他在统治期间也确实向世人证明了自己的能力。

由于以色列国王所罗门在统治的后期荒淫无度，引发了人民的普遍不满，一位先知告诉所罗门手下的臣仆耶罗波安（Jeroboam），他将带领以色列北方的十个支派脱离统治。所罗门得知此事后派人追杀耶罗波安，耶罗波安逃到了埃及寻求庇护。这对舍顺克一世来说是一个考验，因为他如果接纳了耶罗波安，势必会得罪所罗门及以色列王国。经过深思熟虑后，舍顺克一世最终还是收留了耶罗波安，这对以色列国内反对所罗门的势力来说产生了极大的鼓舞。此后耶罗波安一直留在埃及，直到所罗门死后才回到以色列。以色列后来分裂成了南北两个国家，南方称为犹大国，由所罗门的儿子统治；北方仍称为以色列，由耶罗波安统治。

在这个过程中，舍顺克一世组织了包括1200辆战车、6万兵马的部队对犹大和以色列发起进攻，这些士兵主要是来自利比亚和努比亚的雇佣兵。埃及军队兵分三路向北进发，一路势不可挡。虽然犹大国早有准备，但在训练有素的埃及大军的攻势下很快瓦解，埃及军队不久便出现在了圣城耶路撒冷面前。所罗门的儿子开城投降，使耶路撒冷这座城市和人民免遭灭顶之灾，埃及军队只洗劫了这里的神殿和王宫，将这里的财宝掠夺一空，其中包括所罗门的金盾牌。在降服了犹大国后，充满野心的舍顺克一世继续向北国以色列的一些城镇发起攻击，借机扩大战果。耶罗波安对此熟视无睹，甚至是乐见其成的，因为他正好可以借埃及军队之手来惩罚那些不服从自己统治的城市。

就这样，舍顺克一世利用时局收复了埃及在西亚地区的许多属地，并在第18王朝图特摩斯三世取得大胜的美吉多竖立纪念碑彰显自己的功绩，试图把自己与这位埃及历史上最伟大的国王联系起来。埃及也在经历了约两百年的低迷期后，在舍顺克一世统治时期迎来了短暂的荣光。

然而，虽然舍顺克一世开创的第 22 王朝延续了两百年，但他的子孙们却没能将这份基业发展壮大，这个家族再也没有出过一位功勋卓越的统治者。到了舍顺克一世的曾孙奥索尔孔二世（Osorkon II）时，埃及的国力又严重下滑。此时的犹大国在所罗门的曾孙亚撒（Asa）的统治下摆脱了埃及的控制，重建了曾被舍顺克一世摧毁的防御工事，以此抵御埃及。埃及虽然处于衰退中，但也不愿轻易放弃对这一地区的控制，于是又组建了一支由外籍雇佣兵组成的军队前往讨伐，可数量占优的埃及军队却遭遇惨败。从此以后，只要不受威胁，埃及便不再觊觎这片土地。除了埃及自身国力下降外，另一个重要原因是当时的亚述帝国开始崛起，逐渐征服了周边的国家，并大有继续向西扩张的势头，这对埃及来说是一个严重的威胁，所以埃及也希望与以色列等西亚国家组成联合阵线来防范亚述的侵犯。

　　国内方面，埃及自身的政局也开始出现动荡。从舍顺克一世起，这个家族就将所有重要的职位都交给王室成员担任，以免权力被外人夺去。可是时间一长，在权力的诱惑下，就算是亲族也终究免不了反目成仇。奥索尔孔二世统治时，他那当阿蒙神庙大祭司的堂兄弟就擅自宣布掌管上埃及。所以后来当这位堂兄弟去世后，奥索尔孔二世马上派自己的儿子前往底比斯接任了大祭司一职，并让自己另外几个儿子分别担任要职，试图巩固王权。可这样做根本毫无意义，在奥索尔孔二世之后，他的子孙互相争权夺利，个个自立为王，形成了大大小小的割据势力。最后，其中的一部分在三角洲的莱昂特波利斯（Leontpolis）揉和形成了所谓的第 23 王朝，这个王朝留给我们的只有一串统治者的名字，几乎没有其他的资料。第 23 王朝共延续了 103 年时间，与第 22 王朝处于共存状态。后来，在第 22、23 王朝的末期，三角洲西部的塞易斯又出现了所谓的第 24 王朝，同样与前两个王朝处于共存状态。但第 24 王朝的两位统治者只传续了短短十余年时间便被来自南方的敌人所灭，埃及历史由此进入了第 25 王朝。

第25王朝

　　就在埃及分崩离析之际，埃及在南方的那个老对手却不断发展壮大。他们甚至没资格被称作是埃及的对手，因为自古以来他们扮演的角色几乎就只是埃及在心情不好时的"出气筒"而已。但今时不同往日，这个由努比亚黑人建立的库施王国终于反客为主，成为埃及这片土地的新主人，开创了埃及第 25 王朝。

　　埃及北方第 24 王朝的统治者特弗纳赫特（Tefnakhte）感受到了来自南方努比亚人的威胁，于是联合第 22、23 王朝等其余埃及割据势力共同对抗努比亚人，但他们被当时的库施国王皮耶（Piye）轻松击败。皮耶率领军队一路北上，沿途不少城镇和势力纷纷投降，甚至欢迎努比亚人的到来，皮耶最终攻下了埃及三角洲的古老都城孟斐斯，迫使埃及诸王臣服。皮耶让他们继续统治埃及北方，又让自己的姐姐阿蒙尼尔迪斯一世（Amenirdas Ⅰ）担任"阿蒙神之妻"，控制着底比斯和埃及南方，皮耶自己则回到了库施王国的首都纳帕塔，这里也是他的故乡。

　　后来，特弗纳赫特的继任者波克霍利斯（Bocchoris）企图反抗。这时已继承了哥哥皮耶王位的库施第二位国王沙巴卡（Shabaka）出兵讨伐，打败了波克霍利斯，并将其活活烧死，以儆效尤。沙巴卡最终征服了皮耶放任不管的三角洲地区，占领了整个埃及，至此埃及再度回归一统。沙巴卡统一埃及后，将首都从纳帕塔迁到了埃及古老的政治和宗教中心孟斐斯，以便更好地统治埃及三角洲这片核心区域。

　　虽然第 25 王朝由长期饱受埃及欺凌的努比亚人建立，但他们并不敌视埃及，在长期受埃及支配的过程中，他们在文化和宗教上反而被埃及同化，对埃及神祇的信仰甚至表现得比埃及人更加虔诚。在埃及人的传统观念中，他们相信阿蒙神出生在纳帕塔的盖贝尔巴卡尔（Gebel Barkal）山上，图特摩斯三世当年征服纳帕塔时，曾在此地修建阿蒙神庙，此后努比亚人便将阿蒙神作为自己的主神加以崇拜。所以努比亚人自诩为埃及文化的传人，并据此大做文章，将神庙修复，使其规模几乎与埃及卡纳克的阿蒙神庙相当，借以强化对埃及统治的合理性。不只是神庙，就连在埃及消失已久的金字塔也在努比亚复活。从公元前 7 世纪到公元前 3 世纪，努比亚人建造了两百多座金字塔，数量竟然超过了埃及金字塔，不过这些位于今日苏丹境内的金字塔规模普遍矮小，所以也被称为"小金字塔"。

苏丹金字塔

沙巴卡的功绩不仅是重新统一埃及和修缮了部分埃及神庙，他的另一大贡献是拯救了埃及的一些珍贵文献。他统治期间曾在孟斐斯普塔神庙里发现了一份残破的莎草纸卷，该文献大约成书于拉美西斯时代，其中的内容可追溯至埃及古王国时期，主要是关于古埃及的早期创世神学，其中包括荷鲁斯与塞特之争，以及宣扬孟斐斯的主神普塔作为造物主的神学思想。

沙巴卡石碑（中间的凹槽和四周放射状纹路是由于后人不知其历史价值，将它改造成石臼使用后留下的痕迹）

沙巴卡担心上面的古老信息会丢失，便命人将文献上残存的内容刻写在一块石碑上，这块石碑也是后世了解古埃及人文化和宗教思想的重要载体。当然，沙巴卡的另一目的是让努比亚人与古埃及传统文化发生联系，以增强自身统治的合法性。后世将这块石碑称为"沙巴卡石碑"，现藏于大英博物馆。

沙巴卡死后，他的侄子，也就是第一任国王皮耶的儿子沙巴塔卡（Shabataka）继承王位。这时，亚述帝国继续向巴勒斯坦地区扩张，北国以色列早已被亚述灭亡，其领土被全部并入亚述。犹大王国凭借地理优势与亚述周旋，同时也向亚述称臣纳贡，暂时维持了名义上的独立。此时的埃及迫于严峻的形势，派出军队援助巴勒斯坦地区残存的城邦小国，可是战败了。最终亚述军队占领了巴勒斯坦沿海地区，清除了埃及与亚述之间的缓冲地带，两个大国之间的正面交锋已不可避免。

到了沙巴塔卡的弟弟，也就是皮耶的另一个儿子塔哈尔卡（Taharqa）统治的后期，亚述正式对埃及发起侵略战争。塔哈尔卡率领埃及军队与亚述展开交战，在战争初期曾重挫亚述，甚至一度挺进西亚，但后来在反复的拉锯战中，武器装备远远落后于对手的埃及最终败下阵来。公元前671年，亚述占领了包括孟斐斯在内的下埃及地区，塔哈尔卡逃往南方。两年后，塔哈尔卡又进行了反攻，收回了大部分失地。亚述当然不会善罢甘休，再度大举入侵埃及，孟斐斯在几度易手后重新被亚述占领，随后亚述军队进一步向南推进，塔哈尔卡只得逃回了努比亚的根据地纳帕塔，在此郁郁而终。

亚述占领了埃及北方后，扶持原第24王朝的后裔尼科一世（Necho Ⅰ），让其代为管理三角洲地区。然而努比亚人仍未死心，塔哈尔卡的继承者，其侄子塔努特阿蒙（Tanutamun）重整旗鼓后，再次反攻埃及。由于人心所向，塔努特阿蒙成功收复了孟斐斯及三角洲大部分地区，并将亚述人的傀儡尼科一世处决。这一次，亚述人恼羞成怒，进行了疯狂的反扑，将埃及军队彻底击溃，再度占领了孟斐斯，然后挥师南下，剑指底比斯。于是，这座伟大的城市遭受了自建成以来最大的劫难，亚述人在城中大肆劫掠，将卡纳克神庙洗劫一空，对神庙造成了难以修复的破坏。不仅是底比斯，从北方三角洲到南方第一瀑布之间的整个埃及领土都惨遭蹂躏，无数人被杀害或者沦为囚徒。塔努特阿蒙见大势已去，只好逃回纳帕塔，彻底放弃了与亚述争锋。

这个由努比亚黑人建立的政权虽然为恢复埃及古代传统文化和大国地位做出了努力，但由于其自身相对封闭和落后，在与更先进的亚洲文明的碰撞中注定是没有前途的。当他们手拿过时的铜制武器、身着单薄的防具甚至赤裸着上身与装备精良的亚述军队交战时，最终的结果可想而知。

　　从此，努比亚势力退出了埃及的政治舞台，埃及第25王朝就此灭亡。

后王国时期

第26王朝

赶走了努比亚人后，亚述成为埃及新的主人。由于那些被亚述征服的国家和地区起义不断，以及亚述王室自身内部矛盾的日益激化，亚述人的注意力不得不转回后方。他们任命了尼科一世的儿子普萨姆提克一世（Psamtik I）代为管理埃及，希望他继续做亚述的傀儡，随后亚述人便撤回了东方。

此时的埃及百废待兴，需要一个合适的人来领导重建这个支离破碎的国家。这个人不能是征服者，因为征服者必然会剥削和压制这个国家，而且这个人要具备一定的影响力，所以在血缘关系上不能太远，同时还必须了解这个国家的历史和文化，身为原第24王朝后裔的普萨姆提克一世正是这样一个合适的人选。

普萨姆提克一世是个不甘心做亚述附庸的人，同时也是一个具备心计和能力的人，虽然他当时已经获得了事实上的独立，但并没有选择马上与亚述反目，因为他深知自身的统治地位还不够稳固。于是，普萨姆提克一世积极笼络埃及各方势力，他娶了赫里奥波里斯大祭司的女儿，强化了自己在北方三角洲的地位，当塔努特阿蒙亡故后，他又不失时机地将自己年仅十岁的女儿送往底比斯，接替了原努比亚公主"阿蒙神之妻"的角色，这样就把埃及南方也控制在了自己手中。通过一系列运作，普萨姆提克一世逐渐获得了埃及各界的普遍认可。

普萨姆提克一世在统治期间，重建了运河与道路，鼓励农业生产，积极发展与地中海各国的贸易，大量的希腊人在埃及三角洲定居下来开展经济活动，一系列措施使埃及经济得到了恢复。普萨姆提克一世还花大力气重建了各处被毁坏的城镇，修复了那些古老神圣的建筑，其中不仅包括普塔神庙、卡纳克神庙等主要宗教圣地，就连阿匹斯神牛的地下坟墓也进行了扩建。在他的不懈努力下，满目疮痍的埃及焕然一新，重新焕发出久违的生机与活力。

为了提升埃及军队的战斗力，普萨姆提克一世还派使者前往小亚细亚的吕底亚（Lydia）王国，招募了一支由爱奥尼亚人（Ionians）和卡里亚人（Carians）组成的外籍雇佣军。这两个民族都非常好战，他们所使用的铠甲比埃及人的铠甲更为厚重。这些装备更先进的外国雇佣军成为深受普萨姆提克一世依仗的一支重要力量，被部署在三角洲边境地区的战略要地。

就在普萨姆提克一世励精图治的同时，靠军事征服建立起来的亚述帝国在内忧外患之下已渐渐没落，对遥远的埃及根本无暇顾及。埃及再度恢复自治，由此形成了所谓的第 26 王朝。到了普萨姆提克一世统治的后期，埃及甚至还向亚述提供援助，因为当时亚述最大的敌国 —— 快速崛起的新巴比伦王国成为新的威胁，最终在公元前 612 年，新巴比伦与米底（Medes）联合攻陷了亚述首都尼尼微（Nineveh），亚述随之灭亡。

普萨姆提克一世的儿子尼科二世（Necho II）对于现代人来说，可能只是一个名不见经传的人物，但他是一位与其父亲一样雄心勃勃的君主，他的功绩其实也远远超过了古埃及历史上一些徒有虚名的国王。

埃及虽然北濒地中海，东临红海，但一直以来只有陆军，没有专门的海军。尼科二世认为由雇佣军组成的陆军已足够强大，所以将重点精力放在海军的建设上。他组建了两支由希腊雇佣军组成的舰队，他们驾驶的是当时最先进的三列桨座战船，这是埃及第一次正式拥有海军。这两支舰队中的一支部署在地中海沿岸，另一支安置在红海沿岸。尼科二世甚至为了让两支舰队能在紧急时刻合二为一，还试图重新开凿连接尼罗河与红海之间的运河。这条运河始建于中王国时期，由于年久失修，河道里填满了泥沙。尼科二世希望将这条河道拓宽，以便三列桨座战船能通过运河交汇通行。但由于工程过于浩大，工人死亡人数不断增加，尼科二世最后不得不放弃了这项工程。

此后，尼科二世又想用另一种方式来实现这个目标，他决定尝试令船只从东边的红海出发，绕非洲大陆航行，然后从北面的地中海回到埃及。

他找来一批勇于冒险且有丰富航海经验的腓尼基人，让他们从红海出发，沿着非洲海岸一路航行，看能否经由地中海回到埃及。最终，这群勇敢的腓尼基人花了三年时间，绕过了好望角，进入大西洋，穿过直布罗陀海峡，来到地中海，回到了埃及，完成了全部航程，这比后来欧洲地理大发现时代的航海家们早了两千年。不过，环绕非洲大陆航行的成功对于尼科二世的初衷来说没有任何实用价值，所以他放弃了将两支舰队合二为一的想法。

此时的西亚，在亚述灭亡后处于混乱无序的状态。为了抗击新巴比伦王国，以及恢复埃及在西亚地区的影响力，尼科二世决定与亚述的残余势力合作，于是他率领一支主要由雇佣军组成的大军出发。当军队行至巴勒斯坦一带时，犹大王国可能因为担心埃及获胜后会危及自身，所以派兵阻挡埃及军队的前进。在协商无果后，双方在美吉多爆发了一场大战，埃及军队获得全胜，杀死了犹大国王约西亚（Josiah），使整个犹大王国臣服于埃及的统治之下。获胜之后的埃及军队继续向北推进至叙利亚，将远至幼发拉底河的卡尔凯美什（Carchemish，位于今土耳其和叙利亚之间的边境地区）洗劫一空，重新控制了西亚地区的大片土地，尼科二世也成为继第18王朝图特摩斯三世之后再次跨过幼发拉底河的埃及国王。

此时的埃及似乎又恢复了昔日的大国地位，沉浸在胜利的喜悦中。不过，这短暂的希望之火很快就被无情的现实浇灭。巴比伦国王为了重塑威望，派遣自己的儿子尼布甲尼撒二世（Nebuchadnezzar II，新巴比伦王国第二任君主。被誉为古代世界七大建筑奇迹之一的巴比伦空中花园，相传就是尼布甲尼撒二世为其王妃所建）向埃及军队和亚述残余势力发起进攻。双方于公元前605年在卡尔凯美什进行了决战，埃及惨败，尼科二世逃回埃及。此后的几年间，巴比伦对叙利亚、巴勒斯坦地区发动了一系列征服战争，使得这些地区的诸小国纷纷向巴比伦称臣纳贡，并于公元前601年尝试向埃及本土发动进攻，所幸埃及军队将其击退。此后尼科二世放弃了与巴比伦争锋，选择了休养生息，去世后王位传给了他的儿子普萨姆提克二世（Psamtik II）。

这个时候，埃及南方的库施王国似乎出现了一定的复苏迹象。普萨姆提克二世可能担心努比亚人会卷土重来，或许还夹杂着他们曾经杀死自己祖上的仇恨，于是率军南征。他命令大军将一路上第25王朝在各地建筑上留下的名字全部破坏，试图抹除第25王朝存在过的痕迹。这些遍布埃及各地的古老建筑也让军队中的希腊雇佣兵大开眼界，当他们路过阿布辛贝神庙时，有人还在其中一座拉美西斯二世巨像下刻写了一些涂鸦，成为埃及保留至今最早的希腊语文字。普萨姆提克二世的南征取得了胜利，库施王国的首都纳帕塔遭到洗劫，努比亚人不得不向更远的南方转移，在约300千米以外建造了新的都城麦罗埃（Meroe）。从此，努比亚人建立的库施文明进入了麦罗埃时期，再也没有对埃及本土造成过威胁。

　　普萨姆提克二世统治六年后去世，他的儿子阿普里斯（Apries）统治期间再次将目光投向巴勒斯坦地区，曾经被尼科二世占领过的犹大王国已臣服于巴比伦。此时埃及自身的实力根本不足以与巴比伦抗衡，但阿普里斯看准了饱受压迫的犹大王国对巴比伦的不满情绪，于是承诺给其援助，教唆他们发动叛乱，与埃及联手对付巴比伦，西底家（Zedekiah，犹大王国末代君主）接受了埃及的建议。可是，当后来巴比伦与犹大王国的战争打响后，埃及方面却没有遵守诺言。一开始，阿普里斯接到消息后，也确实马上派大军前往巴勒斯坦，准备援助犹大王国，可后来不知出于什么原因，或许是在最后关头对巴比伦的畏惧心理占了上风，总之埃及军队退缩了，撤离了巴勒斯坦。孤军奋战的犹大王国遭遇了灭顶之灾，首都耶路撒冷被攻陷，沦为一片废墟。国王西底家被俘，他的儿子们在他眼前被杀，随后他被残忍地挖去了双眼，后死于巴比伦狱中，耶路撒冷的全体居民也被作为俘虏押解回巴比伦。这就是犹太人历史上著名的"巴比伦之囚"事件，犹大王国就此灭亡。

　　不过，事后阿普里斯接收了大量犹太难民，为他们提供庇护，许多犹太人也加入了埃及军队。考虑到埃及与巴比伦迟早要正面交锋，为了增强埃及的防御能力，确保在海上的优势地位，阿普里斯攻占了腓尼基人的港口城市西顿这一重要战略要地。但是，随后发生的一件事终究将阿普里斯送上了不归路。

事情的起因是埃及的邻国利比亚的原住民与来自希腊的移民之间发生了冲突，阿普里斯派出军队去帮助利比亚人，企图占领希腊人在利比亚东部建造的殖民城市昔兰尼（Cyrene），糟糕的是此番埃及军队战败了，结果直接导致埃及军队中的本土士兵压抑已久的不满情绪彻底爆发。因为长久以来希腊雇佣兵更受埃及国王的重视，享受的待遇也优于本土士兵，以至于本土士兵认为此次战争的失败是阿普里斯故意让他们去送死。军队进而发生了哗变，阿普里斯随即派遣将军阿玛西斯（Amasis，又叫"阿赫摩斯二世"[Ahmose Ⅱ]）前往镇压。

阿玛西斯成名于阿普里斯的父亲普萨姆提克二世时期，曾指挥过对库施王国的战争。可是，当阿玛西斯到达前线后，叛军却出乎意料地拥戴阿玛西斯当埃及国王。阿玛西斯自然不会放过这个登上权力顶峰的绝好机会，于是就顺水推舟了。阿普里斯听说后大为惊恐，马上派遣地位很高的大臣帕塔尔别米司（Patarbemis）前去，命他将阿玛西斯召回。据说，当帕塔尔别米司见到阿玛西斯后，阿玛西斯毫无礼仪地放了个屁，以此作为回应。

虽然帕塔尔别米司再三劝说，但阿玛西斯不为所动，并暗示不久后将攻打阿普里斯。无奈之下，帕塔尔别米司只好回去复命。然而，面对无功而返的帕塔尔别米司，勃然大怒的阿普里斯竟毫不留情地下令割掉了他的鼻子和耳朵。这样一来，那些原本还拥护阿普里斯的人在看到德高望重的帕塔尔别米司无端遭罪后，纷纷转投到了阿玛西斯麾下。

阿玛西斯雕像

随后，阿普里斯率领自己的希腊雇佣军去讨伐阿玛西斯，双方在三角洲西北部地区遭遇，阿普里斯战败。几个月后阿普里斯再次向阿玛西斯发起进攻，但同样败给了自己曾经的将军。这次的失败让阿普里斯走投无路，无奈之下只好向昔日的敌人巴比伦求助，在陈明利害关系后成功获得了巴比伦的援助。可是，即使他率领着巴比伦军队杀回埃及，却仍然不是阿玛西斯的对手，他本人最终兵败被杀。

关于阿普里斯的死亡有几种不同的说法，有的说他是在与阿玛西斯的战斗中身亡；有的说法是，他战败后阿玛西斯本不忍心杀他，但迫于埃及民众的压力不得已将其交出，随后他被人们勒死；还有的说法是阿普里斯战败后逃离埃及，后来遇刺身亡。但有一点可以肯定的是，阿玛西斯将阿普里斯的遗体收回并予以厚葬，维护了对方最后的尊严，或许此举也是因为自己篡位而心怀愧疚吧。总之，阿玛西斯正式成为埃及的国王。

阿玛西斯原本是平民出身，由于其卑贱的出身，在他当上国王的初期，臣民们对他持以轻蔑的态度。对此，阿玛西斯想了一个办法。他将一只给自己和宾客用来洗脚的黄金盆熔掉，重新铸成了一座神像放在城中人们常去的地方，不知情的人常常来此虔诚地祭拜这座神像。后来，阿玛西斯将臣民们召集起来说道："这座神像是用一个洗脚、小便和接呕吐物的黄金盆改铸的，但你们现在却很尊敬它。同样，我以前虽然身份低微，但现在既然当上了国王，你们也应该对我表示尊重和敬畏。"人们不禁被阿玛西斯的这个比喻所深深折服，从此心甘情愿地做他的臣民，阿玛西斯凭借自己的智慧赢得了国王应有的尊严。

平日里，阿玛西斯只利用早上的时间处理政务，剩下的大半天时间都用来和宾客们饮酒作乐。当有人对此提出异议时，他说："弓箭手只有在准备射箭的时候才拉开他们的弓，射箭结束后弓就松弛下来了，弓如果一直拉着就会绷坏，等真正要使用时却已经不能用了。这和人需要劳逸结合是一样的道理，如果连续不断地埋头工作，从不把一部分时间用于娱乐和运动，人就会失去理智，变得愚蠢和喜怒无常。正因为我知道这一点，所以我把生活的时间分为工作的时间和消遣的时间。"

另外，阿玛西斯在早期是一个不务正业、游手好闲的人，有钱时就饮酒作乐，没钱时甚至去偷盗别人的财物，曾多次被抓，然后在不同的神庙里接受神谕（当时的审判方式），有的神谕将他赦免，有的神谕宣布他犯了盗窃罪。他当上国王后，将曾经赦免他的神庙视为没有价值的神庙，认为这些神谕是胡编乱造的；而那些宣布他有罪的神庙，他才认为是真正的神庙，给予其无上的尊崇。

以上这些足以说明，看似放荡不羁的阿玛西斯其实蕴藏着大智慧，在他玩世不恭的表象之下，其实也有明事理、辨是非的一面。

在治理国家方面，阿玛西斯也确实有所作为，他制定了新的法律，对社会经济发展起到了很好的推动作用，贸易得以迅速发展，埃及再次繁荣昌盛起来。希罗多德说这个时期的埃及有两万座城镇，虽然可能有些夸张，但也反映出此时的埃及重新恢复了往日的繁华景象，呈现出生机勃勃的发展姿态。对外方面，阿玛西斯努力维系与希腊的友好关系，他不仅迎娶了希腊的一位贵族女子，还向希腊因故被烧毁的德尔菲神庙的重建工程进行了慷慨捐赠。希腊人在埃及三角洲西侧建立的瑙克拉提斯（Naucratis，古希腊人建立的殖民城市）此时已发展成一个重要的工商业中心，吸引了越来越多的希腊商人、工匠、艺术家、诗人、历史学家前来，古希腊雅典城邦著名的改革家、政治家梭伦就是在这一时期到访的埃及。

阿玛西斯统治了埃及 44 年，这段时期似乎又让人看到了埃及再度崛起的希望。可惜的是，阿玛西斯的一切努力都是徒劳的，这暂时的中兴只不过是埃及文明在被永久征服前努力绽放的最后光彩。在阿玛西斯统治的后期，曾经不可一世的新巴比伦王国被后来居上的更强大的波斯帝国所灭，并且波斯的势力范围很快就拓展至北非一带。就在波斯厉兵秣马，准备将埃及收入囊中之时，阿玛西斯去世了，王位传给了儿子普萨姆提克三世（Psamtik III），这位生不逢时的埃及第 26 王朝最后一位国王注定将迎来悲惨的结局。

普萨姆提克三世继位仅仅几个月后，波斯国王冈比西斯二世（Cambyses Ⅱ）便率领大军向埃及发起了全面进攻，他们还得到了来自萨摩斯（Samos，位于爱琴海东部的希腊岛屿）的海军支持，萨摩斯是当时爱琴海上最强大的力量，拥有一支 100 艘三列桨战船组成的舰队。说起萨摩斯，其僭主（古希腊城邦统治者的称谓）波利克拉特斯（Polycrates）曾经还是阿玛西斯亲密的盟友，而他们反目的原因颇富戏剧性。

　　据说波利克拉特斯一向特别幸运，阿玛西斯便写信劝告自己的这位朋友，说没有人会永远一帆风顺，人的一生总会遇到挫折，希望波利克拉特斯能将自己最珍贵的财宝丢弃，以免因为诸神的忌妒而招致厄运。波利克拉特斯觉得阿玛西斯的建议是对的，便照做了。他乘船来到海上，当着众人的面把自己手上的黄金指环摘下来扔进海中。可是几天后，一个渔夫捉到了一条大鱼献给了波利克拉特斯，仆人们切开鱼腹后惊奇地发现了那枚被扔进海里的黄金指环。于是波利克拉特斯给阿玛西斯写信讲述了指环失而复得的经过，认为这是上苍的旨意。阿玛西斯看到信后意识到，没有任何人能将另一个人从他注定的命运中拯救出来，认为波利克拉特斯一定会有悲惨的下场。于是阿玛西斯主动与波利克拉特斯断交，理由是当不幸降临到波利克拉特斯身上时，由于对方已不再是自己的朋友，自己就不会感到那么痛心。现在，当波斯集结军队进攻埃及时，波利克拉特斯向波斯提供了 40 艘战船。其实波利克拉特斯也是怀有私心的，因为派出去的这些人都是他的反对者，他甚至要求冈比西斯二世不许这些人今后回到家乡。事实上，这群本就不满波利克拉特斯统治的人根本没有到达埃及，他们的战船航行到中途又折返回了萨摩斯，并与波利克拉特斯交战。而波利克拉特斯本人最后的命运果然应验了阿玛西斯当初的预言，他被波斯人诱骗至土耳其西部，钉在十字架上受尽折磨而死。

　　至于埃及军队，则在三角洲最东端的城市贝鲁西亚（Pelusium）与波斯军队展开了英勇的战斗。与其说是一场战斗，不如说是一场大屠杀。埃及方面约有 5 万人被杀，而波斯全部伤亡人数只有 6 千人，溃败的埃及人只好撤退至孟斐斯城中。雪上加霜的是，此时普萨姆提克三世的海军将领眼看形势不妙，也变节投靠了波斯人，并向敌人提供了埃及军队的大量情报。

紧随而来的波斯军队很快就包围了孟斐斯并封锁了河道，然后派出一艘船进入城内招降。结果船上包括波斯使者在内的两百多人全被埃及人杀掉并肢解，震怒之下的冈比西斯二世随后向孟斐斯发起总攻。虽然埃及人进行了顽强的抵抗，但孟斐斯还是在十天浴血奋战后被波斯军队攻陷，普萨姆提克三世被俘。为了报复埃及人杀死波斯使者，冈比西斯二世公开处死了两千多名埃及贵族，其中包括普萨姆提克三世的一个儿子。埃及国王的女儿也沦为奴隶，普萨姆提克三世眼睁睁地看着自己的女儿穿着奴隶的衣服与其他人一起劳作。至于普萨姆提克三世本人，一开始冈比西斯二世并没有杀他，而是将他带回波斯给予优待，但后来普萨姆提克三世秘密策划起义，最终还是被处死。

埃及第26王朝随着普萨姆提克三世的兵败而灭亡，这是埃及最后一个比较稳固的政权，在此期间甚至一度出现埃及文明重现辉煌的希望，但最终还是在一个又一个不断兴起的强国进犯下消亡，实在让人惋惜，埃及历史由此进入了被波斯人统治的第27王朝时代。

第27王朝（第一次波斯统治）

冈比西斯二世通常以残暴著称，在处死了普萨姆提克三世后，为了对埃及进行更严酷的惩罚，他命人将普萨姆提克三世的父亲，也就是阿玛西斯的木乃伊挖出来，用鞭抽打，用木棒戳尸，还扯掉头发，在用各种方法进行侮辱后又付之一炬。在他南征埃塞俄比亚人受挫返回孟斐斯时，碰巧遇见埃及人正在举办供奉阿匹斯神牛的庆祝活动。冈比西斯二世认为这是埃及人在庆祝他远征失败，于是当众拔出短剑朝神牛猛刺过去，剑刺到了神牛的大腿上，他嘲讽地对祭司们说："你们这群傻瓜，难道这些可以感觉到铁制兵器的血肉之躯，就是你们的神吗？说句实在话，只有埃及人才配有这样的神！但是，你们使我变成了你们的笑柄，你们要为此付出高昂的代价。"随即命人鞭打这些祭司，并下令在埃及全境，只要见到还在庆祝节日的人，统统杀掉。冈比西斯二世这一系列的渎神行为无疑是对埃及人和埃及宗教信仰的极大羞辱。

据希罗多德记载，冈比西斯二世在进军埃塞俄比亚的途中路过底比斯时，曾拨出一支5万人的部队，让他们穿越沙漠去征服埃及西边的一个小国并烧毁那里的阿蒙神庙。但这支部队后来在锡瓦（Siwa）绿洲附近神秘失踪，从此杳无音讯。相传这支部队在行军途中被一场超强的沙漠风暴吞噬，所有人都被黄沙湮没。这一颇具神秘色彩的事件曾被人们认为是一个杜撰的故事，但现代考古学家在这一地区发现了一些属于冈比西斯二世时期的干尸和铁制兵器，为此事提供了一些佐证，如果今后有更多的发现，或许能揭开军团失踪的真相。

不仅"失落军团"的事件颇为离奇，就连冈比西斯二世本人的死亡，也是充满诡异色彩。据希罗多德记载，冈比西斯二世逗留在埃及期间时，波斯国内发生了政变，于是冈比西斯二世准备回国平叛。可就在他跃上马的时候，他剑鞘的扣子脱落了，裸露出来的宝剑刺入他的大腿，被刺的位置和他当初刺伤阿匹斯神牛的位置一样。不久之后，冈比西斯二世就因伤势过重而亡。现代学者大多对此说法表示怀疑，冈比西斯二世的真正死因存在争议，有人认为他是自杀，有人认为他是被军队中的波斯贵族所杀等等，至今未有定论。

冈比西斯二世的顺位继承者本该是帕提亚（Parthia，西亚古国，位于伊朗高原东北部）行省的总督，但由于出现了政变者，该总督并未争取他应得的权力。可总督的儿子大流士一世（Darius Ⅰ）却不甘心，他联合了六个贵族，杀死了政变者，成为这个庞大帝国的新统治者。

在他登基的第一年里，帝国并不太平，各地都发生了叛乱，帝国处于分崩离析的边缘。大流士一世凭借着非凡的魄力和能力，通过一系列连续的战斗镇压了所有叛乱，恢复了帝国的秩序。他将自己在第一年里几乎不可能取得的胜利用三种文字刻写在贝希斯敦（Behistun）的山崖上供后人瞻仰，这就是著名的"贝希斯敦铭文"。他在统治期间还以亚述曾经修建的王室大道为基础，营造了一套横跨大半个帝国的道路系统，使帝国的军队能够以最快的速度出现在需要的地方。

比起冈比西斯二世的严酷和残暴，大流士一世对埃及的统治相对温和。他不仅恢复了塞易斯的奈斯神庙，甚至还在埃及西部沙漠中的哈里杰（Kharga）绿洲新建了一座阿蒙神庙，并提议建造新的方尖碑装饰底比斯的阿蒙神庙。当阿匹斯神牛死后，他提出要奖励一百个能找出新神牛的人，另外他还完成了第26王朝尼科二世只修建了一半的那条连接尼罗河与红海的运河，以发展埃及的贸易。他多次致谢埃及的神祇，偶尔还出席活动以增加埃及的荣誉感。但这些努力都没能改变埃及人对波斯统治者的憎恨之情，冈比西斯二世曾经的暴行已深深烙印在埃及人的脑海里，埃及人在默默等待着复国的机会，而这个机会终于到来。

公元前490年，波斯为了继续扩张帝国版图，对希腊雅典发起军事远征，双方在马拉松平原展开决战，雅典方面以牺牲192人的极小代价换取了杀敌约6400人的重大胜利（战争胜利后，一位善于长跑的士兵奉命返回雅典报捷，当他成功传回消息后，便力竭倒地而死。现在的马拉松长跑比赛项目就是为纪念此事而设立的，那位士兵跑回雅典的距离42.195千米就成为现在比赛的距离）。雅典人取得马拉松战役大捷的消息传到埃及后，极大地鼓舞了埃及人的斗志。在悄悄准备了几年后，埃及人终于在公元前486年揭竿而起，爆发了第一次起义。他们屠杀了孟斐斯的波斯守卫部队，宣布埃及独立。大流士一世随即前往镇压，可就在这时他却突然亡故了。

他的儿子薛西斯一世（Xerxes I）继位后不久便轻松镇压了埃及人的起义，并将埃及置于比之前更严酷的统治之下。几年后，薛西斯一世又向希腊发起进攻，斯巴达城邦国王带领300名精兵和部分希腊城邦联军在一处名叫"温泉关"的易守难攻之地英勇地进行了毫无获胜希望的防御战，最终全军覆没（2007年上映的电影《斯巴达300勇士》就是据此改编），随后波斯军队继续向雅典进军。雅典已提前疏散了城中居民，只留下一小部分人在此坚守。波斯大军杀光了这些人，将神庙洗劫一空后，焚烧了这座空城泄愤。

虽然薛西斯一世此时已占领了大部分希腊土地，但在几个月后的萨拉米斯海战中，希腊联军以损失 40 艘战舰的极小代价，取得了击沉波斯战舰 200 艘、俘获 50 艘的重大胜利。这也是在马拉松战役十年后，希腊人对波斯帝国的又一次以少胜多的著名战役。这场战争成为双方力量此消彼长的转折点，虽然一年后波斯帝国再度进攻希腊，但仍以失败告终。希腊与波斯之间的战争是东西方文明一次前所未有的大融合，其影响远远超出了战争本身，希腊的胜利为日后的西方文明奠定了基础。从此以后，战争的主动权掌握在了希腊手中，波斯帝国开始走向没落。

在此期间，埃及人并没有爆发叛乱，甚至还为波斯军队提供了两百艘战船去攻打希腊，当然这只是被迫服从，并非出于本意。薛西斯一世后来死于宫廷政变，被自己的大臣所杀，直到他的儿子阿尔塔薛西斯一世（Artaxerxes Ⅰ）继位几年后，埃及才再次爆发了起义。

公元前 460 年，曾经被冈比西斯二世处死的普萨姆提克三世的儿子伊纳罗斯（Inaros）和一个名叫阿米尔塔尼乌斯（Amyrtaeus）的人联手，发起了反抗波斯统治的战争。这次战争持续的时间很长，可能有数年之久。刚开始，埃及军队击败了波斯人，获得了战争的主动权，但孟斐斯的波斯驻军仍负隅顽抗，埃及军队久攻不下，于是伊纳罗斯和阿米尔塔尼乌斯向希腊雅典求助。萨拉米斯海战之后，雅典已拥有了地中海最强大的海军力量，于是爽快地派出了大约 4 万人和 200 艘三列桨座战船前来支援埃及，此举也是为了在希腊本土以外开辟对波斯的第二战场。可是，埃及与希腊联军陈兵数月毫无进展。在此期间，阿尔塔薛西斯一世调集了 30 万大军，委派著名将领迈加比佐斯（Megabyzus）前来解围，迈加比佐斯也不负厚望地战胜了埃及与希腊联军。希腊军队被迫后撤，在三角洲的一个岛屿以船据守，迈加比佐斯将这里围困了长达 18 个月之久却始终无法取得全面的胜利。最后，迈加比佐斯想出了一个办法。他将一条支流的河道阻断，使河床裸露出来，随后轻易俘获了深陷在淤泥中无法动弹的希腊战船，然后以绝对兵力优势击垮了在岛上坚守的希腊人。埃及军队的领袖伊纳罗斯后来遭到自己亲信的出卖，不得以投降了波斯人，最终被钉死在十字架上。阿米尔塔尼乌斯则逃到沼泽地里躲过此劫，但他放弃了抗争，埃及人反抗波斯统治的第二次起义再度以失败告终。

大约就在此次战争结束几年之后的公元前 450 年左右，前文曾多次提到的那位希腊最早的历史学家、被西方人称为"历史之父"的希罗多德来到了埃及。他从北到南游历了整个埃及，造访了古王国时期的吉萨金字塔群；参观了第 12 王朝国王阿蒙涅姆赫特三世的迷宫陵寝；他还见到了不久前伊纳罗斯战败的那个尸骨累累的战场；他最远行至埃及南方边境处的象岛，探访传说中尼罗河的源头。后来，他把在埃及的所见所闻写进了那本举世闻名的《历史》一书中，虽然后世对书中很多内容的真实性表示怀疑，但这些内容依然具有重要的参考价值，直到今天仍常被埃及学者所引用。

埃及第二次起义失败后的约半个世纪里，没有人再试图去挑战波斯帝国的权威，即使在阿尔塔薛西斯一世的接班人大流士二世（Darius Ⅱ）统治的十几年间，埃及也没有出现过争取自由的举动。直到大流士二世的儿子阿尔塔薛西斯二世（Artaxerxes Ⅱ）继位后，一个叫阿米尔泰乌斯（Amyrtaios）的人才挺身而出，成功赶走了波斯人，使埃及重获独立，开创了所谓的第 28 王朝。

第28、29王朝

现在人们对阿米尔泰乌斯时期的详细情况几乎一无所知，只知道他建立的第 28 王朝在他短短的五年统治之后便宣告终结。第 28 王朝如此短命的原因并非波斯的反扑，而是埃及的内斗。一个叫尼斐利提斯（Nepherites）的人在一次战役中战胜了阿米尔泰乌斯，并将其处死，随后建立了第 29 王朝。

可第 29 王朝同样短命，尼斐利提斯本人只统治了六年时间，后来他的儿子遇到了反叛者并败给了对方。可获胜的一方还未坐稳王位，就被自称尼斐利提斯孙子的哈科尔（Hakor）推翻。

哈科尔统治了埃及十三年，在此期间波斯曾数次反扑，但埃及在雅典的帮助下成功抵挡住了波斯的进攻。哈科尔死后，他年幼的儿子继承王位，但很快就被将军内克塔内布一世（Nectanebo Ⅰ）杀掉，由此开创了埃及第 30 王朝，这也是埃及最后一个本土王朝。

第30王朝

虽然这段时期埃及的王位争夺异常激烈，但波斯国王仍然是阿尔塔薛西斯二世，他始终没有放弃重新征服埃及的野心，战争最终在内克塔内布一世当政几年后爆发。此次波斯军队可谓来势汹汹，阿尔塔薛西斯二世派出了一支由 22 万士兵和 500 艘战船组成的军队。让人颇感意外的是，此番进攻埃及的波斯军队中还有一支来自希腊的雇佣军，这支 2 万人的希腊雇佣军由雅典名将伊菲克拉特斯（Iphicrates）率领。伊菲克拉特斯是古希腊雅典的杰出军事将领，拥有辉煌的战绩，同时也是军事改革家，他在历史上以改造组建轻盾兵而闻名。两支军队在以色列北部港口城市阿卡（Acre）会合，随后向埃及进发。

他们来到尼罗河三角洲东端的贝鲁西亚后，发现那里的防守极其严密，于是临时改变作战计划，让部分战船载着 3000 名士兵在海上向北航行，利用夜色做掩护，再迂回至三角洲的一处河口登陆，一番激战后成功控制了此地。

接下来，伊菲克拉特斯认为应该通过奇袭的方式迅速强攻孟斐斯。但波斯统帅考虑到自身兵力上的优势，更愿意采取保守推进的策略，不想冒任何风险，所以拒绝了伊菲克拉特斯的建议，双方由此产生分歧。由于以往两国间的恩怨，希腊人与波斯人本就不和，加上现在意见的不同更是让双方相互猜忌。

埃及方面则抓紧时机调动军队，通过一系列小战役与敌军周旋，将对方死死拖住，因为埃及人知道，僵持的时间越长对自己越有利。最终，夏季到来，尼罗河迎来了一年一度的泛滥季，河水溢满了整个三角洲地区，道路被淹没，波斯军队丧失了军事行动的最佳时机，不得不撤军，伊菲克拉特斯与波斯统帅互相指责是对方延误了战机。

这次埃及击退强敌波斯，使内克塔内布一世的王位得到了巩固，也为他个人赢得了至高的荣誉，他被埃及人视为英雄，人们认为埃及又恢复了曾经的荣耀与尊严。战争的胜利为埃及赢得了一段难得的和平发展时期，这让内克塔内布一世在他统治的后半段时期里有精力和实力重启搁置已久的大规模建设事业。他修建了卡纳克神庙的第一塔门，背面建设用的坡道遗址至今留存。他修复了孔苏神庙，还在卡纳克连接卢克索神庙的道路上安放了许多斯芬克斯雕像，在塞拉皮雍也修建了一条同样有斯芬克斯雕像的通道，他为神牛竖起了纪念碑，在布巴斯提斯、埃德富、阿拜多斯、丹德拉等地也都留下了他的建筑痕迹。

遗憾的是，内克塔内布一世的儿子泰奥斯（Teos）的统治能力远不及父亲。他采取激进政策，主动出击巴勒斯坦一带，向波斯帝国发起挑战。他的行动得到了希腊斯巴达国王阿格西劳斯二世（Agesilaos II）的支持，此时已八十岁高龄的阿格西劳斯二世甚至亲自率领一支雇佣军协助泰奥斯。但泰奥斯的远征行动还未取得大的进展时，埃及内部就发生了叛乱，主要原因是泰奥斯为了筹集军费和支付希腊雇佣军的酬劳，向人民征收重税，同时对神庙的犒赏捐赠也被取消。这些政策使他失去了社会各界的支持，导致民怨沸腾，后来就连斯巴达国王阿格西劳斯二世也转而支持叛军。于是，泰奥斯在统治埃及仅仅两年后，就被叛军首领（自己的侄儿）所取代。泰奥斯本人走投无路，只好投奔了敌国波斯，在时任波斯国王阿尔塔薛西斯三世（Artaxerxes III）的庇护下苟全性命，最终因病客死他乡。

新的埃及国王通常被称作内克塔内布二世（Nectanebo Ⅱ），他是埃及第 30 王朝的最后一位国王，也是古埃及王朝时代的最后一位本土国王。内克塔内布二世调整政策，重获人民的支持。在公元前 351 年时，他又在雅典和斯巴达的帮助下击退了前来进犯的波斯大军，这让他的声威达到了顶峰。然而，这一切都是徒劳的，历史的车轮滚滚向前，谁也无法阻挡，古埃及本土王朝的命运即将终结。

公元前 346 年左右，各地反抗波斯的起义不断。埃及虽没有直接参与，但向所有地区的反抗者提供了资金或希腊雇佣军作为支持。比如腓尼基的西顿两次击退了来犯的波斯大军，其主力就是内克塔内布二世派来援助的 4000 名希腊雇佣兵。这也让波斯国王阿尔塔薛西斯三世痛下决心，准备彻底除掉这些反叛者背后的金主 —— 埃及。为此，他进行了精心准备，从帝国各地调集了最优秀的军队，囤积了大量武器和战备物资，配备了充足的舰队。最后，他率领着包括 30 万步兵、3 万匹军马、300 艘三列桨座战船、500 艘物资供给船的大军开始了他野心勃勃的征服计划。

这次，西顿被攻下并遭到血洗，内克塔内布二世派来援助西顿的希腊雇佣兵首领门托耳（Montor）战败被俘。阿尔塔薛西斯三世因欣赏门托耳的才华赦免了他，让他为自己效力。接下来，阿尔塔薛西斯三世带领这支虎狼之师浩浩荡荡杀向了埃及。埃及方面投入的兵力大约为波斯的三分之一，其中包括 6 万名埃及本土士兵、2 万名希腊雇佣兵、2 万名利比亚雇佣兵。

战争首先仍然在三角洲最东端的门户城市贝鲁西亚打响，虽然内克塔内布二世已做了大量准备，但波斯人的强大攻势超出预料，埃及的内河船守军舰队也根本无法与波斯先进的三列桨海船抗衡，波斯大军很快就控制了河口，随即对贝鲁西亚的港口和堡垒进行全面围攻。内克塔内布二世见势不妙，便将防守任务留给了希腊将领们，自己撤退到了孟斐斯，准备调集兵力继续抵抗。可失去主心骨的希腊雇佣军根本无心恋战，很快就向敌人投降，阿尔塔薛西斯三世接受了投降条件，准许他们带着可以随身携带的资产返回希腊，贝鲁西亚随即沦陷。

成功拿下贝鲁西亚的波斯军队没有减慢进攻的步伐，另一重要城市布巴斯提斯很快便遭到了围攻，来犯的将领正是先前那位转投波斯阵营的希腊雇佣兵首领门托耳。在调查了城中的情况后，他放出消息，告诉城里的人们只要放弃抵抗就能被赦免，负隅顽抗的人将受到最严厉的惩罚。这一招果然见效，使城中的埃及人和希腊人产生嫌隙，甚至发生了内讧。最后，在门托耳的一系列运作下，布巴斯提斯也宣告沦陷。

随着贝鲁西亚和布巴斯提斯的相继失守，通往孟斐斯的道路已向波斯人敞开。波斯大军泰山压顶般的态势似乎让内克塔内布二世顿悟，意识到败局已定的他放弃了抵抗，带上了所有能够带走的财产，逃到了南方旧都底比斯。但波斯军队紧随而至，内克塔内布二世只好继续往南逃至努比亚地区躲藏，从此下落不明。

第30王朝的覆灭不仅让埃及再次沦为波斯帝国的一个省区，同时也标志着埃及延绵了约三千年的本土王朝时代彻底结束，埃及从此进入了漫长的外邦统治时代。

第31王朝（第二次波斯统治）

波斯对埃及此前的行为怀恨在心，可想而知，当再次征服埃及后，必然少不了疯狂的报复。于是，埃及全境城防设施被拆除，各地的神庙遭到大规模野蛮破坏，里面的财宝被掠夺一空，埃及人民被征收重税，更耻辱的是，自第一次波斯统治后所有埃及国王的墓葬都被破坏和洗劫，神牛阿匹斯被淹死，驴被宣布为埃及的圣兽。最后，波斯国王阿尔塔薛西斯三世在孟斐斯设立了总督后，满载着战利品离开了埃及，他的身后留下了一个千疮百孔、动荡不安的国度。

此后，留守在当地的波斯驻军继续摧毁着古埃及文明，他们竭尽所能地破坏神庙、打压祭司阶层，将古埃及宗教书籍销毁。因为他们知道，这些才是支撑古埃及文明走到今天的精神核心，只有将这些彻底摧毁，才能真正消除埃及这个心腹大患。

但是，波斯人的这次统治没有持续太长时间。阿尔塔薛西斯三世在取得贝鲁西亚战役胜利的五年后，被自己的大宦官巴戈阿斯（Bagoas）毒死，其子阿尔塞斯（Arses）被扶上王位。阿尔塞斯本想铲除巴戈阿斯，但被对方先下手为强，于是阿尔塞斯在做了短短两年的傀儡后又被巴戈阿斯毒杀，他的所有子女也都被杀害。接着，巴戈阿斯又拥立王室旁支大流士三世（Darius III）登上王位，大流士三世最终除掉了这个弄权的宦官。

不过，大流士三世恐怕没有想到，自己将会是这个庞大帝国的最后一位国王。而埃及，也将很快投入另一个外来统治者的怀抱。

马其顿王朝

现在我们常说的"古希腊"，并不是一个国家的概念，而是一个地理和文化的概念，它大致包含了巴尔干半岛南部、爱琴海和爱奥尼亚海诸岛以及小亚细亚沿岸等地区。古希腊由大大小小几百个城邦组成，其中比较著名的有前面提到的雅典、斯巴达等，这些城邦之间时而结盟，时而内斗，它们共同构建起了所谓的"古希腊文明"。

马其顿是一个位于希腊北部的国家，它分为上马其顿和下马其顿两个地区。上马其顿山脉纵横、交通不便，发展相对落后，这里的人民属于各部族酋长，国王难以驾驭；下马其顿地处爱琴海沿海的平原地区，更靠近希腊，这里土地肥沃、适合农耕，是马其顿的主要政治、经济、文化中心，这里的人民是隶属于国王的臣民，由国王直接统治。

马其顿人的民族构成复杂，但肯定具有一定的希腊人血统，他们在文化上认同希腊，官方语言也是希腊语。但从地理位置上来说，马其顿处于古希腊文明圈的边缘地带，国内民风粗犷，国家长期处于贫穷落后的状态，实行的又是君主制而非希腊的民主制，因此早期希腊并不认为马其顿是自身文明的一部分，而是将其视作未开化的蛮族，或者顶多认为他们介于野蛮人和文明人之间。事实上直到今天，关于"马其顿是否属于希腊""马其顿与希腊是什么关系"之类的问题一直没有定论。

到了腓力二世（Philip Ⅱ）统治马其顿时期，情况发生了变化。腓力二世通过改革币制，积极发展与希腊城邦的贸易，使马其顿的经济得到了较大发展。他还强化王权，征招原山地部族人民为职业士兵，使松散的马其顿人团结起来，形成了一个统一稳定的国家。他建立起一支由他本人指挥的国家常备军，还组建了强大的海军，并在希腊重步兵方阵的基础上改良创立了著名的马其顿方阵，士兵们不仅穿上了厚重的盔甲，所使用的长矛长度也是希腊长矛的两倍，这一系列的改革创新为日后马其顿横扫欧亚大陆奠定了坚实的基础。当他牢牢控制住了马其顿本土后，为了获得更多的黄金，很快又将统治范围扩展到了东北部的色雷斯地区，因为这里蕴藏着丰富的金矿。腓力二世通过二十多年的励精图治，使马其顿一跃成为希腊北部的重要国家。但腓力二世的野心绝不仅止于此，他更远大的目标是要统领整个希腊世界。

随着马其顿的不断发展壮大，希腊也开始警觉和担忧起来，双方最终在公元前338年爆发了著名的喀罗尼亚（Chaeronea，古希腊城镇）战役。在这场决定性的战役中，腓力二世战胜了希腊雅典和底比斯（古希腊主要城邦之一，与埃及底比斯同名）联军，从此确立了马其顿在希腊的霸主地位。第二年，腓力二世在希腊科林斯（Corinth）召开泛希腊联盟大会，强迫希腊各城邦与自己结盟，腓力二世成为联盟的领袖，史称"科林斯同盟"。在这次会议上，腓力二世宣布了对波斯作战的决定，他代表全体希腊人宣布，将惩罚150年前薛西斯对希腊犯下的战争罪行。

然而，就在腓力二世开始实施这项伟大计划之前，自己却在女儿的婚礼上遇刺身亡，凶手被当场捉住后就地正法。通常认为，腓力二世的妻子奥林匹娅斯（Olympias）就是刺杀行动的幕后主使，甚至他们的儿子，也就是即将登上世界历史舞台的，被誉为欧洲历史上最伟大的四大军事统帅之首的亚历山大（即亚历山大大帝，世界古代史上著名的军事家和政治家）也可能参与其中。

奥林匹娅斯是希腊伊庇鲁斯（Ipiros）国王的女儿，她与腓力二世的结合原本就是一场政治婚姻。奥林匹娅斯本人性格专横独断、高傲暴躁，当腓力二世另有新欢后，失宠的奥林匹娅斯渐渐被疏远，因此心怀怨恨。在腓力二世与新任妻子的婚宴上，喝得醉醺醺的腓力二世邀请贵族们祈求神灵，祝福国王早日生下一个合法的王位继承人。这无疑是在暗指奥林匹娅斯不守妇道，影射亚历山大不是自己的亲生儿子。此番言语不仅激怒了奥林匹娅斯，更是极大地刺激了一旁的亚历山大。亚历山大当众将一只酒杯砸向自己的父亲，腓力二世也跟跟跄跄地站起来，拔出宝剑刺向自己的儿子。但由于腓力二世已喝得头昏脑涨，所以跌倒在地。亚历山大讥讽地说："看吧，这就是那个要从欧洲打到亚洲的人，他的旅途不过就是从一张床爬到另一张床而已。"其实，腓力二世这样当众侮辱奥林匹娅斯和亚历山大或许并非完全是酒后的胡言乱语，因为早就有传言说亚历山大不是腓力二世的亲生儿子，腓力二世可能也是对此耿耿于怀，才借着酒劲说了这番话。总之，经过这件事后，奥林匹娅斯和亚历山大遭到了驱逐，母子二人回到了伊庇鲁斯，但腓力二世还需要亚历山大帮助自己完成大业，所以不久后又将其召回。

此时，腓力二世的新任妻子已为他生下了一个男孩，这显然会引起奥林匹娅斯和亚历山大对将来王位继承问题的担忧。腓力二世为了修复与奥林匹娅斯哥哥（现任伊庇鲁斯国王）的关系，以免他叛变投敌，便将自己的女儿嫁给了他。可腓力二世万万没想到，自己会在女儿的婚礼上遇刺身亡。凶手是一个身份地位不算显赫的人，曾受到将军阿塔鲁斯（Attalus，腓力二世的新任妻子就是阿塔鲁斯的侄女）的冤枉，但腓力二世拒绝为其申冤，因此他对国王怀恨在心。

至于腓力二世遇刺事件，究竟是凶手的个人行为，还是受到奥林匹娅斯和亚历山大的指使，已不得而知，但分析其中的利害关系，奥林匹娅斯和亚历山大确实具有充分的作案动机和嫌疑。并且在腓力二世死后，其新任妻子很快被迫上吊自尽，奥林匹娅斯还残忍地处死了她的父亲以及她为腓力二世所生的一子一女。至于将军阿塔鲁斯，也被亚历山大下令处死。这样一来，再也没人能威胁到亚历山大的王位继承权了。亚历山大即位后马上宣布，刺杀事件的幕后黑手是波斯，凶手受到波斯国王大流士三世的指使，目的是阻止马其顿的东征。无论事实真相究竟如何，亚历山大终于正式登上了历史舞台，从此深刻影响了人类历史的发展进程。

亚历山大于公元前356年7月20日出生在马其顿首都，少年时曾受教于古希腊著名思想家亚里士多德（Aristotle，世界古代史上伟大的哲学家、科学家和教育家）。据说亚历山大在12岁时曾轻易驯服了一匹成年人都无法驯服的烈马，当他骑着马优雅地回到众人面前时，腓力二世激动地说："我的儿子，去寻找一个配得上你的王国吧，马其顿太小了！"

亚历山大 16 岁时就代替父亲治理马其顿，并率领部队镇压了马其顿北部的起义。随后又与父亲并肩作战，将马其顿的势力范围扩展至达达尼尔海峡（古称"赫勒斯滂 [Hellespont]"，今土耳其西部连接爱琴海和马尔马拉海的要冲）。在马其顿与希腊那场具有决定性的喀罗尼亚战役中，亚历山大率领骑兵部队发挥了极为关键的作用，为马其顿赢得了最后的胜利，那时他才刚刚 18 岁。现在，随着腓力二世遇刺身亡，还不到 20 岁的亚历山大成为了马其顿乃至整个希腊世界的领袖。

然而，那些被迫与马其顿结盟的希腊城邦将腓力二世之死看作一个千载难逢的机会。雅典人更是幸灾乐祸，他们毫不掩饰地公开庆祝，甚至有人提议通过一则法令来纪念那位刺杀腓力二世的"勇士"。在雅典的鼓动下，希腊人纷纷要求摆脱马其顿的控制。眼前的形势，对于年轻的亚历山大来说是一个严峻的考验。

但亚历山大表现得极为果敢，他一刻也没有耽误，马上率军出发。因为他知道，如果自己能够及时出现，或许可以避免这场骚乱发展成彻底的叛乱。他首先来到色萨利（Thessalie，希腊北部地区），马其顿的马匹和骑兵主要由这里提供，所以让色萨利保持臣服对马其顿来说具有极重要的战略意义。亚历山大采取暗度陈仓的方式绕到敌人身后，不费一兵一卒，迫使重压之下的色萨利在公民大会上选举自己继续担任执政官。与色萨利的和解还使亚历山大获得了南边其他一些地区的认可，整个过程中没有发生军事冲突。随后，亚历山大继续向南推进，由于他的行动迅速，希腊人根本没有做好真正抵抗的准备，雅典不得不派出使团表达忏悔之意，对此亚历山大也欣然接受。在随后召开的科林斯泛希腊同盟大会上，各方推举亚历山大代替其父腓力二世之职，成为全希腊的领袖。就这样，亚历山大成功地让希腊世界再度臣服马其顿，化解了这场危机。此次大会还宣布，亚历山大不只是马其顿国王，他还是阿喀琉斯的后代，并被选为征服波斯的全权将军。虽然这一切都只是走过场，但却拉开了历史上古希腊文化大范围传播的序幕。

　　然而反叛的并不只是希腊，色雷斯地区此时也出现躁动不安的迹象。亚历山大率军狠狠打击了那些叛乱者，重新稳固了这一地区的形势。当他撤军回国时，又得知西北方向的伊利里亚（Illyria，古地区名，今巴尔干半岛西北部）入侵马其顿的消息，于是又打败了这些入侵者，确保了马其顿西北边境的安全。可是，连续征战的亚历山大还未能停歇，就传来希腊再次反叛的消息。因为此时希腊人听到一个传言，说亚历山大已在与色雷斯人作战时阵亡，甚至还有"证人"向人们讲述亚历山大死亡的详细经过。于是，对亚历山大和马其顿一直面服心不服的希腊人再次萌生反意，以底比斯城邦为首的希腊人纷纷行动起来，发起了反抗马其顿的运动。希腊人甚至得到了波斯的金钱资助，因为波斯国王大流士三世也开始意识到马其顿是一个危险的邻邦。

　　得知消息后的亚历山大以迅雷不及掩耳之势，只用了不到十四天时间就从伊利里亚赶到了希腊底比斯城下。这次，亚历山大决定杀一儆百，一番激战之后，底比斯被攻陷。随后进行的惩罚性大屠杀使六千名底比斯人命丧黄泉，剩余数万

亚历山大肖像

居民被卖作奴隶，底比斯城被夷为废墟，这个在巅峰时刻曾击败斯巴达而一度引领整个希腊世界的强大城邦就此覆灭。虽然二十多年后底比斯再度重建，但昔日的荣光不再。

　　底比斯的覆灭使那些反对亚历山大和马其顿的运动顿时烟消云散，雅典慌忙派出使团向亚历山大表示祝贺并请求宽恕，其余希腊城邦也纷纷表示臣服，事情的发展正如亚历山大所预期的那样。

　　现在，亚历山大终于可以毫无后顾之忧地开始对波斯的远征了。他的

远征计划大致分为三个阶段，首先是征服小亚细亚，然后是叙利亚和埃及，最后再向波斯腹地进军。

公元前 334 年春天，亚历山大率领马其顿与希腊各城邦组成的联军（约 3 万名步兵、5000 名骑兵、160 艘战船）跨过达达尼尔海峡，开始了他的征服计划。在出发之前，亚历山大仿佛预见自己不会再回来似的，变卖了所有王家领地的资产，将所得收入分给了他的朋友，有人问他为自己留下了什么，亚历山大回答说："希望。"

踏上东方的土地后，亚历山大专程来到了特洛伊（著名古城遗址，位于今土耳其），在此进行了一系列祭拜活动。随后，亚历山大与驻扎在小亚细亚的波斯军队在格拉尼库斯河（Granicus River）发生了首次大规模交战。此战双方的兵力大致相当，亚历山大获得全胜。接下来，亚历山大又取得了一系列战斗的胜利，不断蚕食着波斯帝国的领地。

随着亚历山大在小亚细亚的快速推进，波斯国王大流士三世再也坐不住了，他亲率十几万（一说 60 万）大军渡过幼发拉底河前来迎战。可是，兵力占优的大流士三世放弃了适合波斯大军团作战的开阔平原地带，主动来到了地形更为狭窄的伊苏斯（Issus，今土耳其伊斯肯德伦［Iskenderun］北）地区。这样一来，千军万马挤成一团，波斯军队的人数优势就无法发挥出来，这也是之后波斯战败的原因之一。当战斗进行到最激烈时，亚历山大向大流士三世乘坐的战车及其周边护卫发起了猛烈攻击，大流士三世却在这时掉转车头，仓皇而逃，致使军心动摇，波斯大军随即全面溃败。在逃跑的过程中，大流士三世甚至脱掉了自己的盔甲和披风，跳下战车，骑上一匹脚力更快的马继续逃跑，连自己在大营中的母亲、妻子和孩子们也全然不顾了，后来获胜的亚历山大给予了她们作为王室应有的尊重和照顾，这场战役就是马其顿帝国与波斯帝国之间著名的"伊苏斯之战"。

战役过后，亚历山大并没有乘胜追击，因为他知道波斯海军还控制着地中海沿岸地区，如果贸然深入波斯帝国的腹心地带将会犯下重大的战略错误。所以亚历山大仍然遵循既定方针，继续向叙利亚进军，这样也能从陆地上占领被波斯控制的地中海沿岸港口，从而瓦解波斯军队的海上力量。接着，亚历山大一路南征，在征服了叙利亚和巴勒斯坦地区后，他终于来到了埃及。

现在埃及已与波斯完全分隔开来，波斯驻埃及总督除了投降外别无选择。至于埃及人，他们早就恨透了波斯的统治，因此把亚历山大当作救世主一般，人们欢呼雀跃地迎接亚历山大的到来。在这样喜庆的氛围中，一个自欺欺人的传言也在埃及民间散播开来，人们说亚历山大其实是以前的埃及国王内克塔内布二世的儿子，他当年兵败后先逃到了努比亚，后又辗转去了马其顿宫廷，并在那里隐姓埋名地生活着，后来他与腓力二世之妻奥林匹娅斯偷情，两人生的儿子就是亚历山大……

就这样，亚历山大兵不血刃，顺利接管了埃及。在埃及逗留期间，亚历山大被埃及那些古老的建筑奇迹深深震撼，以至于他宣称要在马其顿也修建类似吉萨大金字塔那样的宏伟建筑。与波斯恶意破坏埃及宗教的做法相反，亚历山大特别尊重埃及古老的风俗习惯，他在孟斐斯虔诚地向神牛阿匹斯和其他埃及神祇献祭，精心维护与埃及祭司集团的关系，因为亚历山大知道，要想统治这个国家，必须得到他们的支持。不仅如此，为了更好地彰显自己统治埃及的合法身份，亚历山大还亲自前往锡瓦绿洲的阿蒙神庙接受神谕，结果证明他确实是"阿蒙之子"。虽然这一切只是作秀，但这些姿态在当时极大地取悦了埃及人，使埃及人心甘情愿地接受他的统治。

亚历山大在埃及做的最重要的一件事，就是新建了一座以他的名字命名的城市。城内建有市场、伊西斯神庙、希腊诸神的神庙，并修建了坚固的城墙环绕其外。亚历山大亲自参与了城市的选址和规划工作，据说他在地上用麦粒来规划这座城市的街道布局时，突然飞来一群鸟将这些麦粒吃掉，这使他心感不安，认为是不祥之兆。好在一位随行的智者告诉他，这意味着这座城市将会吸引很多人前来定居，是繁荣兴旺的吉兆，这才使亚历山大释怀。亚历山大修建新城的目的是想让它成为西亚和东地中海一带的商贸中心，让世界贸易尽可能落入希腊之手。后来的事实证明，亚历山大对这座新城的选址确实独具慧眼，此后的亚历山大城逐渐发展成为希腊世界最大的城市，甚至超过了雅典。即使在两千多年后的今天，亚历山大城仍是埃及第二大城市和最重要的海港，它产生的巨大价值已远远超过了亚历山大当初的目标和期望。亚历山大在之后的征战中，共建立了 70 多座新城市，其中至少有 13 座都以他的名字命名。这些城市里居住着马其顿人和希腊人，希腊的文化在很大程度上由他们传播到了全世界，其实这才是亚历山大留给后世最珍贵的遗产。

亚历山大在埃及休整了六个月后，于公元前 331 年春天再次踏上征程。现在，他已完全掌握了东地中海的制海权，可以放心地向波斯帝国的腹地进军了。在此后的高加米拉（Gaugamela）会战中，亚历山大再次以少胜多，击败了波斯军队。在战斗中，发生在伊苏斯之战中的那一幕再次上演，当马其顿的重装步兵推进到大流士三世身边激烈地近战时，这位被喊杀声、哀号声吓破胆的波斯国王再次掉转马头仓皇逃窜。亚历山大赢得此战胜利的同时，也标志着波斯帝国灭亡的败局已定。

亚历山大获胜后乘势推进，先轻松占领了古老的巴比伦城，接着又占领了波斯的两座都城苏萨（Susa）和波斯波利斯（Persepolis），然后继续追击波斯国王大流士三世。与此同时，波斯内部开始出现异动，一个叫贝苏斯（Bessus）的总督发动政变，将大流士三世囚禁了起来，准备当作与亚历山大谈判的筹码，以便能重整旗鼓，日后继续与之对抗。亚历山大得知消息后昼夜兼程地全速追击，在紧要关头，贝苏斯命令大流士三世骑上快马与自己一同逃跑。大流士三世拒绝了这个无礼的要求，恼羞成怒的贝苏斯拔剑刺伤了大流士三世，随后逃之夭夭。当追赶而来的马其顿士兵发现大流士三世时，他已经奄奄一息，很快便气绝而亡了，亚历山大以最高的礼仪为大流士三世举行了国葬。至此，波斯帝国（阿契美尼德[Achaemenid] 王朝，又称波斯第一帝国）宣告灭亡。至于那个作乱犯上的贝苏斯，后来遭盟友抛弃而被俘，亚历山大按照波斯处置叛徒的惯例将其劓鼻割耳后处死。

　　亚历山大如愿以偿地征服波斯帝国后，并没有撤军返回马其顿，因为在不断征服的过程中他的野心也急剧膨胀，以至于让他有了一个更宏大的目标，那就是继续征服，直到世界的尽头。在今乌兹别克斯坦和阿富汗的群山中进行了一系列征战后，他又挥军南下印度河流域，在印度河以东的海达斯佩斯河（Hydaspes River，今巴基斯坦杰赫勒姆河［Jhelum River］）与印度国王波鲁斯（Porus）进行了他东征以来的最后一场大规模会战并取得了胜利。亚历山大被年迈的印度国王波鲁斯在战场上的英勇表现所折服，最终派人说降了波鲁斯，并把王国还给了他，甚至还拓宽了王国原有的疆域，使其成为马其顿的一个附属国。

　　在此之后，亚历山大还想向东继续他的征服之路。但是，由于连续征战多年，亚历山大手下的士兵们早已产生了强烈的厌战情绪，特别是在征服波斯以后，士兵们十分不理解为何还要去继续征服那些陌生的未知世界。尽管亚历山大本人极不情愿，但迫于强大的压力他不得不停止远征，开始了西归之路。

　　通过十几年的连续征战，亚历山大建立起一个横跨欧亚非三大洲的当时世界上领土面积最大的广袤帝国。然而，就在亚历山大回到巴比伦并开始筹备远征阿拉伯半岛时，却突然发起了高烧，持续数日后在一个傍晚离开了人世，这时他还不满 33 岁。关于亚历山大的死因也是众说纷纭，有被部下毒杀说、死于疟疾说、喝酒过度说、过劳死说等等，至今仍是一个谜。

　　亚历山大的东征极大地促进了东西方文化的交流，扩大了各民族对已知世界的认知，加快了人类历史由分散走向整体的进程。马其顿人也在后来所谓的"希腊化时代"（波斯帝国灭亡后的一段约三百年的中近东历史时期）逐渐被希腊人认同和接受，最终融入了希腊文明圈。

　　正因为马其顿与希腊之间有着这样难以厘清的历史渊源，所以现代的希腊共和国强烈反对马其顿使用"马其顿共和国"这个国名，因为希腊认为使用"马其顿共和国"这个国名暗示着马其顿对希腊北部的部分领土（古代属于马其顿）可能存在觊觎之心。最终，双方在相互妥协后，马其顿共和国于 2019 年 2 月 12 日正式更名为"北马其顿共和国"，这一持续了 27 年的国名纷争才宣告结束。

亚历山大死后，谁来继承这个庞大的帝国成了一个棘手的问题。因为亚历山大只有一个还未出世的遗腹子，虽然他还有一个同父异母的哥哥，但因其患有癫痫存在心智方面的问题，所以不可能担此重任，而他手下的将领们也没有哪一个人拥有足够的能力和威信来充当唯一的统治者。于是，他手下的将领们展开了激烈的竞争，亚历山大建立的这个庞大帝国迅速土崩瓦解，被分成了若干部分。经过长达约二十年的争夺后，最终形成了三个政权，分别是统治马其顿本土和希腊的安提柯王朝、统治亚洲部分的塞琉古王朝、统治埃及的托勒密王朝。在这个过程中发生了一系列的战争，亚历山大的妻子、孩子和母亲奥林匹娅斯都被杀害，亚历山大本人的遗体也在战乱中遗失，因为谁都想把亚历山大的遗体埋葬在自己的地盘，这样才能向外界证明自己才是唯一的合法继承人。

相传亚历山大的遗体被来自埃及的入殓师们制作成木乃伊，装入了一口人形的金质棺材中，在运回马其顿故土安葬的途中，被将军托勒密一世（Ptolomy Ⅰ）劫走运往了埃及，最后安葬在了埃及的亚历山大城，但至今考古尚未在此地发现亚历山大的陵墓，这位伟大的统治者究竟葬在哪里成了一个历史谜团。

随着托勒密一世进驻埃及，埃及由此开启了长达近三百年的托勒密家族统治时代。

托勒密王朝

托勒密一世原本是亚历山大麾下的一名将军，从早年就开始跟随亚历山大南征北战并立下赫赫战功，是深受亚历山大信任的部将和好友。他的母亲原是腓力二世的小妾，后来改嫁给马其顿的一个贵族后生下了托勒密一世。但据说他的母亲在嫁给这个贵族之前就已经怀孕，因此马其顿人认为托勒密一世就是腓力二世的儿子。如果事实果真如此，那托勒密一世和亚历山大就是兄弟关系。但有人认为，这可能是托勒密一世出于政治目的而编造的谎言。

托勒密一世以总督的身份进驻并管理埃及，他效仿亚历山大，尊重埃及古老的习俗和宗教礼仪，渐渐博得了埃及人民的好感。他在法尤姆地区新建了一些定居点，用来安置希腊的军事移民，他们也是这一时期埃及的主要兵源，以服兵役来换取国家给予的土地。随着越来越多的希腊人来到埃及，为了兼顾双方不同的宗教信仰，托勒密一世还创造出了塞拉皮斯（Serapis）这个新的神祇。塞拉皮斯不仅混合了埃及的奥西里斯和阿匹斯，还糅合了希腊的宙斯、哈迪斯（Hades，古希腊神话中的冥王）、阿斯克勒庇俄斯（Asclepius，古希腊神话中的医神），以便埃及人和希腊人都能够接受，从而增强国民的凝聚力和向心力。

托勒密一世以总督身份统治了埃及十八年，在此期间包括他在内的各继业者们进行了一系列战争（"继业者"指亚历山大死后互相竞争的承继人，继业者战争共持续了二十一年），直到公元前 305 年时，托勒密一世觉得时机已足够成熟，才正式晋升为埃及法老，定都亚历山大城。

这座城市在托勒密家族统治期间被逐渐建设成了当时的世界级都市，著名的古代世界七大建筑奇迹之一的亚历山大灯塔（又叫法洛斯灯塔）就是在托勒密一世统治时期开始修建的。20 世纪 90 年代，考古学家们在亚历山大城东部港口的海床上发现了一些遗迹，后来通过现代技术还原了灯塔的相关细节。灯塔由三部分组成：塔基是一种方形结构建筑，里面有三百多个大小不等的房间，用作燃料库、机房和工作人员的寝室；第二部分是八角形结构，用来存储与输送石油；第三层是圆形结构。灯塔的顶端除了本身点燃的火焰光芒外，还利用一个抛光的凹面金属镜来反射火光，这样就算在几十千米外也能看见，从而引导黑夜里航行的船只驶向亚历山大港，避免迷失方向。这座灯塔也是古代七大建筑奇迹中唯一不带宗教和政治色彩，纯粹服务于民的建筑，灯塔在此屹立了一千多年后毁于地震。

亚历山大灯塔想象复原图

除此之外，另一个名气不输于灯塔的建筑也是始建于托勒密一世时期，这就是著名的亚历山大图书馆。这是世界上最老的图书馆，建馆的初衷是收集全世界的书，把这里变成世界知识的中心。据说为达到此目的，每一艘进入亚历山大港口的船只，无论国籍，只要发现图书一律收缴归入图书馆。托勒密王朝历代统治者通过各种正当或不正当的手段，把亚历山大图书馆建设成了人类早期历史上规模最大的图书馆，汇集了包括文学、哲学、医学、诗歌、宗教等在内的各类著作，可谓包罗万象，据说极盛时馆藏的手稿达 70 万卷。对文化事业的重视使亚历山大城成为当时著名的学术都市，吸引了大量的学者来此学习和研究，孕育出了欧几里得（古希腊数学家，被称为"几何之父"）、阿基米德（古希腊哲学家、数学家、物理学家，名言："给我一个支点，我就能撬起整个地球。"）等众多古代著名学者，促使古代西方的文学、数学、力学、地理学、天文学、解剖学等学科的研究取得了极大的进步。但可惜的是，亚历山大图书馆在几百年后毁于战火，大部分藏书被掠夺或烧毁。

同样也是在托勒密一世时期，那位来自赫里奥波里斯的大祭司曼涅托，在考察了埃及全境神庙里的古代国王名单后，整理出了一份已知的所有古埃及国王名录，并按 30 个王朝的顺序将其划分，形成了现在我们研究和学习古埃及历史的基本框架。

公元前 282 年，84 岁高龄的托勒密一世寿终正寝。他的一位希腊妻子所生的儿子成为继承人，史称托勒密二世（Ptolemy Ⅱ）。他的女儿，也就是托勒密二世的亲姐姐阿尔西诺伊二世（Arsinoe Ⅱ），后来与弟弟结合，成为共同执政者，同样享有至高无上的地位和权力。

阿尔西诺伊二世在 16 岁时，被父亲托勒密一世出于政治联姻的目的嫁给了色雷斯的老国王，并生下了三个儿子。当色雷斯老国王死后，跟随在阿尔西诺伊二世身边的她同父异母的哥哥为了夺得控制权，诱骗她结婚，却在婚后杀死了她的两个小儿子。于是阿尔西诺伊二世逃回埃及，寻求弟弟托勒密二世的庇护，她迫使弟弟将原本的妻子流放，然后与自己结婚。阿尔西诺伊二世因此获得了"上下埃及之王"等国王才该拥有的称号，成为近一千年来第一个与埃及男性国王拥有相同权势的女人。当然，这或许也是托勒密二世效仿埃及王室近亲结合的传统而故意为之，以收买埃及民心，巩固自己的统治地位。虽然该行为对埃及人来说早已司空见惯，但在希腊人眼中却是相当禁忌，特别是女人拥有与国王同样的权力更是让希腊人大为震惊，托勒密二世和阿尔西诺伊二世被贴上了"姐弟恋"的标签。

据说托勒密二世生性懒散，追求悠闲自在的生活，为此他将自己比作狄俄尼索斯（Dionysus，古希腊神话中的酒神）。但其实托勒密二世并不完全是贪图享乐之人，他与阿尔西诺伊二世一起，把埃及治理得井井有条。他们加强了军备力量，制定了完善的税收政策，重启了尼罗河通往红海的运河，积极发展与阿拉伯、印度的贸易，亚历山大灯塔也是在托勒密二世统治时期完成修建的。除此之外，他们还重视培养体育人才，在希腊的奥运会战车项目中，来自埃及的选手多次获得胜利。托勒密二世和阿尔西诺伊二世将埃及建设成了地中海一带数一数二的强国，他们在当时享有很高的声望，或许在生前就已被奉祀为神了。

他们的儿子托勒密三世（Ptolemy III）后来继承王位，他娶了昔兰尼的公主贝伦尼斯二世（Berenice II）为妻。由于此时的贝伦尼斯二世是昔兰尼的实际统治者，因此昔兰尼被并入埃及。后来，托勒密三世一个嫁到叙利亚的妹妹由于王室斗争向自己求救，当他赶到时，他的妹妹及其孩子已遭杀害。于是，盛怒之下的托勒密三世发起了对叙利亚塞琉古王朝的战争。战争进行得十分顺利，托勒密三世甚至一度占领了塞琉古王朝首都安条克（Antiochia）。通过这场战争，埃及的领土得到极大的扩张，国力大大增强，这也是整个托勒密王朝最鼎盛的时期。

但是好景不长，这个难得的盛世局面在托勒密四世（Ptolemy IV）时发生了变化。托勒密四世与其父亲相反，他是一个真正骄奢淫逸、沉迷于享乐的人，因此国家实权逐渐被大臣索西比乌斯（Sosibius）、阿加托克利斯（Agatocles）等人掌控。在索西比乌斯和阿加托克利斯等人的操纵和教唆下，托勒密四世甚至处死了自己的亲生母亲贝伦尼斯二世以及几乎全部的母系亲属，只留下了同父同母的姐姐阿尔西诺伊三世（Arsinoe III），其目的也只是遵循埃及王室近亲结合的传统。在后来埃及与塞琉古王朝爆发的拉菲亚（Raphia）战役中，阿尔西诺伊三世亲赴前线发表了慷慨激昂的讲话，鼓舞埃及军队的士气，最后埃及军队获得了胜利，阿尔西诺伊三世因此受到埃及人民的格外敬重。

虽然埃及军队侥幸获得了此战的胜利，但这也是托勒密王朝的最后一次重大胜利。因为托勒密四世的荒淫无度，早就引起埃及人民的不满，南方底比斯的埃及本土势力宣布脱离政府独立，埃及国内形势开始变得动荡不安。

公元前 205 年，托勒密四世突然离世，索西比乌斯等人为了继续掌握国家大权故意封锁消息长达几个月时间，同时将年仅五岁的新国王托勒密五世（Ptolemy V）牢牢控制在手中随意支配，并且他们很快杀掉了王后阿尔西诺伊三世。由于阿尔西诺伊三世深受人民爱戴，当消息传开后，亚历山大的市民愤怒了，暴动的人群冲进王宫发泄他们心中的不满。由于史料的缺失，索西比乌斯等乱臣贼子的具体结局不明，他们可能被处死或遭到驱逐。

在政局如此混乱、新国王又是一个孩子的情况下，托勒密三世好不容易扩张的领土很快就得而复失，甚至连埃及本土都受到了来自塞琉古王朝的威胁。危急关头，埃及选择了向不断壮大的罗马求助，在罗马的介入下，塞琉古王朝不得不打消了入侵埃及的念头，进而与埃及达成了和平条约。条约内容包括叙利亚成为塞琉古的领地以及托勒密五世必须迎娶塞琉古国王的女儿克利奥帕特拉一世（Cleopatra Ⅰ）为妻，因为只有这样塞琉古王朝才能集中精力把战略重心从埃及转向欧洲。

此时的托勒密五世不过十几岁，很难让人相信是他亲自处理了这些国家大事，更可能的是孟斐斯祭司集团在其中发挥了主导作用。事实上祭司集团确实从中获得了巨大的利益，不仅使国家首都从亚历山大搬回了孟斐斯，神庙田产的税收也几乎被全部免除。为了象征性地向年轻的国王表示感谢，祭司们制作了一块石碑对其歌功颂德，并且为了让更多的人了解石碑上的内容，这些文字被分别用古希腊文字、古埃及象形文字（圣书体）和世俗体（通俗文字）刻写。当时绝不会有人想到，两千年以后，这块石碑将成为万众瞩目的焦点，并跻身世界著名文物之列（详见后文）。

托勒密五世在二十几岁时就不幸死亡，一般认为他是被人毒死的。几年之后，克利奥帕特拉一世也告别人世。他们留下了三个年少的孩子：哥哥托勒密六世（Ptolemy VI）、妹妹克利奥帕特拉二世（Cleopatra II）、弟弟托勒密八世（Ptolemy VIII）。在大臣们的安排下，托勒密六世娶了自己的妹妹克利奥帕特拉二世为妻，成为埃及新的统治者。但是，后来塞琉古王朝的新国王利用自身"舅舅"的身份强行侵入埃及，宣布将年轻的国王置于自己的保护之下。随后，托勒密六世、克利奥帕特拉二世、托勒密八世三人在亚历山大组建政权，与自己的舅舅对抗。最终在罗马的干预下，塞琉古国王不得不撤离了埃及。

然而，托勒密八世是一个心怀鬼胎的人。他趁着哥哥南下平叛的机会，在亚历山大自立为王。托勒密六世随后又在罗马人和亚历山大民众的支持下夺回了王位，托勒密八世则在罗马人的授意下当上了昔兰尼加（Cyrenaica，利比亚东部至埃及边境地区）的国王。

公元前145年，四十一岁的托勒密六世在与塞琉古王朝的战争中意外身亡，他与克利奥帕特拉二世的儿子托勒密七世（Ptolemy VII）成为新的国王。得知消息的托勒密八世迅速侵入埃及，承诺只要克利奥帕特拉二世嫁给自己，他将保证她和孩子的安全。在托勒密八世的威逼之下，姐姐克利奥帕特拉二世被迫答应了弟弟的要求。可卑鄙的托勒密八世随即杀掉了自己的侄儿托勒密七世，夺取了最高权力，然后他还处死和流放了很多曾经与他哥哥亲近的人。不仅如此，尽管后来克利奥帕特拉二世为他生下了一个儿子，但托勒密八世为了削弱克利奥帕特拉二世的影响力，又娶了她与哥哥的女儿，也就是自己的侄女克利奥帕特拉三世（Cleopatra III）为妻，形成了母女二人共侍一夫的局面。从此，克利奥帕特拉二世与自己的女儿克利奥帕特拉三世之间产生了隔阂。最终，克利奥帕特拉二世利用亚历山大民众暴动的机会将托勒密八世赶出埃及，托勒密八世带着克利奥帕特拉三世逃到了塞浦路斯。

克利奥帕特拉二世随即掌握了大权，她准备让自己与托勒密八世生的儿子成为新的国王。在此之前，她已将儿子送到了昔兰尼加避险。但万万没想到的是，丧尽天良的托勒密八世竟将自己的亲生儿子诱骗至塞浦路斯，不仅将其杀害，还残忍地把尸体肢解后又送还给了克利奥帕特拉二世。

不久后，托勒密八世卷土重来夺取了亚历山大，城内克利奥帕特拉二世的支持者遭到了大清洗，势单力薄的克利奥帕特拉二世只好逃亡到了塞琉古。

公元前 124 年，或许是出于自身统治的需要，托勒密八世与流亡的克利奥帕特拉二世达成和解。克利奥帕特拉二世回到了埃及，与托勒密八世、克利奥帕特拉三世共同执政。

公元前 116 年，作恶多端的托勒密八世终于死去，他在遗嘱中将所有权力交给了克利奥帕特拉三世。克利奥帕特拉三世为托勒密八世生了两个儿子：长子托勒密九世（Ptolemy IX）和次子托勒密十世（Ptolemy X）。她本想将自己溺爱的次子扶上王位，但迫于母亲克利奥帕特拉二世和亚历山大民众及军队的压力，最终还是让长子托勒密九世登上王位。不久后，一生命途多舛、历经腥风血雨的克利奥帕特拉二世去世，终年约六十九岁。

不知为什么，克利奥帕特拉三世极度厌恶自己的长子托勒密九世，甚至不惜设计陷害他，诬蔑他要谋杀自己，托勒密九世被迫逃亡到了塞浦路斯。即便如此，克利奥帕特拉三世仍不罢休，甚至派出杀手去追杀自己的儿子，所幸托勒密九世逃过此劫。随后，克利奥帕特拉三世终于如愿以偿地将自己的小儿子扶上了王位，她自己也成为共同执政者。然而，托勒密十世也非善类，他最终杀死了克利奥帕特拉三世，因为他无法忍受自己的母亲干政。随后托勒密十世娶了哥哥的女儿贝伦尼斯三世（Berenice III）为妻，将她立为共同执政者。

从小在母亲溺爱中长大的托勒密十世显然是个扶不起的阿斗，他的统治很不得人心，在亚历山大民众发起叛乱后，他乘船逃亡，在逃亡途中被杀身亡。于是，之前备受委屈的托勒密九世回到了埃及，再次登上王位，并继续与自己深受人民爱戴的女儿贝伦尼斯三世共同执政。公元前 80 年托勒密九世亡故后，埃及的统治大权落在了贝伦尼斯三世手中，但在罗马的干涉下，贝伦尼斯三世嫁给了自己的堂弟兼继子托勒密十一世（Ptolemy XI）。

托勒密十一世是托勒密十世的儿子，早年出于安全考虑，他被祖母克利奥帕特拉三世送离埃及，后来罗马人看中了他的利用价值，便加以扶持。如今，罗马人为了继续控制埃及，便将托勒密十一世送回来，将其扶上了王位。可托勒密十一世既不甘心做罗马人的傀儡，也不愿与贝伦尼斯三世分享权力，于是在与贝伦尼斯三世结婚仅仅十八天后便将其杀害。这个愚蠢至极的行为也使他本人的统治生涯匆匆结束，当亚历山大民众得知他们爱戴的贝伦尼斯三世被杀害后，愤怒地将托勒密十一世拖出王宫杀掉。

随后，托勒密九世的一个儿子被人们扶上了王位，史称托勒密十二世（Ptolemy XII）。据说他十分擅长吹笛子，因此得了一个"吹笛者"的绰号。至于他的生母是谁人们不得而知，可能只是某个不知名的希腊妃子。按照惯例，托勒密十二世娶了自己的一个妹妹克利奥帕特拉五世（Cleopatra V）为妻。

到了托勒密十二世统治时期，随着罗马的持续对外扩张，地中海周边世界已基本被罗马征服。无论是托勒密王室的故土马其顿与希腊，还是小亚细亚、叙利亚等亚洲土地，此时都已成为罗马世界的一部分，只剩下古老的埃及还在苦苦支撑着。托勒密十二世为了避免亡国之灾，不得不向人民征收重税，然后将这些钱讲贡给罗马，以换得暂时的安全。但事到如今，罗马也开始撕下最后的遮羞布，对埃及这个富庶的国度表现出了更大的兴趣。

公元前 58 年，罗马夺取了由托勒密十二世的弟弟统治的塞浦路斯，导致这位托勒密王子自尽。对于弟弟的悲惨结局，托勒密十二世无可奈何，此时的他根本不敢得罪罗马人，只能听之任之。面对国王的无动于衷，亚历山大的民众愤怒了，他们再度揭竿而起，驱逐了自己的国王。托勒密十二世的妻子克利奥帕特拉五世与其中一个女儿贝伦尼斯四世（Berenice IV）得以暂时掌控埃及，但克利奥帕特拉五世不久后离世，留下贝伦尼斯四世一人独自统治。

遭到驱逐的托勒密十二世离开埃及后只得前往罗马寻求支持，他希望罗马人能帮助自己恢复王位，此时他的身边带着年少的女儿克利奥帕特拉七世（Cleopatra VII）。几经波折后，托勒密十二世成功得到了庞培（Pompey，古罗马著名军事家和政治家，前三头同盟之一）等人的支持，当然他也为此付出了大约相当于埃及一整年国内总收入的代价。勒密十二世最终在罗马军队的护送下杀回埃及，成功复位。随后，他处死了自己的女儿贝伦尼斯四世以及她的支持者。虽然埃及民众都无比痛恨托勒密十二世，但在罗马军队的坐镇下，他此后一直稳坐王位，直到四年后去世。

托勒密十二世在统治后期，将他钟爱的女儿克利奥帕特拉七世立为共同执政者，根据他的遗嘱，克利奥帕特拉七世将嫁给她的弟弟托勒密十三世（Ptolemy XIII），形成姐弟二人在罗马的保护下共同统治埃及的局面。至此，克利奥帕特拉七世——这个托勒密王朝乃至古埃及历史上最后一个著名人物正式登上了历史舞台。

或许很多人对"克利奥帕特拉七世"这个名字并不熟悉，但只要提到她另外一个更通俗的别名，就肯定是无人不知、无人不晓了，因为她就是大名鼎鼎的"埃及艳后"。

受不少文学和艺术作品的影响，在人们的传统印象中，克利奥帕特拉七世是一个为了实现自己的阴谋野心，利用色相去勾引男人的荡妇。但如果结合她所处的时代和历史背景做一番理性思考，相信不少人会做出更为公正的评价，至少她绝不只是莎士比亚笔下那"旷世的性感妖妇"。相反，她坚强又聪颖，处乱不惊，凭一己之力暂时保全了埃及的独立，甚至梦想将埃及打造成一个不输过往的超级帝国，她坚持原则，富有尊严，并最终为之献身。

克利奥帕特拉七世与弟弟托勒密十三世究竟是因何交恶

硬币上的克利奥帕特拉七世，于公元前47年—公元前46年在埃及亚历山大铸造，藏于大英博物馆

已不得而知，也许是弟弟的近臣们排斥她，也许是雄心勃勃的她不愿与资质平庸的弟弟分享权力。总之，克利奥帕特拉七世在最初与弟弟的权力斗争中败下阵来，她感觉到了被杀害的危险，所以逃离了埃及，来到阿什凯隆（Ashkelon，位于今以色列），并且招募了一支雇佣军，准备伺机夺回统治权。

与此同时，罗马也正在上演另一场更大的权力斗争。为了争夺最高统治权，盖乌斯·尤利乌斯·恺撒（Gaius Julius Caesar，即著名的"恺撒大帝"，古罗马杰出的军事统帅、政治家）与庞培正斗得不可开交，最终庞培败北。庞培考虑到自己曾对现在埃及统治者的父亲有恩，所以前往埃及寻求庇护。没想到的是，托勒密十三世的大臣们却另有打算，他们为了让埃及摆脱罗马的控制，决定杀掉庞培。他们认为这样既可以讨好恺撒，又或许能让恺撒看到庞培已死后而不在埃及久留。于是，他们将败逃而来的庞培骗上了一艘小船，随即将其杀害，并将首级献给了追赶而至的恺撒。出乎意料的是，恺撒并不领情，据说在看到庞培的首级后，恺撒还禁不住流下了眼泪，随后恺撒处死了杀害庞培的主谋们。于是，恺撒作为最终的胜出者，成为罗马世界最强大的人。

可以想象此时流亡在外的克利奥帕特拉七世一定在绞尽脑汁地思忖未来局势的走向，最终她决定进行一场人生豪赌。首先她必须见到恺撒，可现在亚历山大城在弟弟托勒密十三世的控制下，她根本无法靠近，于是克利奥帕特拉七世灵机一动，随即上演了那出让后世津津乐道的戏码。

克利奥帕特拉七世乘着一只小船，在夜色的掩护下悄悄在亚历山大王宫附近上了岸，她把自己裹在一条毛毯里，让人扛进了王宫，随着毛毯的逐渐展开，精心打扮过的埃及女王就以这种别出心裁的方式"呈现"在了恺撒面前。

不难想象，正值妙龄又魅力四射的克利奥帕特拉七世用这样特殊的方式出场，一定会让五十二岁的恺撒眼前一亮。但仅凭这点噱头就想俘获罗马最强大的男人显然还不够，接下来才是克利奥帕特拉七世施展自己真正魅力的时候。据说克利奥帕特拉七世会讲九种语言，她和恺撒可以无障碍地交流而无须翻译。对于那晚之后的事，历史文献没有记载，相信这对英雄美女一定谈得很投机，恺撒一定会被她过人的才识和独特的气质所吸引，就在那一晚，他们成了情人（恺撒在罗马有合法妻子）。第二天，恺撒就以埃及先王的遗嘱为由，下令恢复克利奥帕特拉七世与她的弟弟共同统治埃及。

托勒密十三世对姐姐突然现身王宫并恢复了统治权感到既惊讶又愤怒，他因此对恺撒心生怨恨。随着事态的发展，战火很快在亚历山大被点燃。也就是在这次战役中，恺撒为了防止埃及军队夺取停泊在亚历山大港的 72 艘战船，决定把它们全部烧毁，结果火势蔓延，导致亚历山大图书馆的大部分藏书灰飞烟灭。这场战役最后的结果是，托勒密十三世战败逃亡，在尼罗河企图乘船逃走时，船不幸翻了，身穿沉重黄金盔甲的少年国王被淹死在尼罗河里。此外，克利奥帕特拉七世的另一个政敌 —— 妹妹阿尔西诺伊四世（Arsinoe Ⅳ）也被俘获。

战役过后，恺撒为了安抚民心，将克利奥帕特拉七世另一个年龄更小的弟弟（托勒密十四世）立为了名义上的共同执政者，实权则掌握在克利奥帕特拉七世一人手中。与此同时还有另一件重要的事：克利奥帕特拉七世已怀有恺撒的孩子。随后，克利奥帕特拉七世与恺撒在 400 艘船的护送下沿尼罗河溯流而上。这既是庆祝胜利之举，也是一场政治作秀，同时还是一次蜜月旅行。这次尼罗河之行对克利奥帕特拉七世来说具有重要意义，因为这让埃及人民认识了自己的女王，以及为女王提供保护的恺撒和他强大的罗马军队。这无疑是克利奥帕特拉七世人生的一个巅峰时刻，此时的她一定对未来充满了期待，因为如果她为恺撒生下的是一个男孩，那这个孩子将来不仅能成为埃及的国王，甚至有可能成为整个罗马世界的主宰，从而统治一个前所未有的超级帝国。

但恺撒毕竟不可能一直留在埃及，公元前 47 年 6 月，尼罗河之行结束后，恺撒离开了埃及。不久后，克利奥帕特拉七世如愿以偿地生下了一个男孩，她为了强调孩子的血缘关系，特意将其取名为托勒密·恺撒（即托勒密十五世），亚历山大民众还给他取了个昵称 —— 恺撒里昂（Caesarion，意为"小恺撒"）。

恺撒回到罗马后又进行了一系列战争并取得胜利，随后举行了罗马传统的凯旋仪式。在热闹的游行队伍中，克利奥帕特拉七世的妹妹阿尔西诺伊四世戴着镣铐身现其中，显得格外惹眼。不知恺撒是否因为察觉到了罗马市民流露出的同情，他决定饶阿尔西诺伊四世一命，将其送到了以弗所（Ephesus，位于今土耳其）的阿尔忒弥斯神庙（古代世界七大建筑奇迹之一）苟活。

凯旋仪式结束后不久，克利奥帕特拉七世便带着恺撒里昂来到了罗马。恺撒为她举行了盛大隆重的迎接仪式，数万罗马民众目睹了埃及女王的风采，其光彩照人的形象与之前身戴锁链的女王妹妹阿尔西诺伊四世形成了鲜明的对比。

克利奥帕特拉七世希望借此次来访的机会，让小恺撒的身份获得罗马人的认可，以便将来能顺利登上权力的顶峰。为此，她组织了自己的沙龙，充分发挥擅长多种语言的优势，广泛结交罗马社会各阶层人物。此后，克利奥帕特拉七世在这里安然度过了两年。恺撒也对克利奥帕特拉七世宠爱有加，为了讨她的欢心，恺撒在市内的广场建造了一座克利奥帕特拉七世的镀金塑像。然而，这一特殊荣誉却带来了适得其反的效果，罗马人认为他们的英雄恺撒被来自埃及这个落后国家的女王迷了心窍，被她任意摆布。渐渐地，人们最初对埃及女王的那股崇拜热情开始减退，并逐步萌生敌意，认为她的到来在不知不觉中改变了罗马，使罗马走向堕落。雪上加霜的是，不久后的罗马又发生了一件大事，这件事直接让克利奥帕特拉七世的梦想和一切努力付之东流。公元前 44 年 3 月 15 日，恺撒在元老院（古罗马的政权机关）遭刺杀身亡，据说有 60 名元老院议员参与了该阴谋，刺杀的动机是人们担心权力过大的恺撒会摒弃元老院主导的共和体制而使罗马走向帝制，此前恺撒已被元老院宣布为终身独裁官。

18世纪描绘"恺撒之死"的作品

　　这一重大突发事件不仅使整个罗马陷入混乱，更让失去靠山的克利奥帕特拉七世感到惶恐不安，而随后公布的恺撒遗嘱更是让克利奥帕拉七世彻底绝望。原来恺撒在遗嘱中指定其甥孙盖乌斯•屋大维（Gaius Octavius，后三头同盟之一，罗马帝国第一位皇帝，后常被称作奥古斯都［Augustus］大帝）为继承人，其身份自动成为恺撒的养子且改用恺撒的家族姓氏。整份遗嘱只字未提克利奥帕特拉七世和恺撒里昂母子二人，失望至极的女王随即带着恺撒里昂秘密离开了罗马这个既伤心又危险的地方。

　　回到埃及后不久，与克利奥帕特拉七世共治的托勒密十四世突然死亡，一般认为是克利奥帕特拉七世毒死了他，目的自然是为了让自己的儿子登上王位。随后，年仅3岁的恺撒里昂被克利奥帕特拉七世立为共同执政者。

　　与克利奥帕特拉七世同样失望的还有马克•安东尼（Mark Antony，古罗马政治家和军事家，后三头同盟之一）。现年38岁的安东尼既是恺撒的远亲，又是恺撒最重要的军事将领之一，作为恺撒的左右手，他一直深信自己将成为恺撒的接班人，没想到恺撒竟选择了名不见经传的甥孙屋大维为继承人，此时的屋大维还不到 19 岁。乍一看，恺撒让这样一个毫无威望的年轻人成为罗马帝国的统治者确实有悖常理，但这其实是因为恺撒在订立遗嘱时，以为还要再过十几年才会用上，而那时屋大维正是 30 多岁的黄金年龄，恺撒没想到自己会早早地遇刺身亡，这才让罗马迎来了一个不到 19 岁的领袖。无论安东尼能否理解其中缘由，总之他肯定是失望透顶的。

不过安东尼并没有马上与屋大维公开翻脸，在恺撒遇刺后约两年的时间里，他与屋大维之间既明争暗斗，又结为同盟共同肃清反对势力。在公元前 42 年发生的腓力比战役中，安东尼与屋大维共同征讨刺杀恺撒的主谋。这场战争不仅为恺撒复了仇，更标志着元老院主导的罗马共和政体的结束，此后罗马开始走向君主专制的时代。同时，这场战争也使安东尼的威望达到了最高，此时的他俨然成了世人眼中罗马世界的头号人物。

在腓力比战役结束后，安东尼与屋大维立刻将罗马帝国的版图一分为二，形成了两大势力对峙的局面。罗马世界的西半部分由屋大维统治，安东尼选择了东半部分。他之所以如此选择，一是因为东部的经济基础雄厚，另一个重要原因是，从这里去远征帕提亚帝国（又叫安息帝国、波斯第二帝国）更为方便，因为这是恺撒的未竟事业。安东尼深知如果能实现恺撒的夙愿，那自己的声威将更进一步，到时就算是恺撒钦定的继承人也将不再有资格与自己叫板，那时自己再成为整个罗马世界的主宰自然水到渠成。然而安东尼却忽视了西半部分才是罗马的本土，虽然这里的经济实力逊于东部，但却拥有更广泛的群众基础，具备天然的"主场"优势，这也是安东尼的政治头脑远不及自身军事才能的体现。

不过要真正实现征服帕提亚帝国的计划，安东尼仅靠自身的实力还不够，他必须得到埃及在军事和经济上的支持才有可能成功。于是安东尼派人前往埃及，召见克利奥帕特拉七世前来与他会面。此番会面不仅是为了得到埃及的援助，同时也是为了对克利奥帕特拉七世进行责问。因为在之前的腓力比战役中，埃及也在一定程度上被卷入其中，但克利奥帕特拉七世未向安东尼一方提供实质的援助，不仅如此，附属于埃及的塞浦路斯还在其妹妹阿尔西诺伊四世的怂恿下，为敌人提供了帮助，克利奥帕特拉七世因此受到牵连。

克利奥帕特拉七世敏锐地意识到，这次会面或许是让埃及和罗马建立某种新型同盟关系的契机，但如果自己被安东尼这样召之即来、挥之即去，也有失尊严；如果不去，则有可能激怒安东尼，给自己和埃及增加未知的风险。于是，一番冥思苦想后，克利奥帕特拉七世上演了一场比当年面见恺撒时更为精彩绝伦的表演。

首先，对于安东尼的召见，克利奥帕特拉七世故意置之不理，以示埃及的独立。在对方三番五次地催促后，才答应在塔尔苏斯（Tarsus，今土耳其南部城市）与其会面。塔尔苏斯是当时小亚细亚首屈一指的大都市，有河流经市内汇入大海。

克利奥帕特拉七世命人精心准备了一艘大船，船帆漆上象征高贵的泰尔紫（Tyrian Purple，古罗马的一种著名紫色天然染料，从不同类型的骨螺中制取），船身涂满了金色，与船夫手中银制的船桨柄交相辉映。富丽堂皇的大船合着悠扬的乐声缓缓驶入城中，当纯金丝制成的刺绣帷帐缓缓拉开时，只见黄罗盖伞下化身为维纳斯（Venus，罗马神话中的爱神，对应古希腊神话中的爱神阿佛洛狄忒［Aphrodite］）的埃及女王斜倚在御椅上。装扮成丘比特

克利奥帕特拉七世前来会见安东尼的油画作品

（Cupid，罗马神话中的小爱神）的侍女们在一旁执扇送风，身着霓裳羽衣的歌伎们萦绕在女王身边翩翩起舞。微风徐来，船上焚香散发出的淡淡芬芳被吹送至岸边。面对如此美不胜收的场景，岸上看热闹的人禁不住啧啧称叹："阿佛洛狄忒（克利奥帕特拉七世）来见狄俄尼索斯（安东尼）了！"

此时的安东尼正在城中等待克利奥帕特拉七世的到来，可女王并未主动上岸与他相见，反而邀请安东尼到自己的船上一起宴饮用餐，安东尼欣然接受。登上船后，看着满船奢华的装饰，面对着女王迷人的风姿、优雅的谈吐，安东尼早已被迷得神魂颠倒，忘乎所以。他不但将此前准备的问责一事抛到九霄云外，而且当即答应了女王提出的所有要求，其中包括除掉女王那流亡在以弗所的妹妹阿尔西诺伊四世，因为她仍未放弃对埃及统治权的争夺，于是阿尔西诺伊四世很快就被安东尼派去的刽子手处死。（1926 年，考古学家在土耳其的以弗所古城遗址内发现了一个独特的八角形陵墓，陵墓内有一个精美的石棺，里面有一具遗骨，当时的考古学家取走了其中的头骨部分做检查和测量，但头骨在第二次世界大战中遗失。到了 20 世纪 90 年代，考古学家再次进入陵墓，重新发现了这具无头尸骸，并认为陵墓独特的八角形结构说明墓主与亚历山大灯塔有某种关联，于是猜测陵墓主人是克利奥帕特拉七世的妹妹阿尔西诺伊四世。2009 年，经科学检测后，证实遗骨主人是年龄介于 15 至 18 岁之间的少女，并最终确认了这就是阿尔西诺伊四世的遗骨）。

随后，克利奥帕特拉七世回到了埃及的亚历山大。不久后，安东尼也应邀前来与女王再度相会，原本只计划在埃及度过冬天的安东尼在这里一待就是一年。在此期间，女王自然是使出浑身解数，为安东尼提供了日日欢舞、夜夜笙歌的奢靡生活。同时，为了避免安东尼对这种穷奢极侈的生活产生厌倦，她还时不时地与安东尼一同泛舟尼罗河上垂钓，或者外出打猎，有时两人还会化装成平民在亚历山大街头闲逛消遣。

不难看出，克利奥帕特拉七世早已对安东尼的品性了如指掌，她所做的这一切都完美地迎合了安东尼贪慕虚荣、喜奢华、爱娱乐、好女色等性格特点。其实当初安东尼在塔尔苏斯欣然踏上女王画舫赴宴的那一刻起，就已经沦为了女王的"俘虏"。

当安东尼与克利奥帕特拉七世如胶似漆地缠绵在一起时，他的妻子和弟弟在国内起兵发动了针对屋大维的战争。这显然是受到了安东尼的指使，至少也是默许。安东尼原本希望等屋大维的力量被消耗殆尽后，自己再亲自出面收拾残局。没想到的是，在数次激烈的交锋后，并不擅长军事的屋大维凭借坚韧不拔的毅力最终战胜了对手。安东尼的妻子和弟弟兵败后逃到希腊，最后因饥荒不得不投降。虽然此时的克利奥帕特拉七世已怀有身孕，但安东尼迫于形势不得不赶回罗马。为了撇清干系，安东尼向屋大维表示自己毫不知情，将全部责任推给了自己的妻子和弟弟。其妻得知消息后怒而生疾，不久后病亡。为了进一步达成和解，安东尼与屋大维又进行了政治联姻，迎娶了屋大维的姐姐屋大维娅（Octavia）为妻。

身在埃及的克利奥帕特拉七世最初听到这个消息时或许还心存希望，认为安东尼娶屋大维娅只是出于政治需要，但随后不到一年就有消息说屋大维娅怀孕了，克利奥帕特拉七世这时自然是妒火中烧。不过克利奥帕特拉七世是一个沉稳务实的人，她知道安东尼总有一天还会需要自己和埃及的帮助，于是耐心地等待着。

随着屋大维势力的逐渐稳固和扩大，安东尼开始变得寝食难安。于是，被搁置已久的远征帕提亚计划被重新提上日程，安东尼决心完成这项恺撒的未竟事业，以盖过声威日渐壮大的屋大维。当然，成功的前提是必须得到埃及的支持，于是他给克利奥帕特拉七世写信请求援助。

收到安东尼来信后的克利奥帕特拉七世立刻从埃及出发与安东尼会合，在分别了四年后两人终于重聚。克利奥帕特拉七世不仅为安东尼提供了远征所需的物资和资金，还带去了她为安东尼所生的一对龙凤胎。平心而论，如果要一个女人在付出这么多牺牲后还不求回报，那着实不公。所以这次克利奥帕特拉七世毫不客气地提出了要求，那就是要安东尼与自己正式结婚，并且把两百年前托勒密王朝鼎盛时期的所有土地全部割还给埃及。安东尼同意了，随后两人正式举行了希腊式婚礼，并且安东尼也承认了克利奥帕特拉七世所生的这对儿女为自己所出。按照传统，他们还发行了刻有两人侧面的纪念银币。在希腊发行的货币上，两人分别饰以狄俄尼索斯和阿佛洛狄忒的造型，在埃及发行的货币上则是奥西里斯和伊西斯的形象。同时，安东尼还将叙利亚、腓尼基、黎巴嫩、克里特等东方诸城邦的统治权当作新婚礼物送给了克利奥帕特拉七世。通过这场婚姻，埃及实际上基本恢复了两百年前托勒密王朝鼎盛时期的版图范围。

然而，他们的这场婚姻在罗马引发了人们的不满，因为罗马法律本身不允许重婚，并且对安东尼将众多土地赠予埃及更是感到震惊和愤怒。罗马人一方面对安东尼的妻子屋大维娅表现出同情，一方面将克利奥帕特拉七世骂作荡妇，认为继恺撒之后她又勾引了一个高贵的罗马人使之堕落。

安东尼却毫不在意，他认为只要远征计划获得成功，这些都不是问题。没想到的是，占有绝对兵力优势的安东尼最后却遭遇惨败，沮丧的他连忙派人召唤克利奥帕特拉七世前来，除了急需埃及的粮食和军需援助外，安东尼此刻或许还需要女王的抚慰吧。安东尼的妻子屋大维娅听说丈夫兵败的消息后，也立刻筹集了一批支援物资，并招募了 2000 名士兵准备亲自给安东尼送去。可是屋大维娅行至雅典时收到了安东尼的来信，安东尼在信中要她把物资留下即可，至于她本人不必前来，应当直接返回罗马。屋大维娅是一个忠诚、温柔、贤惠的女性，她平日里不仅照顾自己和安东尼的孩子，同时还照顾安东尼和前妻所生的孩子，具有高尚的品德。当看到善良的屋大维娅遭到安东尼如此轻薄的对待，不仅是屋大维愤怒至极，就连罗马民众也看不下去了，人们认为安东尼为了那个埃及荡妇抛弃了自己的合法妻子。

对于克利奥帕特拉七世来说，安东尼是她最大的赌注，如果安东尼垮台了，那她和埃及未来的前景也将变得黯淡，因此她积极鼓励安东尼重整旗鼓。在女王的激励下，安东尼重拾信心，再度出征。但此次远征的目标已不再是强大的帕提亚，而是附属于帕提亚、实力相对逊色的亚美尼亚。这次安东尼的运气似乎不错，很轻松地赢得了胜利，但他的一个举动再次引发了罗马人的不满，他擅自为自己的儿子（克利奥帕特拉七世所生）与亚美尼亚的公主定下了婚约，这在罗马人看来无疑是一种僭越行为。在匆匆与亚美尼亚缔结和平条约后安东尼就正式退兵，迫不及待地来到埃及与克利奥帕特拉七世相聚，而接下来发生的一连串事件更是让安东尼在罗马的声誉跌至谷底。

克利奥帕特拉七世在埃及亚历山大城为安东尼举行了盛大的凯旋仪式。先不说安东尼此番并不算很大的成就是否有资格举办这样的庆典，光是凯旋仪式的举办地点就足以引发罗马世界的不满。因为凯旋仪式对罗马人来说具有非凡的意义，他们认为一个罗马将军的凯旋仪式如果不是在众神守护的罗马举行，而是在别的城市举行的话，是一件可耻的事，更何况是在异国埃及举行罗马神圣的凯旋仪式。

在这次庆典上，安东尼驾乘罗马式的四匹高大白马拉的黄金战车，在亚历山大民众的欢呼雀跃声中，穿越中央大道，来到城中的神庙，向装扮成伊西斯女神的克利奥帕特拉七世献上战利品，以表达对埃及资助这场战争的感谢之情。对埃及人来说，这样的举动再正常不过，但在罗马人看来，这样的行为等同于背叛自己的国家。此前的安东尼从未享受过象征罗马最高荣誉的凯旋仪式，因此在埃及举办的这场庆典活动极大地满足了他的虚荣心。

激怒罗马人的还不只是这场凯旋仪式，安东尼在庆典上发表宣言，将罗马帝国在地中海东半部分的全部土地分别赐予了克利奥帕特拉七世为恺撒所生的儿子恺撒里昂、克利奥帕特拉七世为自己所生的那对龙凤胎以及后来生下的第三个孩子。更重要的是，安东尼正式宣告恺撒里昂才是恺撒唯一合法的继承人，恺撒里昂被指定为国王，克利奥帕特拉七世与其共同统治埃及和地中海东半部分的土地。这实际上是向整个罗马世界表明了一个态度：恺撒里昂才是罗马真正的主人，屋大维是篡权者。为了向外界表明自己与屋大维已完全决裂，安东尼宣布与屋大维娅离婚。至此，安东尼与屋大维终于彻底撕破脸皮，双方正面的军事冲突已不可避免。

消息传到罗马后，引起了轩然大波。当大多数人慌乱无措之时，已30岁的屋大维保持了他一贯沉稳的作风。他马上召开元老院会议，宣布安东尼在埃及做出的所有决定因未通过元老院审议，所以全部无效。随后屋大维又在罗马各地开展了大规模的舆论宣传，历数安东尼的种种罪状，还公布了据说是安东尼的遗嘱。在这份遗嘱中，安东尼将自己的全部财产都留给了克利奥帕特拉七世为他所生的孩子，完全无视自己的前妻以及屋大维娅所生的孩子，并指定自己死后葬于埃及的亚历山大，而非自己的国家罗马。由于安东尼本人长期不在罗马，他在遗嘱中又表明了埋葬异国的想法，因此在人们眼中，安东尼已经不能再算是一个罗马人了。鉴于安东尼早就不止一次地伤害过罗马人民的感情，加上现在屋大维的大肆渲染，安东尼和克利奥帕特拉七世很轻松地就被塑造成了罗马世界的公敌。其实，屋大维和安东尼之间的斗争并不是由于政治立场不同，究其本质这只是一场他们个人之间为了争夺罗马最高统治权的斗争，这样的斗争想要获得民众的支持往往并不容易。但伪善的屋大维通过一系列巧妙运作，将他们二人之间的权力斗争转变成了罗马与埃及之间的国家战争，更重要的是让自己获得了罗马民众的广泛支持。反观安东尼一方，在后来的战争进程中，他手下将领和士兵们的不断背叛，就是其失去民心的最好体现。

为了迎接即将到来的决战，双方都在调兵遣将，加紧备战。陆军方面，安东尼一方约有6.5万名重装步兵、2万名轻装步兵、1.2万名骑兵；屋大维一方约有8万名重装步兵和1.2万名骑兵，总体来说双方在陆军方面的实力大体相当。海军方面则是安东尼略占优势，他拥有520艘吨位庞大的战船，而屋大维只有400艘相对较小的战船。

安东尼与克利奥帕特拉七世率领大军来到希腊大陆的西海岸安营扎寨，他们庞大的舰队停泊在普雷韦扎（Preveza）湾，要进入这个海湾需通过一段狭窄的海峡。安东尼本身擅长陆战，所以他原本的计划是，一旦陆战获胜，舰队可立即装载陆军向西登陆意大利南部，然后一举拿下罗马。但没想到屋大维的军队以迅雷不及掩耳之势攻占了安东尼在希腊海岸的前线要塞，切断了其与埃及之间的补给线，而且屋大维只要派出少量战船封锁海峡入口，安东尼的舰队就会被困在普雷韦扎湾里无用武之地。更糟糕的是，由于不满克利奥帕特拉七世屡屡参与军事决策，安东尼手下的将领们纷纷离他而去，转投屋大维阵营。随着逃跑的将领和士兵越来越多，形势急转直下，安东尼最后不得不选择从海上突围，他和克利奥帕特拉七世准备突围后先回到埃及再从长计议。于是一场海战就这样打响了，后世通常将这场决定性的海战称为"亚克兴角（Actium）海战"。

对于安东尼和克利奥帕特拉七世来说，这场海战本身只是一场突围之战，他们已做好了随时从战场上撤退的准备，这一点从战船上备置着随时能扬起的风帆就能看出。因为如果是纯粹的作战，战船一般不需要风帆，而是靠桨手操控，这样才能保障战船的灵活性，因此有些海军将领甚至会把拴帆的帆架安置于战场之外的物资运输船上。可现在所有的战船上都备好了风帆，这就清楚地表明了主帅的真实意图，所以当士兵们登上战船看到备好的风帆后顿时明白了一切，士气不可避免地受到了影响。事实上在海战开始之前，就已经有不少战船趁着黑夜逃走了。

这场海战本身的过程并没有什么值得大书特书的地方，双方也算是势均力敌、难分胜负。可就在双方打得不可开交的时候，克利奥帕特拉七世突然下令自己乘坐的旗舰扬起风帆，向南逃去，她率领的另外几十艘战船也一同撤离了战场。安东尼见状立刻丢下自己的旗舰，登上另一艘船追随克利奥帕特拉七世而去。主帅既已逃走，这场战斗最后的结果可想而知。

事后，这场海战被屋大维大造舆论，宣称大海上激烈厮杀的战斗场面把身为女人的克利奥帕特拉七世吓得花容失色，她认为失败已不可避免，于是抛弃了安东尼，自己逃命去了，而早已沉迷于埃及女王无法自拔的安东尼见此情景，顿时变得心慌意乱，身为主帅的他竟然丢下部队放弃了战斗，去追赶自己心爱的女人。最终，在后人不断添油加醋的传播下，这场海战终究变成了一个极富戏剧性的传奇故事。

其实，安东尼和克利奥帕特拉七世无非只是执行了原定的突围计划而已。只不过按照计划，当安东尼冲出重围后，他的舰队也应该紧随其后，但由于屋大维的战船没有准备风帆而无法追击安东尼，所以只能死死地缠住安东尼剩余的战船，导致最后只有少量战船跟随安东尼突围而去。后来留在战场上的几百艘战船看到主帅逃走，自身又无法脱离战场，当然无心恋战，大多都投降了屋大维，至于那些滞留在希腊待命的陆军部队，在苦等了几天仍无法收到安东尼的任何消息后，也全部向屋大维投降。

无论如何，安东尼和克利奥帕特拉七世这次失算了，由此带来的恶果也是远超他们想象的。其实如果安东尼一开始能抱着破釜沉舟的决心认真对待这场战斗，那么鹿死谁手，犹未可知，历史或许将被改写。

回到埃及后，克利奥帕特拉七世极力安慰意志消沉的安东尼，希望他振作起来。但今时不同往日，面对不断逃走的士兵，安东尼深知大势已去，想东山再起根本不可能了，因此一蹶不振。

亚克兴角海战后，罗马帝国的东半部分土地自然落到了屋大维手中，面对岌岌可危的形势，克利奥帕特拉七世也开始考虑后路。她将剩余的战船通过陆路运到了红海，并在红海海岸建造了更多新的战船。她设想当屋大维进攻埃及后，万一埃及再次战败，自己就带上所有的财宝和孩子们，走水路去往印度，在那个罗马人鞭长莫及的地方建立一个新的王国。可是，克利奥帕特拉七世最后的努力很快就遭到了毁灭性打击。早就对埃及统治不满的纳巴泰人（Nabataeans，大致活跃于今约旦、阿拉伯半岛北部一带，其都城佩特拉 [Petra] 是今约旦著名旅游景点，1985 年被列入《世界遗产名录》）为了维护自身在这片地区的贸易枢纽地位，趁机起事，烧毁了女王的船队。对埃及来说，这无异于压死骆驼的最后一根稻草。

克利奥帕特拉七世不得不写信向屋大维求和，称如果允许她的孩子来统治埃及，那么自己愿意退位，但屋大维未置可否，只是要求她先解除武装。安东尼也给屋大维写信，表示如果能放过克利奥帕特拉七世，他就自尽，但屋大维没有回信。至此，克利奥帕特拉七世和安东尼仅存的希望也破灭了，他们即将走完自己的人生旅程。

最后的时刻终于来临，屋大维大军压境，安东尼率领残部出战，可他仅存的这些战船和骑兵只是乖乖地向屋大维投降，剩下的一点点步兵也被轻易击败。安东尼向屋大维提出了单独决斗的请求，但被屋大维拒绝了，无奈之下安东尼只得先返回宫中。

这时，安东尼接到了仆人带来的消息，说女王已经自杀身亡。其实这只是克利奥帕特拉七世故意让仆人这么说的，可能是为了让安东尼与自己一起自杀（另一种说法是，39 岁的克利奥帕特拉七世知道安东尼必败无疑，便想用当年对付恺撒和安东尼同样的办法，试图向 33 岁的屋大维施展魅力，但为了达到此目的就必须让安东尼先死，所以派人假传死讯，只不过后来冷酷的屋大维不为所动，女王最终没有达到自己的目的）。安东尼信以为真，万念俱灰下决定自尽。他把宝剑交给仆人，让其动手，因为他早知道会有这一天，所以与仆人有过约定，但忠诚的仆人没有按照约定将剑刺向主人，而是选择了自杀。随后安东尼拿起宝剑，刺向了自己，但安东尼并没有马上死去，在他一息尚存之际，又有侍从前来告诉他其实女王并未自杀。据说克利奥帕特拉七世在谎报了自己的死讯后又后悔了，连忙再派人前来告知真相。奄奄一息的安东尼随即命令身边的人把自己抬去见女王。此时的克利奥帕特拉七世早已将自己和大量财宝封死在墓室里，因此只能用绳索把安东尼从一个高窗里拉进去，浑身是血的安东尼最终死在了心爱之人的怀里。

得知安东尼自杀的消息后，屋大维马上派人赶来，因为他担心女王自杀的同时会放火烧了那些财宝。克利奥帕特拉七世也明白这一点，便依托封死的墓室继续周旋，并提出交涉，希望以墓室里的财宝作为条件换得恺撒里昂继承王位。就在双方僵持之时，屋大维的部下发现了那扇窗户，成功进入后活捉了女王，将其带回宫中软禁起来。

克利奥帕特拉七世获准为安东尼举行了葬礼，此后她便一心寻死。屋大维拒绝了她寻死的请求，他准备把女王带回罗马，在凯旋仪式上给她戴上枷锁，绑在马车后面游街示众，因为那样将使自己风光无比。心高气傲的克利奥帕特拉七世怎甘受此大辱，于是假装配合，等待机会。

至于克利奥帕特拉七世究竟是怎么死的，其实是一个谜。流传最广的说法是，她忠实的仆人把一条眼镜蛇藏在装满无花果的篮子里，躲过卫兵的检查带给了她，克利奥帕特拉七世利用毒蛇结束了自己的一生。除此以外，也有人认为是屋大维杀了她。

要想知道克利奥帕特拉七世的真正死因，最好的办法就是借助现代技术对其遗体进行医学检验以还原历史真相。一般认为，克利奥帕特拉七世和安东尼的陵墓，乃至整个托勒密王朝的国王以及亚历山大大帝的陵墓都在埃及的亚历山大城，只是由于后来发生了地震、海啸等天灾，导致地表下沉，让所有的一切都沉入了海底。早在 20 世纪 90 年代，考古学家就发现了部分沉没在海底的亚历山大古城遗址，并打捞出许多文物。近十几年来，也曾多次传出发现克利奥帕特拉七世陵墓的消息，但到目前为止都没有下文。

克利奥帕特拉七世死后，屋大维满足了她的遗愿，将她与安东尼葬在一起，这也是她所有的请求中，屋大维唯一同意的一个。至于克利奥帕特拉七世的几个孩子，年仅 17 岁的恺撒里昂，也是恺撒唯一的儿子，被屋大维下令处死，因为屋大维担心他的身份会对自己的统治地位造成挑战，而克利奥帕特拉七世为安东尼所生的三个孩子被送至罗马，交给屋大维娅抚养。

随着克利奥帕特拉七世的死亡，古埃及最后的托勒密王朝于公元前 30 年正式结束，这也为埃及持续了几千年的法老时代画上了句号。埃及从此被并入罗马版图，但严格来说并不是罗马的行省，而是作为屋大维及日后罗马皇帝的私有领地。此后，埃及的粮食和财富源源不断地向罗马输送，这个尼罗河孕育出的国家成了罗马帝国的天然粮仓，为罗马帝国未来几百年的繁荣提供了坚实的后勤保障。

以后的埃及

大约在公元 1 世纪时，基督教开始传入埃及。

公元 395 年，罗马帝国分裂成了东罗马帝国（即拜占庭帝国）和西罗马帝国，埃及归属东罗马帝国，此时基督教已成为埃及的主流宗教。

公元 7 世纪中期，阿拉伯人入侵埃及，驱逐了拜占庭势力，从此埃及成为阿拉伯世界的一部分。随着大量阿拉伯人涌入埃及，伊斯兰教文化逐渐在埃及占据主导地位，埃及开始了伊斯兰化的进程。

公元 9 世纪中期，阿拉伯帝国陷入分裂。868 年，埃及趁机脱离帝国的控制，在此后的几百年间，埃及先后经历了图伦、法蒂玛、阿尤布、马穆鲁克等几个主要王朝。

1517 年，奥斯曼帝国击败马穆鲁克王朝，埃及沦为奥斯曼帝国的行省。

古埃及自后王国末期被外来文明支配后，其本土文明再无大的发展。在不断与外来民族的碰撞和融合中，埃及的民族构成也发生了翻天覆地的变化。特别是阿拉伯人征服埃及后，不同于以往希腊化时代的移民大多只居住在埃及的大城市，阿拉伯移民分散于埃及各地，逐渐形成了以阿拉伯人为主体的新型民族结构。当然，他们在与本土民族杂居的过程中也吸收了部分埃及本土成分，一般认为现在占埃及总人口约百分之十左右的科普特人是古埃及人的后裔，或者相对埃及其他民族来说，科普特人在血统上更接近古埃及人。但其实在经历了多轮民族大融合后，即便是科普特人，无论在血统还是文化上都与早期纯正的古埃及本土人有着天壤之别，不能混为一谈。

民族的变化还是次要的，最可悲的是，在漫长的岁月变迁中，曾经辉煌灿烂的古埃及文明逐渐被世人遗忘，这片土地上的人们渐渐变得不再会说古埃及语，也不再能看懂古埃及象形文字了。公元 394 年 8 月 24 日刻写在埃及遥远南方菲莱岛上伊西斯神庙的文字，是目前发现的最后一篇古埃及象形文字。

从此以后，古埃及群星璀璨的众神时代渐渐离人们远去。曲终人散时，拉神早已被忘却，奥西里斯也变得陌生。尼罗河依旧泛滥，但已然物是人非；金字塔依旧矗立，却再也无人聆听斯芬克斯的低吟。当庄严的神庙被黄沙湮没，昔日的帝国已化作尘土，往日的辉煌也成过眼云烟，只剩下残垣断壁努力向人们诉说着尼罗河畔曾经的荣耀。失落的古埃及文明，宛如一颗耀眼的流星，在光辉中消失，变得神秘而遥远。

四、重生

　　光阴似箭，日月如梭，时间转眼来到了 18 世纪末。由于法国将军拿破仑在意大利战争中的出色表现，使其在法国国内的声望蒸蒸日上，法国督政府感受到了拿破仑带来的威胁，因此深感不安。当时的埃及是法国主要对手英国的重要贸易节点，在入侵英国本土无望的情况下，法国政府希望通过占领埃及来切断英国与其东方殖民地印度之间的贸易联系，借此削弱英国在地中海的影响力，从而达到打击英国的目的。拿破仑深知自己此时的威望还不足以取得法国最高统治权，因此以退谋进，主动提出想做远征军总司令，法国督政府本就想支开拿破仑，于是毫不犹豫地同意了。

　　1798 年 5 月 19 日，身为远征军总司令的拿破仑率军出发，7 月 1 日在埃及亚历山大城附近登陆，并在几天后轻松攻占了这座曾经无比繁华的古代名城。此时的亚历山大城早已衰落，再也不是昔日地中海一带的文化中心和贸易枢纽，城市的大部分地区也因地质灾害而沉入海底，城市人口已由鼎盛时的几十万甚至上百万人下降到如今的几千人。

　　法军在亚历山大经过几天短暂的休整后水陆并进，直扑开罗，7 月 13 日与埃及马穆鲁克军队正面遭遇。与装备火枪、大炮的法军相比，马穆鲁克军队还是以原始的骑兵为主，结果可想而知，马穆鲁克军队死伤惨重，仓皇而逃。7 月 21 日，法军行至开罗附近的恩巴贝（Embabeh）地区，这里已能远远望见金字塔的身影。也就是在这个时候，拿破仑指着金字塔向手下的士兵们喊出了那句豪情万丈的名言："士兵们，四千年的历史正俯视着你们！"随后，法军与在此排兵布阵的马穆鲁克军队再度交手，战斗结果仍然毫无悬念，马穆鲁克军队被彻底击溃，这场战役后来被称作"金字塔战役"。就在金字塔战役结束几天后，法军进占开罗。

　　1799 年 7 月的一天，法军在尼罗河三角洲西北部城市罗塞塔（Rosetta）

罗塞塔石碑

附近的一座要塞修筑防御工事时，一名士兵在破墙下发现了一块黑色石碑。石碑上有三段铭文，分别以三种不同的文字刻写而成，根据其中一目了然的希腊文，大家知道了这块石碑制作于公元前196年的托勒密五世时期，石碑内容全文都是当时的孟斐斯祭司对托勒密五世的歌功颂德。根据其发现地，后来人们就将这块石碑称作"罗塞塔石碑"。不过就在1799年8月，由于国际形势和法国国内政局的变化，拿破仑扔下了远征军，只带着少量随行人员秘密潜回了巴黎，被遗弃在埃及的法国远征军为了自保不得不与英国进行谈判妥协，罗塞塔石碑最终被英国人拿走，从此收藏于大英博物馆，成为该馆的镇馆宝物之一。

刚发现罗塞塔石碑时，随军的学者们如获至宝，认为找到了破解古埃及象形文字的钥匙。因为他们推断这三种不同的文字描述的应该是相同的内容，所以乐观地认为只要将石碑上的几种文字对照研究，破解已失传千余年的古埃及象形文字将指日可待。可他们没有想到，实际还要再等23年，古埃及象形文字才会被一个叫作让·弗朗索瓦·商博良（Jean Francois Champollion）的法国青年学者真正破解。

《埃及记述》中的插画。《埃及记述》于1809—1826年间印行，全称《政府出版之法军远征埃及期间之观察与研究纪录》，是在拿破仑的支持下，根据随军学者团在埃及的研究成果出版的一部规模宏大的多卷巨著，包括插画、地图、学术文章等，共有两百多位艺术家和几十位学者参与编纂，书中详细介绍了埃及的古代遗迹、动植物、风景、各行业和日常生活，使当时的人们得以从各个层面认识埃及

商博良出生于1790年12月23日的法国大革命时期，是法国著名的历史学家、语言学家和埃及学家。商博良从小就展现出了过人的聪慧和语言上的天赋，12岁时就已精通拉丁文和希腊文，除此外他还学习了希伯来语、阿拉伯语、波斯语、迦勒底语等其他语言。最初他学习不同语言的目的是探索世界的起源，因为当时的人还相信世界诞生后不久，人类就立即生活在地球上，人们认为《旧约圣经》里描写的就是上帝创造地球后的历史，如果要研究此理论就必须精通不同的语言才能研读更早期的圣经版本和相关文献。直到后来商博良意识到在圣经中就已出现并与犹太人历史密切相关的古埃及具有重要的探索价值后，他才将破解古埃及文字作为自己的研究重点。

此时的古埃及象形文字早已被遗忘千年，如果能解读这些无人知晓的文字或许就能解答世界的起源，由此赢得无上的殊荣。在拿破仑远征埃及以前，欧洲人虽然知道埃及的存在，但了解得并不深入。拿破仑远征埃及后，欧洲人对这个古老的国度产生了强烈的好奇心，引发了探索埃及的热潮。在这种情况下，解读古埃及象形文字也显得迫在眉睫，很多人都在暗自研究，因为大家心里都明白，只有第一个破译象形文字的人才能名垂青史。

其实早在文艺复兴时期，就有不少人尝试破解古埃及象形文字。但由于受一些古希腊和古罗马文献中对象形文字错误评注的影响，当时的人们认为象形文字具有象征性或预言性的含义，这给象形文字增添了许多神秘色彩，在这种错误观念的影响下，几个世纪以来试图破解象形文字的人都以失败告终。

到了 17 世纪，有人将科普特语的字汇和文法手稿从埃及带回了罗马，来自德国的著名学者、耶稣会士基歇尔（Kircher）参与了这些手稿的出版工作。由于当时的埃及基督徒仍在宗教仪式上使用科普特语，所以基歇尔推测科普特语可能就是古埃及法老时代所用的语言。但和前人一样，基歇尔继续探索象形文字中所谓的神秘含义，而没有将其视作单纯的书写体，因此他对古埃及象形文字的解读全是错误的，唯一的贡献是让科普特语研究成为显学。

18 世纪时，英国主教威廉·沃伯顿（William Warburton）提出古埃及象形文字是实用性文字的观点，强烈批判了基歇尔及其神秘论，由此迎来了以科学方法研究象形文字的新时代。

1762 年，法国教士让·雅克·巴泰勒米（Jean Jacques Barthelemy）首度提出，古埃及象形文字中经常出现的椭圆形框内可能是国王名字。

1783 年，迁居罗马的丹麦学者兼科普特语专家乔治·佐加（Georg Zoega）将搜集到的 958 个古埃及象形文字按照形貌分成了植物、器皿、动物等类别，并有了一项重要发现，那就是象形文字符号所朝的方向决定了铭文该从哪个方向读起。虽然此时佐加仍不知道象形文字表示的意义，但他也认为对古埃及象形文字的研究应该停止神话论，主张将埃及现存的铭文进行复制并视为重点研究对象。因此当罗塞塔石碑被发现后，受到学者们的格外重视。

1802 年，曾当过外交官、擅长东方语言的瑞典人约翰·大卫·阿克布拉德（Johan David Akerblad）根据罗塞塔碑文中的希腊专有名词，辨识出了石碑上世俗体中的相应文字，发现这些专有名词都是以表音符号写成，诸如"托勒密""克利奥帕特拉""贝伦尼斯""亚历山大""阿尔西诺伊"等专有名词都可读懂。阿克布拉德发现科普特文和世俗体文字中有些字非常相似，通过运用科普特语知识来解读世俗体文字的方法，他又辨识出了"神庙""埃及人""希腊"等字，证实了科普特语确实是由古埃及语衍生而来，是古埃及语发展到晚期的产物。但阿克布拉德没有继续深入研究石碑上的世俗体文字，对石碑上的象形文字更没有钻研。

所以，虽然不断有人尝试破解古埃及象形文字，也有无数探讨象形文字的撰文发表，但直到 19 世纪初，人们对古埃及象形文字的解读仍没有大的进展。

此时年仅 15 岁的商博良也对古埃及日渐着迷，在分析了前人的观点后，他深信科普特语一定与古埃及语有关，便开始学习这门语言。在巴黎求学期间，商博良阅读了图书馆中几乎所有的科普特文书，很快现有的科普特语字典和文法书已不够用，于是商博良在学习的同时，开始自己编纂相关的字典和文法书。

1808 年，商博良有机会利用罗塞塔石碑的复制品进行研究，他运用学到的科普特语知识，理解了石碑上某些世俗体文字的意义，这与六年前阿克布拉德的研究成果一致，他因此深受鼓舞。但商博良解读象形文字的道路并非一蹴而就，最初他也受到了前人的误导，认为除了普通的书写体外，古埃及象形文字有一种专供祭司使用的具有象征含义的版本，但好在他很快就推翻了自己的错误看法，认为根本没有祭司专用的神秘象形文字版本。

在这个时期众多研究古埃及象形文字的学者中，英国的托马斯·杨

（Thomas Young）也是一位极具实力的竞争者。与生活清贫的商博良相比，杨无论是家境还是地位都要优越许多，更重要的是杨从小就才智过人，是一个天才型人物。他除了懂得多种语言外，还涉猎数学、光学、声学、力学、医学、动物学、考古学等多个不同领域的学科，且都有所建树，因此在学术界享有很高的声望。除此之外杨也热爱艺术，懂绘画及多种乐器的演奏，还擅长骑马，会制造天文望远镜和显微镜等仪器，可谓是不折不扣的全才，因此后世将他誉为"世界上最后一个什么都知道的人"。

事实上，在这场破解象形文字的竞争中，杨曾一度领先商博良。杨首先发现了某些象形文字纯粹代表所呈现的形象，他还注意到了象形文字是如何构成复数的，并解读出了几个象形文字的读音。杨通过对罗塞塔碑文和各种莎草纸文献的研究，发现在拼写外国名词时，象形文字具有表音的作用。但他错误地认为象形文字中的表音符号只用来拼写外国名词，其实不管是外国语还是埃及本国语，都会运用到表音和表意等多种象形符号。正是由于这方面的错误以及其有限的科普特语知识，杨对象形文字的研究才无法获得更大的突破，虽然他此时的研究成果已大幅领先商博良。

商博良在看到杨的研究成果后也十分着急，担心自己在象形文字的破解进度上落后于他人。1821 年 12 月 23 日，商博良 31 岁生日。这一天商博良通过分析罗塞塔石碑上不同碑文间的数量差异，发现希腊语碑文有 486 个字，而象形碑文则有 1419 个语言符号。如此大的数量差异让商博良意识到自己先前一直认为象形文字主要是表意文字的理论是错误的。接着他又从这些象形符号中找出可能表达某意思的字组，找到的约 180 个字组也与希腊语碑文的 486 个字相差太远。他终于意识到象形文字绝非纯粹用来表意或表音，其中必然有部分是表音符号。很快，商博良调整了自己的研究思路和方法，运用新的研究方法，商博良渐渐推导出了许多象形符号的音值，借此识别出了一些文献中椭圆形框内的希腊裔和罗马裔的埃及统治者名字，这样反过来也验证了自己新研究方法的有效性。此后，商博良在破解古埃及象形文字的道路上渐入佳境，取得了长足的进展。他很快又发现了象形文字中存在许多限定符号，它的作用是进一步确立该组象形文字的意义，即使是同样的一组象形文字，如果限定符号不同，其意思可能会变得大相径庭，这项发现又让商博良的研究往前迈了一大步。

商博良画像

渐渐地，商博良掌握了古埃及象形文、僧侣体、世俗体之间的关系，那就是僧侣体衍生自象形文、世俗体又演变自僧侣体。虽然此时商博良还不能看懂这些文字的意思，但已能轻易将这几种不同的书写体相互音译，由于商博良精通自古埃及语演变而来的科普特语，而它们二者之间的发音很像，因此他可以大致推断出象形文字可能的意思。

1822 年 9 月 14 日，商博良得到了一些最新的研究材料，这是埃及阿布辛贝神庙内的象形铭文手绘复本。商博良根据自己先前掌握的方法，很快就识别出了"拉美西斯"和"图特摩斯"这两个古老的国王名字，这让商博良欣喜异常，因为他知道自己的这套破解体系得到了最终的证实。

1822 年 9 月 27 日，各路学者云集的铭文学会现场沉浸在既紧张又令人期待的氛围中，因为学术界盛传这天会有破天荒的大事发生。就是在这一天，商博良宣读了自己关于解读古埃及象形文字的报告论文，向世人阐释了自己的研究成果。与会学者们对商博良的研究成果给予了一致的肯定与好评，纷纷对他表示祝贺。消息很快传遍了整个巴黎，引发了轰动。这一重大事件标志着人类知识的一门新学科——"埃及学"从此诞生。

此后，商博良为了进一步完善自己的破解体系，继续艰难地收集所有能接触到的研究材料，包括散落在各地博物馆以及收藏家手中的莎草纸文献和埃及艺术品等等。商博良将它们誊抄或请人制作复制品，然后研究解读上面的文字，并将翻译好的内容公布出来，好让其中所蕴含的信息为大家所用。

随着商博良解读古埃及象形文字的日益娴熟，他本人也成了学术界声名显赫的人物，到访之处都会受到人们的热烈欢迎。但商博良渐渐意识到，要想对古埃及有更深入的了解，就必须获得更多的原始材料，而获取这些材料最理想的地方就是埃及本土。于是，组建埃及考察队亲自前往埃及研究当地铭文和史迹的想法开始在他心中酝酿。最终，商博良的想法得到了法国国王的支持。

1828年7月31日，在拿破仑率军出征埃及的三十年后，商博良率领考察队从同一海港出发，开始了他梦寐以求的埃及实地考察之旅。8月18日，商博良在埃及亚历山大港上岸，踏上了这片令他心驰神往多年的土地。

在亚历山大短暂逗留期间，考察队员们一边探索这座历史名城，一边为接下来的尼罗河之行准备各种物资器材。不久后，队员们乘坐着两艘分别以"伊西斯"和"哈托尔"女神命名的船只开始了溯尼罗河而上的考察之行。

在埃及考察期间，考察队从北向南，跑遍了整个埃及，走访了各处古代遗址。商博良被古老的埃及文明所深深折服，不断见到的新古迹，一次又一次冲击着他的心灵。正如商博良在给哥哥的信中写的那样："先前在底比斯所见的一切，在尼罗河左岸我所狂热赞叹的一切，比起现在我眼前的雄伟情景，似乎全都拙劣不堪……在欧洲的我们不过是坐井观天之徒。从古至今，还没有哪个民族像古埃及人一样，创造出气势如此恢宏磅礴的建筑艺术。"在几个月的考察活动中，商博良利用所见到的各处铭文来验证自己的破解体系，不断充实加以完善，还带回了大量的资料和文物，可谓收获满满。1829年底，商博良回到了出发时的法国海港，结束了这次考察活动。

1831年，商博良受法国国王敕令，出任法兰西学院教授之职，教授古埃及文字这门新兴的学科。但由于他事务繁多，特别是身体健康状况每况愈下，很快便离开了讲堂。1832 年 3 月 4 日，饱受病痛折磨的商博良去世，年仅 41 岁。

商博良以其短暂的一生为埃及学的奠定与发展做出了不可磨灭的贡献，他的成就不仅仅是解读了一种失传的文字，更在于象形文字的破解为人们揭开了这个古老文明的神秘面纱。当文字变得不再晦涩，那些历经千年风霜的古物开始吐露自己的秘密，人们开始知晓这片土地上尘封的往事，古埃及昔日的一切终于在一代代学者的不断努力下被拼凑出来。时至今日，全世界有一百多个国家都建立了埃及学，并且几乎每天都有关于古埃及的新发现，这些发现不断刷新着人们对她的崇敬，而这一切都源于商博良对古埃及象形文字的成功释读。

文字的破解仿佛唤醒了沉睡千年的古埃及众神，他们再也不是遗迹废墟里那沉寂的雕刻，而是一个个鲜活的形象，当久远的故事再度为人所知，古埃及众神终究迎来了重生，走向了永恒的来世。

五、结语

　　古埃及人曾创造了无与伦比的璀璨文明，书写出了人类早期历史上一段华丽的篇章。无论是金字塔，还是卡纳克神庙，又或者帝王谷，这些遥远的建筑穿越了时空，至今仍顽强地向人们展示着自身的魅力，述说着昔日的辉煌。但是，没有哪个文明的发展是简单的直线，古埃及人在他们那波澜壮阔、荡气回肠的历史进程中，也不得不承受一个个外来民族的摧残，以致自身民族最终被同化甚至消亡，他们所创造的文明也被人们遗忘了许多世纪。

　　虽然古埃及人早已消逝，但他们创造的文明却间接影响了古希腊文明，而后者又成为西方文明的源头。不仅如此，古埃及文明甚至可能与我们中华文明也存在着密切的联系。有观点认为，中国历史上第一个世袭制王朝夏朝其实就是古埃及从最初到第18王朝的这段历史，是由不同时期迁徙到中国的古埃及人带来了这段遥远的记忆，就连我们书写的汉字也是由古埃及文字演变而来，所以早期的古埃及人其实就是华夏人，这便是近年来颇受争议的"埃夏论"。毫无意外，很多人对此观点视如敝屣甚至恶言相向，因为任何类似的文明外来说通常都会让秉持本土优越主义思想的人难受。其实，人类文明的发展史本就是一部迁徙与融合史，古人的迁徙和交流能力远超今人的想象，与其执拗于所谓的本土起源，不如以更广阔的视野和胸襟将中华文明的起源放到人类文明发展的大背景中去探索。当然，无论古埃及与中华文明有没有关联，都不妨碍我们对古埃及人的尊敬，就算是与我们无关的异国，也依然能吸引我们去怀念与憧憬。

　　从古至今，人类从未停止对早期文明的探索。因为在探索古人奥秘的同时，透过褪色的记录和残存的颓垣能让我们回到那个风云变幻的时代，去感受历史带给我们的厚重与沧桑，去体验古人的智慧和他们的人生，去感受他们曾经的努力与坎坷，也因为古人总是充满了对更遥远的古人的颂扬。

附录一 大事年表[1]

古埃及年表		大事记	
		古埃及	中国
前王朝时期	约公元前5000年—公元前3100年，涅伽达及更早期文化，第0王朝	开始进行农耕、畜牧；诺姆和王权观念逐渐形成；开始使用象形文字。	传说中的三皇五帝时期，直到夏朝建立；约公元前1600年，商汤灭夏，商朝建立。
早王朝时期	约公元前3100年—公元前2686年，第1—2王朝	国家统一，制度和宗教初步完善，开始使用太阳历。	
古王国时期	约公元前2686年—公元前2181年，第3—6王朝	国力强大，远征努比亚、利比亚、西奈半岛；建造著名的金字塔建筑群，"金字塔铭文"开始出现；拉神信仰扩张。	
第一中间期	约公元前2181年—公元前2055年，第7—10王朝，第11王朝（底比斯）	王权衰落，国家动荡分裂，群雄割据，底比斯势力崛起。	
中王国时期	约公元前2055年—公元前1795年，第11王朝（上下埃及）—12王朝	国家再次统一，阿蒙神地位上升，成为国家主神。	
第二中间期	约公元前1795年—公元前1550年，第13—17王朝	国家再次陷入分裂，喜克索斯人控制埃及北方地区，建立了古埃及历史上第一个异族王朝。	
新王国时期	约公元前1550年—公元前1069年，第18—20王朝	南方底比斯本土政权成功驱逐北方喜克索斯人，埃及进入全盛时代，势力范围北至幼发拉底河，南达努比亚大部分地区；开始修建帝王谷陵墓；埃赫那吞宗教改革；爆发著名的卡迭石之战，与赫梯王国缔结和平条约；"海上民族"入侵；末期内政开始混乱。	约公元前1300年，商王盘庚迁都于殷。著名文物：后母戊鼎（曾叫"司母戊鼎"），商晚期（约公元前14世纪—公元前11世纪）青铜器。

---

1 学术界对古埃及年表并不统一，本表仅供参考。

古埃及年表		大事记	
		古埃及	中国
第三中间期	约公元前1069年—公元前664年，第21—25王朝	国家分裂，政局不稳，努比亚人征服埃及；古埃及文明开始走向衰落。	公元前1046年，周武王灭商，西周开始。公元前771年，犬戎灭西周。公元前770年，周平王迁都洛邑（今河南洛阳），东周开始。
后王国时期	公元前664年—公元前332年，第26—31王朝	波斯两次入侵并统治埃及。	公元前770年—公元前221年，春秋战国时期。公元前221年，秦灭六国，建立大一统中央集权国家。公元前202年，刘邦建立西汉。公元25年，刘秀建立东汉。
马其顿王朝	公元前332年—公元前305年	亚历山大大帝侵占埃及。	
托勒密王朝	公元前305年—公元前30年	托勒密家族统治埃及，克利奥帕特拉七世死后，埃及被罗马吞并。	

附录二 译名对照表[1]

A

阿布西尔　Abusir

阿布拉瓦须　Abu Rawash

阿拜多斯　Abydos

阿契美尼德　Achaemenid

阿喀琉斯　Achilles

阿卡　Acre

亚克兴角　Actium

阿加托克利斯　Agatocles

阿格西劳斯二世　Agesilaos II

阿吉勒基亚岛　Agilika Island

艾哈迈德·优素福·穆斯塔法　Ahmed Youssef Mostafa

阿赫摩斯一世　Ahmose I

阿赫摩斯二世　Ahmose II

埃赫那吞　Akhenaten

埃赫塔吞　Akhetaten

艾伯特湖　Albert Lake

阿勒颇　Aleppo

阿玛西斯　Amasis

阿姆杜阿特　Amduat

---

1 部分名字存在多种英文版本，本书只采取其中一种。

阿波菲斯　Apophis

阿普里斯　Apries

亚里士多德　Aristotle

阿尔塞斯　Arses

阿尔西诺伊二世　Arsinoe II

阿尔西诺伊三世　Arsinoe III

阿尔西诺伊四世　Arsinoe IV

阿尔塔薛西斯一世　Artaxerxes I

阿尔塔薛西斯二世　Artaxerxes II

阿尔塔薛西斯三世　Artaxerxes III

阿鲁纳垭口　Aruna Pass

亚撒　Asa

阿斯克勒庇俄斯　Asclepius

阿什凯隆　Ashkelon

阿斯旺　Aswan

阿塔鲁斯　Attalus

阿吞　Aten

阿太夫冠　Atef crown

阿图姆　Atum

阿瓦利斯　Avaris

奥古斯都　Augustus

阿伊　Ay

B

巴　Ba

巴戈阿斯　Bagoas

克利奥帕特拉一世　Cleopatra Ⅰ

克利奥帕特拉二世　Cleopatra Ⅱ

克利奥帕特拉三世　Cleopatra Ⅲ

克利奥帕特拉五世　Cleopatra Ⅴ

克利奥帕特拉七世　Cleopatra Ⅶ

科林斯　Corinth

丘比特　Cupid

昔兰尼　Cyrene

昔兰尼加　Cyrenaica

D

大流士一世　Darius Ⅰ

大流士二世　Darius Ⅱ

大流士三世　Darius Ⅲ

代赫舒尔　Dashur

大卫·罗伯茨　David Roberts

德尔巴赫里　Deir El-Bahari

德尔麦迪那　Deir El-Medina

登　Den

丹德拉　Dendara

狄俄尼索斯　Dionysus

杰德夫拉　Djedefre

杰德卡拉　Djedkara

哲尔　Djer

杰特　Djet

左塞尔　Djoser

盖布　Geb

盖贝尔巴卡尔　Gebel Barkal

乔治·佐加　Georg Zoega

大哈里斯莎草纸　Great Harris Papyrus

格拉尼库斯河　Granicus River

冈特·德雷尔　Gunter Dreyer

H

哈迪斯　Hades

哈科尔　Hakor

哈碧　Hapi

哈比　Hapy

哈尔胡夫　Harkhuf

哈托尔　Hathor

哈特谢普苏特　Hatshepsut

哈图沙　Hattusha

哈海特　Hauhet

哈瓦拉　Hawara

赫卡　Heka

赫里奥波里斯　Heliopolis

赫勒斯滂　Hellespont

赫拉克利奥波里斯　Herakleopolis

赫里霍尔　Herihor

赫尔莫波利斯　Hermopolis

希罗多德　Herodotus

赫特弗瑞丝二世　Hetepheres II

伊西斯　Isis

伊斯肯德伦　Iskenderun

伊苏斯　Issus

伊泰特　Itet

伊特塔威　Itjtawy

J

让·弗朗索瓦·商博良　Jean Francois Champollion

让·雅克·巴泰勒米　Jean Jacques Barthelemy

耶罗波安　Jeroboam

杰赫勒姆河　Jhelum River

约翰·大卫·阿克布拉德　Johan David Akerblad

约翰·路德维·贝克哈特　Johann Ludwig Burckhardt

约翰·加德纳·威尔金森　John Gardner Wilkinson

约翰·汉宁·斯皮克　John Hanning Speke

约西亚　Josiah

K

卡　Ka

卡迭石　Kadesh

卡迈尔·埃尔-马拉赫　Kamal El-Mallakh

卡盖拉河　Kagera River

卡摩斯　Kamose

卡纳克　Karnak

库克特　Kauket

马尔卡塔　Malkata

曼涅托　Manetho

马里埃特　Mariette

马克·安东尼　Mark Antony

马斯塔巴　Mastaba

玛兹古纳　Mazghuna

米底　Medes

梅迪内哈布　Medinet Habu

迈加比佐斯　Megabyzus

美吉多　Megiddo

美杜姆　Meidum

孟斐斯　Memphis

美尼斯　Menes

门卡霍尔　Menkauhor

孟卡拉　Menkaure

门托耳　Mentor

孟图霍特普一世　Mentuhotep Ⅰ

孟图霍特普二世　Mentuhotep Ⅱ

孟图霍特普三世　Mentuhotep Ⅲ

孟图霍特普四世　Mentuhotep Ⅳ

麦伦普塔　Merenptah

梅利塔蒙　Meritamen

美丽奈茨　Merneith

莫润尔一世　Merenre Ⅰ

莫润尔二世　Merenre Ⅱ

麦罗埃　Meroe

孟图　Montu

穆特　Mut

N

奈赫贝特　Nekhbet

奈芙蒂斯　Nephthys

尼尼微　Nineveh

尼托克丽丝　Nitocris

尼乌塞拉　Niuserra

奈费尔特　Nofret

努恩　Nun

努特　Nut

尼内特吉　Nynetjer

O

屋大维娅　Octavia

奥林匹娅斯　Olympias

奥姆·塞提　Om Seti

俄耳浦斯　Orpheus

奥西里斯　Osiris

奥西里恩　Osireion

奥索尔孔一世　Osorkon I

奥索尔孔二世　Osorkon II

P

帕内希　Panehesy

萨利耶 I 号莎草纸　Papyrus Sallier I

帕提亚　Parthia

帕塔尔别米司　Patarbemis

托勒密一世　Ptolemy Ⅰ

托勒密二世　Ptolemy Ⅱ

托勒密三世　Ptolemy Ⅲ

托勒密四世　Ptolemy Ⅳ

托勒密五世　Ptolemy Ⅴ

托勒密六世　Ptolemy Ⅵ

托勒密七世　Ptolemy Ⅶ

托勒密八世　Ptolemy Ⅷ

托勒密九世　Ptolemy Ⅸ

托勒密十世　Ptolemy Ⅹ

托勒密十一世　Ptolemy Ⅺ

托勒密十二世　Ptolemy Ⅻ

托勒密十三世　Ptolemy ⅩⅢ

Q

卡阿　Qaa

凯布山纳夫　Qebshenuf

R

拉　Ra

拉霍特普　Rahotep

拉·哈拉克提　Ra-Herakhty

拉菲亚　Raphia

拉美西斯一世　Ramses Ⅰ

拉美西斯二世　Ramses Ⅱ

辛努塞尔特三世　Senusret III

塞克南雷·陶二世　Seqenenre Tao II

塞拉皮雍　Serapeum

塞拉皮斯　Serapis

塞拉赫　Serekh

塞尔凯特　Serket

塞莎特　Seshat

塞特　Set

塞提一世　Seti I

塞提二世　Seti II

塞特纳赫特　Setnakhte

沙巴卡　Shabaka

沙巴塔卡　Shabataka

沙鲁亨　Sharuhen

谢普塞斯卡弗　Shepseskaf

谢普塞斯卡拉　Shepseskare

舍顺克一世　Sheshonq I

示撒　Shishak

舒　Shu

西普塔　Siptah

锡瓦　Siwa

斯蒙迪斯　Smendes

斯蒙卡拉　Smenkhkare

斯尼夫鲁　Sneferu

索贝克涅弗鲁　Sobeknefru

索贝克　Sobek

所罗门　Solomon

梭伦　Solon

索西比乌斯　Sosibius

斯芬克斯　Sphinx

苏萨　Susa

T

塔哈尔卡　Taharqa

塔纳湖　Tana Lake

塔尼斯　Tanis

塔努特阿蒙　Tanutamun

塔尔苏斯　Tarsus

塔沃斯塔　Tausert

塔沃瑞特　Taweret

特弗纳赫特　Tefnakhte

泰芙努特　Tofnut

太尔埃尔法拉因　Tell El-Farain

太尔埃尔阿玛纳　Tell El-Amarna

坦塔阿蒙　Tentamen

泰奥斯　Teos

特提　Teti

底比斯　Thebes

荷鲁斯之眼　The Eye of Horus

色萨利　Thessalie

托马斯·杨　Thomas Young

托特　Thoth

图特摩斯一世　Thutmose Ⅰ

图特摩斯二世　Thutmose Ⅱ

图特摩斯三世　Thutmose Ⅲ

图特摩斯四世　Thutmose Ⅳ

泰凯尔人　Tjeker

杰南尼　Tjennuny

图坦卡蒙　Tutankhamun

图坦卡吞　Tutankhaten

泰尔紫　Tyrian Purple

U

乌纳斯　Unas

乌塞尔卡夫　Userkaf

乌瑟卡拉　Userkara

V

维纳斯　Venus

W

瓦迪哈马马特　Wadi Hammamat

瓦吉特　Wadjet

温阿蒙　Wenamen

温内格　Weneg

威尼　Weni

威斯卡莎草纸　Westcar Papyrus

参考书目[1]

[1] 李永东.埃及神话故事[M].北京: 宗教文化出版社, 1998.

[2] 李晓东.神秘的金字塔太阳船[M].天津: 天津人民出版社, 2000.

[3] [美]劳拉·福尔曼.海底王宫: 寻找尼罗河岸边的真正女王[M].王平, 等, 译.沈阳: 辽宁教育出版社, 2000.

[4] 蒲慕州.法老的国度[M].桂林: 广西师范大学出版社, 2003.

[5] [美]戴尔·布朗.拉美西斯二世: 尼罗河上的辉煌[M].张燕, 译.北京: 华夏出版社; 南宁: 广西人民出版社, 2002.

[6] 颜海英.守望和谐: 古埃及文明探秘[M].昆明: 云南人民出版社, 2004.

[7] [意]阿尔贝托·西廖蒂.古埃及——庙·人·神[M].彭琦, 陈甜, 郑振清, 等, 译.北京: 中国水利水电出版社, 2006.

[8] [英]吉尔·哈维, 斯特鲁恩·里德.探索·古埃及[M].颜海英, 译.北京: 光明日报出版社, 2005.

[9] [英]莱斯利, 罗伊·亚京斯.破解古埃及: 一场激烈的智力竞争[M].黄中宪, 译.北京: 生活·读书·新知三联书店, 2007.

[10] [英]彼得·阿克罗伊德.死亡帝国[M].冷杉, 杨立新, 译.北京: 生活·读书·新知三联书店, 2007.

[11] [英]彼得·阿克罗伊德.古代希腊[M].冷杉, 冷枞, 译.北京: 生活·读书·新知三联书店, 2007.

[12] 穆金.图解埃及生死书[M].海口: 南海出版公司, 2008.

[13] [日]芝崎美幸.图解古埃及大全[M].许晴舒, 译.海口: 南海出版公司, 2008.

[14] 李彦.法老的咒语: 古埃及解码[M].北京: 中国画报出版社, 2009.

---

1 网络参考资料不再一一列出。

[15]王海利.图坦哈蒙3000年[M].济南：山东画报出版社，2010.

[16]李晓东.古埃及之谜[M].西安：陕西师范大学出版总社有限公司；西安曲江出版传媒股份有限公司，2011.

[17][日]盐野七生.罗马人的故事Ⅴ：恺撒时代（下）[M].谢茜，译.北京：中信出版社，2012.

[18][英]约翰·泰勒.来世之旅：古埃及死者之书[M].李印，译.北京：北京时代华文书局，2014.

[19]雷钰，苏瑞林.埃及史话[M].北京：中国书籍出版社，2014.

[20]梁菲，牛建军.走进古埃及[M].郑州：中州古籍出版社，2014.

[21][英]海伦·斯特拉德威克.古埃及史话——埃及的神[M].刘雪婷，谭琪，等，译.上海：上海科学技术文献出版社，2014.

[22][英]亚瑟·威格尔."太阳之子"与亡灵迫害：埃及法老阿肯那顿传[M].何悦敏，译.北京：当代中国出版社，2014.

[23]温静.尼罗河的赠礼[M].北京：商务印书馆，2014.

[24][英]伯里.希腊史（全三卷）[M].陈思伟，译.长春：吉林出版集团有限责任公司，2016.

[25][古希腊]希罗多德.历史（详注修订本）[M].徐松岩，译注.上海：上海人民出版社，2018.

[26][日]松本弥.图解古埃及神祇[M].赵鸿龙，译.新北：枫树林出版事业有限公司，2018.

[27][英]加里·J.肖.埃及神话[M].袁指挥，译.北京：民主与建设出版社，2018.

[28][英]乔治·罗林森.古埃及史：环境基因、地缘争霸与文明兴衰[M].姜燕，译.北京：中国画报出版社，2018.

[29][英]乔安·弗莱彻.埃及四千年——主宰世界历史进程的伟大文明[M].杨凌峰，译.杭州：浙江文艺出版社，2019.